改革红利再释放

张占斌 著

三联书店

图书在版编目（CIP）数据

改革红利再释放 / 张占斌著.
-- 北京：生活·读书·新知三联书店，2014.1

ISBN 978-7-108-04822-6

Ⅰ.①改… Ⅱ.①张… Ⅲ.①中国经济—
经济体制改革—研究 Ⅳ.①F121

中国版本图书馆CIP数据核字（2013）第289175号

责任编辑　关丽峡
装帧设计　薛　宇
责任印制　郝德华
出版发行　生活·讀書·新知三联书店
　　　　　（北京市东城区美术馆东街22号）
邮　　编　100010
网　　址　www.sdxjpc.com
印　　刷　北京隆昌伟业印刷有限公司
版　　次　2014年1月北京第1版
　　　　　2014年1月北京第1次印刷
开　　本　635毫米×965毫米　1/16　印张24.5
字　　数　260千字
印　　数　0,001-6,000册
定　　价　39.00元
　　　　　（印装查询：01064002715；邮购查询：01084010542）

目 录

第三部分　释放市场和社会活力

第四部分　建设人民满意的现代政府

第五部分　行政层级和行政区划改革

第一部分

改革是最大的红利

改革是最大红利

　　中国的改革，已走过了三十多年波澜壮阔的风雨历程，释放了巨大的改革红利，深刻地改变了中国，也深刻地影响了世界。当前，我国改革开放和现代化建设事业正处于关键时期，改革已经进入深水区和攻坚阶段。改革的任务不但没有减轻反而更加艰巨和复杂，改革的要求不仅不能放松反而更加紧迫。面对改革发展的新形势、新问题和新要求，正确认识、把握和回答什么是改革红利、为什么要强调释放改革红利、如何进一步释放改革红利等问题，对于坚定信心，凝聚共识，有力地推进改革，更好地促进经济社会持续健康发展，具有重大意义。

一、什么是改革红利

　　党的十一届三中全会拉开了我国改革开放的序幕。三十多年来，在改革推动下，我国经济社会快速发展，现代化建设取得举世瞩目的成就，国家面貌发生巨大变化。我国经济总量跃居世界第二位，人均 GDP 达到中等收入水平，粮食产量、财政收入、进出口总额、外汇储备等实现了历史性跨越，社会主义经济、政治、文化、社会、生态文明建设取得了重大进展。我国改革和发展所取得的成就，得益于改革带来的红利。我国经济之所以长期快速发展，关键是因为我们实行了以社会主义市场经济为导向的经济体制改革，释放了我国的比较优势，优化了资源配置，在经济全球化的一定时期提高了参与国际分工的竞争力。使经济发展享有了"人口红利"、"资源红利"和"储蓄红利"。综合比较就会发现，这些潜在比较优势在改革开放之前就已经具备，但当时带来的经济社会发展却非常有限。事实上，正是因为我国改革事业三十多年的奋力推进，使得原有的生产要素资源得到重新组合和优化配置，广大人民的积极性、创造性和主动性得到极大发挥，发展潜力得到释放，才有可能创造改革发展的"中国奇迹"。回顾我国改革开放的历史进程，人还是那些人，地还是那块地，物质条件还是那些物质条件，但通过改革破除了制约生产要素优化配置和生产力发展的体制机制，带来生产力的解放、生产效率的提高和物质财富的增长，这正是我们所讲的"改革红利"。

红利，原本指的是股份公司在进行利润分配时，由股东所获得的超过股息的那部分利润，红利实际上就是通过"投资"而获得的利润"回报"。推而广之，由投入带来的发展可以被称之为发展红利。发展总是依赖于一定的制度条件的，但制度会带来交易成本，好的制度可以降低交易成本，坏的制度则会增加交易成本。改革就是对制度的一种调整和改进，是好制度取代坏制度而降低交易成本的过程，这可以说是"制度红利"。在这样认识的基础上，就容易理解什么是"改革红利"了。制度和体制机制的变革创新就是一种

"投资"，这种"投资"我们称之为"改革"，通过这种"投资"方式所取得的特殊"利润"——改革成果，即为改革红利。换句话说，改革红利就是通过制度创新，降低交易成本，创造发展优势，提高发展效率，进而带来超过原来资源配置方式下所能获得的增量收益和回报。"改革红利"应该是制度红利和新增发展红利的叠加，是制度变化之后而获得的"多出来"的那部分物质财富和有益成果，实质是由于生产要素重新组合和优化配置提高了效率和生产力。举例来讲，假设我国粮食生产在农业经营体制改革之前，产量为800斤每亩。在不引入新的生产要素的假设前提下，通过体制机制改革促进现有劳动力、土地等要素资源实现重新组合和优化配置，使得产量达到1200斤每亩，那么，改革之后多出来的400斤每亩就是我们所讲的"改革红利"。

如果将"物质财富"和"有益成果"的概念抽象化、一般化为"价值"形态，并按照马克思的逻辑思维方法，则可以将"改革红利"称之为"盈余价值"，"盈余"即为"多出来"之意，即"改革红利"是通过改革的途径使得现有要素资源进行重新组合和优化配置，而获得的"多出来"的那部分产出价值。西方经济学在阐释全要素生产率理论时也使用了大致相同的方法，也就是除去要素数量投入带来的经济增长之外，剩余部分则是由技术进步、制度创新和要素质量提高带来的"盈余"或"多出来"部分，被称为"全要素生产率"。在这种意义上讲，通过改革体制机制的途径，获得超过在原来资源配置方式下财富产出的那部分价值形态，即为改革红利。

因此，从"改革红利"的定义和本质来看，"改革红利"的内涵至少应当包含三层含义。第一层含义，通过体制机制变革和创新，降低制度交易成本，是创造改革红利的前提。没有体制机制的变革与创新，就无法有效降低交易成本，获得"多出来"的那部分"盈余价值"，改革红利也就无从谈起。第二层含义，通过要素资源重新组合和优化配置，使制度红利进一步转变为发展红利，是创造改革红利的支撑。也就是说，任何一项成功的改革，必须要能够实现要素资源的重新组合和优化配置，促进发展效率的提高，否则就不是成功的改革，也无法释放改革红利。第三层含义，创造改革红利离不开公平公正地分配改革红利，只有做到共同创造和共同分享，才能为持续释放改革红利提供保障。马克思主义基本原理告诉我们，生产和分配是辩证统一的，是一个事物的两个方面。试想，一个股份公司如果不能公平公正地给投资者分配其创造的利润，即分配红利，那么投资者必然就会"用脚投票"，将投资资本转移出去，股份公司要进一步创造红利也就无从谈起。改革红利的创造与分配，同循此理，公平公正地分配改革红利，从长远来看，是进一步获得改革红利的有力保障。

二、为什么要强调进一步释放改革红利

改革开放是决定当今中国命运的关键抉择，是坚持和发展中国特色社会主义的必由之路。当前，国际经济形势正在发生深刻变化，我国经济社会发展也面临新的发展阶段的新矛盾和新问题，要实现党的十八大提出的战略目标和任务，必须深化改革，不断释放改革红利，持续推动经济社会发展。从实践层面看，我国经济发展已经出现减速趋势，不平衡、不协调和不可持续问题非常突出，扩内需，调结构，转方式，稳增长，惠民生，保稳定，每一项任务都很艰巨，也都离不开深化改革。例如，城镇化蕴涵着我国最大的内需潜力，

但健康地推进城镇化，提高城镇化质量和水平，涉及一系列深层次利益关系调整和体制机制障碍，没有改革开路，没有土地制度、户籍制度、公共服务体系等制度创新，很难有序释放城镇化内需潜力。再如，调整结构已经提了很多年了，虽有进展但仍不如意，究其原因，就是没有形成创新活力，经济形势好了，就扩充原有生产能力，造成低水平重复过剩。一旦经济形势出现问题，便靠政府投资来创造市场，拉动经济，如此循环往复。这说明，我国的市场经济还有很长的路要走，价格机制、竞争机制还没有充分发挥作用，不深化改革便不能更好地发挥市场机制配置资源的基础性作用，难以有效地实现结构调整。

释放改革红利不仅是发展的需要，也存在很大的潜力和空间。李克强同志在十二届全国人大一次会议记者会上指出，"我国社会主义市场经济还在完善过程中，靠改革进一步解放生产力还有巨大潜力，让改革的红利惠及全体人民还有巨大的空间"。依靠改革来创造红利和共享红利，还有很大的潜力可挖。

从政府层面来看，简政放权、深化行政体制机制改革还有很大潜力。"改革红利"内涵的第一层含义指出，创造改革红利的前提是体制机制的变革和创新。改革红利就是减少制度性交易成本，实际上是减少和放松管制，不断向企业、社会和个人放权，增强发展的自主性。改革的历史进程表明，环境越宽松的地方，管制越少的领域，发展的活力越大，生产力的成长越迅速。从这种意义上讲，我国的改革红利就是放权放出来的，就是政府职能转变转出来的。目前，政府部门对微观经济活动的干预仍然较多，行政性审批方式在资源配置方面还占据很大地位，法治型政府和服务型政府还没有真正地建立起来，行政性垄断经营改革并没有取得实质性进展。经验表明，我国的改革政府是关键，政府不改，市场难活，甚至变形扭曲。因此，简政放权、转变政府职能潜力很大，应当成为我国未来改革攻坚战的中心环节和着力点。必须按照党的十八大提出的要求，正确处理好政府和市场的关系，厘清和理顺政府与市场、与社会之间的关系，深化政府机构改革、垄断经营体制改革和财税体制改革，建设法治政府，进一步释放改革的红利。

从市场层面来看，要素资源的重新组合和优化配置还有巨大的潜力。"改革红利"内涵的第二层含义指出，创造改革红利依赖于发挥市场作用，优化资源配置，更好地支撑发展。在市场经济条件下，价格是实现要素资源优化配置最重要的信号，而我国的资源性产品定价机制，还不能真实完全反映资源价值，还不能充分发挥对经济行为、利益关系、经济活力、经济结构的积极调节引导作用，还不能为释放改革红利提高强有力的支撑。受到改革滞后影响，劳动力、土地、资本、技术等要素的自由流动和有效配置还存在很大障碍，没有得到最优化配置。通过价格改革和破除垄断，加强和改善宏观调控，建立健全市场机制，还有很大的潜力，能够释放出巨大的改革红利。一是深化资源性产品价格，使价格能够正确地反映资源的稀缺程度，促进资源优化配置。二是深化户籍和就业体制改革，统筹城乡劳动力市场，让更多的农村剩余劳动力释放出来。三是深化土地制度改革，实行严格的耕地保护政策，优化城乡土地资源配置。四是深化财政金融体制改革，积极稳妥地推进税制改革和利率、汇率市场化进程。五是深化教育科技体制改革，不断释放技术创新的活力和潜力。只有深化市场取向，才能将改革的红利、内需的潜力、创新的活力叠加起来，形成改革的新动力。

从社会层面来看，让广大人民共享改革红利还有巨大的空间。

"改革红利"内涵的第三层含义指出，创造改革红利必须公平公正地分配改革红利，这是改革三十多年后利益关系变化的要求，是持续释放改革红利的保障，党的十八大鲜明指出，要"不断在实现发展成果由人民共享、促进人的全面发展上取得新成效"。事实上，让广大人民共享改革红利，让改革的红利惠及全体人民，始终是我国改革的出发点和落脚点。如果说我国前三十年的改革，主要是广大人民创造改革红利的话，那么，未来三十年应当是广大人民共享改革红利的时代。改革从打破大锅饭、破除平均主义起步，是一次解放思想，凝聚共识。面对发展严重失衡和收入差距不断扩大的现实，需要统筹处理好效率与公平的关系，更加强调在现阶段促进公平正义的重要性。深化改革就是要进一步调动广大人民的积极性和创造性，而没有公平公正的社会环境，没有平等的竞争机会，就很难形成改革共识，甚至带来严重的社会问题，也就谈不上释放改革红利。当前，在改善民生、促进社会公平公正等方面的改革环节还比较薄弱，让改革红利惠及全体人民还有巨大的空间。一是要深化收入分配体制改革，着力增加劳动者收入特别是低收入群体收入，抑制收入差距扩大趋势。二是要深化社会保障和基本公共服务体制改革，不仅要建立而且要不断加固社会保证兜底的安全网，真正实现十八大提出的"学有所教、劳有所得、病有所医、老有所养、住有所居"的目标，使改革红利更多地体现为民生红利。三是深化生态文明制度改革，促进资源集约利用和环境保护，建立可持续发展的生态安全网，把改革红利进一步变成生态红利。四是配套推进政治和文化等上层建筑领域，充分保障人民群众参与改革和分享改革红利的权利，维护社会公平正义与和谐稳定。

三、进一步释放改革红利的原则和路径

我国改革已进入深水区和攻坚阶段，要坚定信心、凝聚共识、统筹谋划、积极推进。深化各领域改革，不断取得新突破，进一步释放改革红利，事关社会生产力能否进一步发展，事关社会主义现代化事业的目标能否顺利实现，事关我们能否成功地把中华民族伟大复兴的中国梦变为现实。在改革起步阶段，我们曾经有过实践是检验真理的大讨论，那是一次解放思想、形成改革共识的过程，是改革扬帆启程的前提。上世纪 90 年代初期，围绕邓小平南巡讲话也有一次大讨论，摒弃了姓"社"姓"资"的僵化思想，达成了社会主义市场经济体制改革目标的共识，为改革指明了方向。本世纪初，在加入 WTO 进入最后阶段，社会上也曾围绕怎样对待全球化和加入 WTO 的利弊产生了很大争论，最终也在实践中形成了共识，使我国成为了全球化红利的重要分享者。每一次共识的形成，都把改革引向了深入，进而创造了改革红利。这也是我国"摸着石头过河"的渐进式改革路径和方法的重要体现。目前，关于深化改革的必要性，大家认识比较一致。关于深化改革的内容和重点虽有分歧，但分歧不大。比较难以形成共识的问题，集中在深化改革的路向和路径上，党的十八大之前和之后，相关问题仍然是热议的重点。进一步释放改革红利，必须认真总结经验，深入研究讨论，科学把握深化改革的路向和路径，遵循一些基本原则和基本方法。改革是决定中国命运的重大决策，改革开放三十多年来的每一个阶段和每一项重大改革，都是在解放思想、凝聚共识、攻坚克难的坚定决心中取得成功的。

第一，牢牢坚持社会主义市场经济体制改革方向。我国改革事

业的纵深推进最终要落脚到让广大人民共享红利上来，这与"解放生产力，发展生产力，消灭剥削，消除两极分化，最终达到共同富裕"的社会主义本质是一脉相承的，改革就是不断探索社会主义与市场经济相结合的过程。毋庸讳言，近些年随着改革进入深水区和攻坚阶段，针对实践中出现的问题，比如收入差距过大、官员腐败寻租、公民权利受到侵害等具体问题，有些同志提出了一些非议，甚至对社会主义市场经济体制的改革目标产生怀疑和动摇。我国在每一次重大改革面前都有些质疑的声音，给改革造成很大的阻力，这是在所难免的。但需要指出的是，发展中的问题要用发展的方法去解决，改革中出现的问题也必须用改革的办法去解决，不应因为具体问题而怀疑和否定改革的大方向。我们要从马克思主义辩证唯物主义的观点来认识改革中所出现的种种问题，正确地看待局部性问题与全局性问题，科学分析改革中的某些具体问题与改革大方向的关系，稳妥处理和不断解决改革中出现的具体问题，牢牢把握社会主义市场经济体制的改革方向不动摇。

　　第二，要以更大的政治勇气和智慧深化改革。当前，我国社会结构和利益格局发生深刻变化，各方面要求加快改革的呼声十分强烈，但改革达成共识、形成合力的难度也在加大。深化改革必然触及更深层的利益关系，涉及更广泛的领域，要求更综合的配套，这是改革进入深水区和攻坚阶段的鲜明特点。经济体制、政治体制、文化体制、社会体制、生态文明制度等方方面面的改革相互交织在一起，改革真正成为一项系统的庞大工程。实际上，对于深水区和攻坚期改革难度增大的问题也要辩证地看，历史上每一次重大改革的启动也都面临很大的难度，农村的改革、价格改革、国企改革都曾面临很大风险，而且这些改革也不具备现阶段已经积累起来的改革经验和物质条件。因此，强调不失时机地以更大的政治勇气和智慧推进改革，着眼点就是一个信心和决心问题。触及利益比触及灵魂更难，只要真能以壮士割腕的决心和意志推进改革，相信不仅能够改变观念，也可以调整利益。改革是发展的需要，是人民的愿望，付出必要的代价和成本也是在所难免的。邓小平曾告诫我们，"胆子要大，步子要稳，走一走，看一看"，"关键是要善于总结经验，哪一步走得不妥当，就赶快改"，这些话对于今天深化改革仍具有很强的指导意义。

第三，深化改革要有科学的理论做指导。改革是一项前无古人的伟大事业，是有风险的，因为改革涉及人民的切身利害问题，每一步都会影响到亿万人民。过去改革靠问题导航，现在问题越来越多，矛盾越来越复杂，没有理论指导和精细设计不行。未来改革应该加强理论指导，也就是要有顶层设计，有前瞻性和预见性，提前研判未来风险点在哪个地方，有准备有预案，而不能等到问题积累到非常严重了，甚至风险变成危机了再去改，那样成本和风险都会增大。党的十八大强调加强改革顶层设计，增强改革的整体性和协调性，就是强调理论指导的重要性。在深化改革的过程中，必须坚持中国特色社会主义理论指导，适应国内外形势的新变化，顺应广大人民的新期待，进一步加强对改革规律的研究，深化对改革规律的认识，提高对改革规律把握能力，最大限度地降低改革的风险。要坚持科学决策、民主决策、依法决策。加强改革智库建设，充分发挥专家学者作用，为改革提供科学专业理论指导和智力支撑。加强人民群众对改革的参与，不断完善利益诉求表达机制，使每项改革决策建立在利益最大公约数的基础之上。加强依法推进改革，这是在深水区和攻坚期有效降低改革风险的重要举措。

　　第四，要继续允许"摸着石头过河"。由于改革的阶段不同，面临的矛盾和复杂性不同，深化改革需要顶层设计，但也必须把顶层设计和基层创新更好地结合起来。顶层设计不是坐在办公室里闭门造车，而是要把顶层设计建立在实践的基础上。要看到，顶层设计借用工程学概念，不可能完全适合社会问题。把 20 年后的改革任务路线图和时间表都设计得很清楚也有难度，社会问题的复杂性和矛盾性，需要摸着石头过河。要把两者结合，一方面，坚持搞好顶层设计，从全局上对改革的整体思路、战略取向进行通盘考虑，以加强改革的整体性、系统性和协同性，最大限度地减少改革的系统性风险。另一方面，坚持摸着石头过河，积极汲取广大人民的改革智慧，尊重基层和群众的首创精神，发扬我国三十多年改革自下而上、由易到难的渐进式改革路径。当然，改革实践中有了好的做法、好的经验，也应当注意进行比较、优化和提炼，对经过实践证明符合改革规律的，应当积极加以总结和推广，适时上升到法律和制度层面，以不断巩固改革成果。

（原载《光明日报》，2013 年 6 月 14 日）

释放经济体制改革的红利

　　党的十八大站在时代的制高点开启了中国改革开放事业的新征程，十八大明确指出："必须以更大的政治勇气和智慧，不失时机深化重要领域改革"，"全面深化经济体制改革。"习近平同志就任总书记后第一次调研考察广东时指出："我们要坚持改革开放正确方向，敢于啃硬骨头，敢于涉险滩，既勇于冲破思想观念的障碍，又勇于突破利益固化的藩篱。"李克强同志在全国综合配套改革试点工作座谈会上提出"改革是中国最大的红利"，并强调"让群众过上更好生活，依然要靠改革开放"。经济改革作为改革开放的主攻方向和核心问题，事关我国改革事业的成败与否。因此，我们要坚定信心、凝聚共识、统筹谋划、协同推进，全面深化经济领域的改革，破除妨碍经济改革的思想观念和体制机制弊端，进一步释放经济体制改革的红利，这对于我国形成新的经济发展方式、全面建成小康社会和社会主义现代化国家具有全局性的战略意义。

一、以往的经济体制改革释放了巨大的红利

改革开放是国家发展进步的根本动力，经济体制改革是关系我国改革开放成败的关键领域。自 1978 年以来三十多年的经济体制改革，创造和释放了巨大的改革红利。从总体上来看，我国的经济体制改革是从计划经济体制最为薄弱的环节——农村开始的，这一历程大致可以划分为"改革启动阶段"、"改革全面展开阶段"、"初步建立社会主义市场经济体制阶段"、"社会主义市场经济体制攻坚阶段"四个阶段。

在改革启动阶段，安徽小岗村率先开启了中国经济体制改革的历史序幕，并突破了农村长期实行统一经营、统一分配的生产经营体制，推行了"包干到户"家庭联产承包责任制，这一改革有力地动摇和瓦解了人民公社体制的基础，使得农业经营方式实现了由集体经营向家庭承包经营的根本性转变，农民得到极大好处，粮食产量迅速增长。从中共十二届三中全会召开到邓小平南方谈话前夕，这是我国改革的全面展开阶段，这一阶段经济体制改革的重点逐步从农村转向城市。党的十二届三中全会确立了经济体制改革的目标是"建立有计划的商品经济"，这是第一次正式将"商品经济"写进党的文件，并将"增强企业活力"作为改革的中心环节。上个世纪80 年末进行的价格改革，通过"双轨制"逐步引入市场机制，从根本上打破了由计划配置资源的单一途径，为发挥市场竞争作用、增强企业活力奠定了基础。

从 1992 年春到 2003 年 10 月，是初步建立社会主义市场经济的阶段。邓小平的南方谈话极大地解放了人们的思想，中共十四大的召开，第一次明确地提出我国改革的目标是"建立社会主义市场经

济体制"，十四届三中全会提出将国有企业改革作为经济体制改革的中心环节。国有大型企业逐步建立起现代企业制度，在优势领域和国有经济命脉部门逐渐发挥主导作用，并在全球配置资源、增强国际竞争中起到了领头羊的作用，为创造国企改革红利作出了巨大的贡献。以党的十六届三中全会为标志，我国改革开放进入了社会主义市场经济体制的攻坚阶段。这一阶段经济改革的主要特点是以科学发展观为指导，坚持市场化导向，各项经济改革及配套改革纵向全面推进，改革红利进一步得到释放。

具体地来看，我国三十多年经济体制改革的红利释放主要表现在以下几个方面：

第一，农村改革红利。解决好农业农村农民问题是全党工作的重中之重，农村改革红利的释放，有力地推动了国民经济的发展，维护了中国全社会的安定。家庭联产承包责任制的推行，率先拉开了中国经济改革的序幕，这一改革极大地促进了中国农业的恢复和发展，促使中国农业和农村发生了巨大变化，农村改革红利得到极大的释放。农村税费制度改革、社会主义新农村建设、统筹城乡和城乡经济社会一体化发展等战略性的体制改革，为促进农业的发展、农村的繁荣、农民的富裕和农村改革红利的有效释放奠定了坚实的基础。据统计，2012 年全国粮食总产量为 58957 万吨，实现了"九连增"，粮食基本能够自给；农村居民人均纯收入达到 7917 元，农村增收实现了"九连快"。

第二，价格改革红利。价格机制是市场经济最有效的调节手段，价格体系的改革是整个经济体制改革成败的关键。党的十二届三中全会拉开了价格改革的序幕，上个世纪 80 年代末我国加快了价格改革步伐，积极理顺价格，做了有益的探索。此后，商品服务和生产要素的市场化改革不断取得实质性进展，在进入新世纪以后，我国又着重推进要素和资源产品价格的市场化进程，加强对垄断行业价格的监管，为实现资源的优化配置和经济结构调整，建立起社会主义市场经济的价格体制，进一步释放价格改革红利提供了有力的支撑。到上个世纪 90 年代初期，80% 以上的实物商品和服务价格均已放开，由市场调节。截止到目前，我国除了利率、汇率、石油、土地等采取有管制的价格政策之外，其余的基本都由市场定价，我国市场化的价格体系已经初步形成。

第三，国企改革红利。国有企业是社会主义所有制结构的重要载体，国有企业的做大做强事关国家安全和国家竞争力的实现。20世纪 80 年代国企改革实现了"放权让利"、"利改税"的既定改革目标，对促进政企分开、调动企业的生产经营积极性、初步释放国企改革红利产生了积极的作用。十四届三中全会确立以建立"产权清晰、权责明确、政企分开、管理科学"的现代企业制度为改革目标，国企改革进入攻坚阶段。国有经济结构的战略性调整、企业制度创新、国有资产管理体制改革创新等为支持国有大型企业做大做强、国有资产保值增值、国企改革红利有效释放等提供了体制保证。截止到 2012 年底，我国大型中央企业数目已经减至 115 家，"抓大放小"政策得到贯彻落实；中石化、中石油等企业进入全球 500 强企业的前十强，并有三十多家大型央企进入世界 500 强。

第四，财税改革红利。财税体制改革影响着收入分配体制、中央与地方政府的财政关系、财政决策权等一系列事关经济社会全局性的改革。从新中国成立之初高度集中的财税体制，逐步过渡到中央统一领导下的分级管理，再到分税制的体征管理体制，我国的财税体制为不断地与社会主义市场经济体制接轨，不断地向公共财政体制转变，不断地释放财税改革红利提供了有力的保障。同时，在支持国有企业税收改革、农村税费改革、个人所得税改革等方面，财税改革同样为广大农村家庭和人民群众共享改革红利作出了巨大的贡献。据统计，我国 2012 年公共财政收入达到 11.7 万亿元，较之 1978 年的 1132 亿元有了很大的提高，政府的公共产品供给和宏观调控能力得到有力的提升。

第五，人口红利。人口红利的释放是我国改革开放三十多年来实现经济起飞的重要原因。从 1952 年到 1978 年，随着重工业优先发展战略的实施，我国逐步建立了城乡二元户籍制度，城乡之间的劳动力流动几乎处于停滞状态，严重阻碍了劳动力生产要素的资源配置。到上世纪 80 年代初期，我国提出了"劳动部门介绍就业、自愿组织起来就业和自谋职业相结合"的改革思路，旧的就业体制开始被打破。十四届三中全会提出了劳动力市场的构想，并确定了劳动力就业体制改革的基本路径，这为我国释放巨大的人口红利指明了改革的方向。我国的农村劳动力源源不断地从内地转移到东部沿海地区，东部沿海企业利用劳动力成本低廉的比较优势，创造了巨大的人口红利。据统计，从 1978 年到 2012 年底，从农村转移出来的劳动力年均超过 1000 万人，这为我国的经济社会发展作出了巨大贡献。

第六，对外开放红利。中国经济体制改革的三十多年，对内改革与对外开放始终相互促进、相互依赖。对外开放，是中国自 1978 年以来实行的一项基本国策，是在借鉴发达国家发展历程、研究世界经济发展趋势的基础上的重大实践。1979 年和 1980 年，深圳、汕头和厦门试办经济特区，这是我国释放对外开放红利的初始阶段。此后，大连、秦皇岛、天津等 14 个沿海港口城市进一步实施开放政策，南京、武汉、重庆等沿江、沿边及内陆省会城市进入全面开放的阶段。我国在 2001 年 11 月成功加入世界贸易组织，国际地位迅速提高。这些对外开放措施为深化外贸体制改革、有效释放对外开放红利、促进国内经济社会的快速发展提供了可靠的保证。据统计，我国 2012 年贸易进出口总额为 3.87 万亿美元，位居世界第二，并连续 4 年成为世界最大出口国和第二大进口国，外汇储备超过 3 万亿美元，连续 6 年位居世界第一位。

二、制约经济体制改革红利释放的突出问题

我国三十多年经济体制改革的历程充分说明，只有改革才能破除制约经济进一步发展的瓶颈，只有改革才能充分释放经济建设的红利，只有改革才能实现国民经济健康可持续的发展。应当说，我国的经济社会发展正处于重要战略机遇期，经济体制改革仍处于攻坚阶段，尽管我国的经济体制建设较之改革开放以前有了翻天覆地的变化，但经济改革中出现的不平衡、不协调、不可持续、不包容、不配套等问题和矛盾十分突出，这些问题和矛盾极大地制约了改革红利的进一步释放。

第一，不平衡的问题。我国在经济体制改革的三十多年历程中，国企改革红利、价格改革红利和对外开放红利的有效释放，为我国实现产业结构的优化升级、建立出口导向型经济和区域经济的快速发展提供了强有力的支撑。但应当看到，随着改革开放的纵深推进，我国第一产业基础不稳、第二产业核心竞争力不强、第三产业比重过低的问题仍然突出。需求结构失衡，过分依赖外贸出口、抵御国际经济风险的能力较弱、国内需求不足等问题在国际金融危机爆发

后很快显现出来。同时，区域结构失衡、城乡结构失衡等经济结构不合理的问题进一步暴露，区域之间、城乡之间发展的差距在不断扩大，经济社会的不稳定因素在增多，这些不平衡因素严重制约着改革红利的进一步释放，亟待加以解决。

第二，不协调的问题。农村改革红利、财税改革红利的释放，应当说为我国协调城市与农村、中央与地方政府的关系作出了巨大的贡献。但由于我国经济体制改革仍处于攻坚阶段，经济关系中政企不分、政资不分、政社不分、政事不分的不协调问题仍比较突出。财税体制改革的一些不足也在逐步凸显，比如，财税体制的不合理，导致中央和地方政府的财力与事权不匹配，县级政府提供公共产品和公共服务的保障能力非常有限，这些不协调问题制约着改革红利的进一步释放。现代金融体系有待完善，金融体制改革与实体经济的不协调性制约着产业的发展和经济的增长，同样不利于改革红利的释放。

第三，不可持续的问题。我国的经济体制改革为经济发展提供了制度保证，但由于资源性产品价格改革、财税体制改革等方面的滞后因素，使得我国走着高投入、高消耗、高污染、低产出的经济发展路子。原油、原煤、天然气、水等重要资源性产品的价格形成机制主要是非市场定价，市场机制在反映资源的稀缺程度方面的作用还非常有限，企业在使用资源性产品时往往不能按照这些产品的真实市场价格进行资源的有效配置。同时，资源税等税收调节机制在发挥资源配置的引导作用中还非常有限，生态红利严重透支，这使得经济发展中的资源得不到高效利用、环境压力进一步加大、雾霾等天气频频发生等不可持续的问题日益凸显。

第四，不包容的问题。党的十八大明确指出，要"不断在实现发展成果由人民共享、促进人的全面发展上取得新成效"。实现广大人民群众创造改革红利和共享改革红利的有机结合，应当是我国经济体制改革的出发点和落脚点。但是由于教育体制、医疗体制、社会保障体制等体制改革的滞后，城乡居民在基本公共服务的普惠化、均等化方面还存在着较大的差距。随着我国城镇化进程的加速，农业转移人口不能被城市接纳和融合、公共服务缺失等不包容的问题十分突出。另外，劳动力市场体制改革、就业体制改革滞后等方面的原因，农村转移人口的就业机会受到城市居民的排挤、就业岗位受到限制等不包容性问题，同样亟待破解。这些不包容的问题，制约着人民创造改革红利的积极性，自然就制约着改革红利的释放。

第五，不配套的问题。社会主义市场经济体制改革并不是孤立进行的，而是在政治体制、文化体制、社会体制和生态文明体制等一系列综合配套改革的协同推进中，才能有效地达到改革的初衷和目标，改革红利才能综合性地得到释放。我国当前垄断行业改革、财政体制改革、金融体制改革、事业单位分类改革等经济领域的改革，就要求相应的政治、社会等体制改革作为综合配套改革，要求政府职能、权限等进行改革和转换，要求教育、医疗、社会保障等社会体制改革协同跟进。而我国当前政治体制、社会体制等改革的滞后，使得综合配套不完善、"横向协同"效应不足，改革共识和合力难以达成，这严重制约着经济体制改革的纵深推进，影响着改革红利的进一步释放。另外，一些综合性的改革试点地区，其相应的配套改革措施往往难以持续跟进，也影响着改革红利的释放。

三、进一步释放经济体制改革红利的基本思路

改革的根本任务是解放和发展生产力。当前，社会结构和利益格局正在发生深刻变化，不同利益主体的博弈成为改革的突出因素。改革达成共识和形成合力的难度在加大，改革的积极性和动力在削弱，改革的顶层设计和统筹安排的要求在提高，改革已经步入深水区，已进入攻坚阶段。因此，我们必须全面深化经济体制改革，进一步释放改革红利。基于对我国经济体制改革的总体回顾和突出问题的认识，深化经济体制改革的基本思路可以从以下几个方面着手：

一是创造改革红利与共享改革红利相结合。我国经济体制改革三十多年的历程充分地说明，人民群众是创造改革红利的主体，只有当人民群众的改革积极性高涨时，改革事业才能有序地向前推进，改革的红利才能得到有效释放。当前，经济体制改革中不协调、不包容等问题，使得城乡之间、区域之间、行业之间的差距在不断扩大，收入分配体制改革滞后等原因，导致高收入群体和低收入群体的差距在不断拉大，这就在某种程度上影响到广大人民群众对改革的积极性。因此，让广大人民群众共享改革发展的成果，这是经济改革的出发点和落脚点。

二是市场导向与政府推进相结合。回顾我国三十多年经济体制改革的历程，实质是由"高度集中的计划经济体制"向"社会主义市场经济体制"转变的过程。从改革开放前高度集中的计划经济，到十二届三中全会提出的"有计划的商品经济"，再到党的十四大对"社会主义市场经济"改革目标的最终确立，其本质是由计划经济逐步向市场经济转轨的过程。因此，我国在深化经济体制改革的进程

中，必须充分发挥价格机制、供求机制和竞争机制在市场经济中的杠杆作用，更大地发挥市场在资源配置中的基础性作用，最大限度地为不同的经济主体创造公平竞争的市场环境。同时，要更好地发挥政府在经济体制改革中的作用，党的十八大报告明确指出，"经济体制改革的核心问题是处理好政府和市场的关系"。因此，在进一步释放改革红利的进程中，必须遵循"市场导向与政府推进相结合"的基本思路。

三是顶层设计与发挥基层首创精神相结合。我国的经济体制改革发轫于农村经营体制改革，这种改革主要遵循的是自下而上、由易到难的改革模式，遵循的是"摸着石头过河"的经营性改革。过去经济体制改革中出现的"一放就乱、一收就死"的怪圈，其更根本原因就在于改革缺乏整体性、系统性。我国当前的经济体制改革已进入深水区，过去相对容易的改革已经改得差不多了，剩下的改革需要啃"硬骨头"。因此，解决这些矛盾和问题的根本出路在于加强顶层设计，从全局上对改革的整体思路、战略取向进行顶层设计，以加强经济体制改革的整体性、系统性和协同性。我们也要看到，人民群众是改革红利的根本创造者，在经济体制改革中，要尊重人民首创精神，注意发挥广大人民的积极性、创造性和主动性。

四是综合配套和与改革试点相结合。中国在确立社会主义市场经济体制为经济改革目标模式之后，政治体制、文化体制、社会体制、生态文明体制等改革就必须与发展社会主义市场经济体制相适应、相配套，只有相关领域的配套改革深入推进，才能有效地配合和推动经济体制改革。比如，我国一些经济领域的改革，包括垄断行业改革、财政体制改革、价格改革、事业单位分类改革等，都离不开相关领域的综合配套改革。深化我国经济体制改革，要着力进行综合配套，促进各个领域的改革共同深化、相互促进、良性发展，为完善社会主义市场经济体制提供重要保障。对于那些"牵一发而动全身"的改革领域，要加强改革的试点工作，通过改革试点积累经验，再在全国范围内进行推广。

五是有序推进与重点突破相结合。我国的经济体制改革，遵循的是渐进式而非激进式的改革模式，这是我国经济改革道路的一个基本特征。改革前进的每一步，都是采取循序渐进、有步骤、有阶段的方式推进，都是在人民群众的实践探索和制度创新的基础上有序地推进。我国的经济体制改革始终立足于社会主义初级阶段这一基本国情，先农村改革后城市改革，先局部探索后全面推开，先计划经济体制后过渡到社会主义市场经济。因此，我国在深化经济体制的过程中，必须有序推进。应当着力指出的是，像政府机构改革、资源产品价格改革、医疗体制改革、金融体制改革、收入分配体制改革等这些"牵一发而动全身"的重要领域，要进行重点突破。

四、释放经济体制改革红利需要进行重点突破

2013 年的《政府工作报告》明确指出，"要深化重要领域改革，增强经济社会发展的内在活力"，"全面深化经济体制改革，进一步完善社会主义市场经济体制"，并对我国当前经济改革做了具体的部署。李克强同志亦指出，持续发展经济、不断改善民生、促进社会公正是中国当前改革必须着力解决的三项任务。我国的经济改革事关能否进一步释放改革红利，事关改革开放事业的成败与否，事关经济社会的稳定可持续发展。我们必须按照党的十八大的要求，坚定信心、凝聚共识、统筹谋划、协同推进，对一些在未来经济社会

建设中能够释放出巨大改革红利的重要领域打好攻坚战、实现重点突破:

一是要释放城镇化红利。城镇化是我国未来扩大内需的最大潜力所在,也是我国未来释放改革红利的巨大潜力所在。2012 年我国的城镇化率已达到 52.6%,要通过进一步深化土地制度、户籍制度、社会保障制度等配套制度的改革,释放消费和投资需求,大力推进新型城镇化,深入挖掘城镇化发展红利,助推打造"中国经济升级版"。

二是要释放企业创新红利。科技创新是提高社会生产力和综合国力的战略支撑,释放企业创新红利是我国深化经济改革的重要目标。与世界经济强国相比较,我国在科技创新方面还存在很大差距,我们必须充分释放企业创新红利,为保证我国未来经济持续健康发展提供源源不断的内生动力。

三是要释放"新人口红利"。我国三十多年的经济改革,农村转移了大量的剩余劳动力,东部沿海企业发挥了劳动力低廉的比较优势,人口红利为我国经济社会发展作出了巨大贡献。在深化改革的新阶段,我们必须加强教育体制、科研体制等领域的改革,加大人力资本的投入力度,着力提高劳动者素质,释放"新人口红利"。

四是要释放结构调整红利。结构调整红利是我国未来改革的重要红利空间。目前,我国需求结构、产业结构、区域结构、城乡结构失衡的问题较为突出,要通过推进经济结构战略性调整,实现经济结构的优化,加快转变经济发展方式,进一步释放结构调整红利。

五是释放生态红利。我国资源和环境对经济发展的制约因素进一步加大,生态红利严重透支,广大人民对生态和环保制度的改革诉求很高。因此,我们必须加大生态文明制度改革的攻坚力度,进一步释放环境红利,使食品更加安全,空气更加清新,水更加清洁。

　　具体来讲，要继续深化所有制、财税、金融、价格、收入分配等各个领域的改革，进一步释放经济改革红利，让广大人民共享改革发展成果，为我国全面建成小康社会和实现社会主义现代化提供强有力的改革支撑。

（一）深化所有制改革，打破行政性垄断经营

　　这是深化经济改革的基本前提，是保障改革红利有效释放的核心问题。我国所有制改革的实质是公有制经济的实现与非公有制经济的发展问题。公有制经济在国民经济中占主导地位，这是社会主义制度的本质要求，而非公有制经济的发展则是经济社会不断向前发展的重要保证。因此，深化所有制改革必须牢牢抓住党的十八大提出的两个"毫不动摇"：一方面，要毫不动摇地巩固和发展公有制经济，全面推进国有经济战略性调整，推动国有大型企业实现整体上市，充分发挥国有企业在促进产业升级、参与国际竞争、提升综合国力等方面的重要作用；另一方面，要毫不动摇地鼓励、支持和引导非公有制经济的发展，鼓励和支持中小民营企业的发展。要继续深化政府机构改革，转变政府职能，打破行政性垄断经营，着力消除各种制度性障碍，破除阻碍民间投资的"玻璃门"、"弹簧门"等体制障碍，保障各种所有制经济主体依法公平参与市场竞争。继续推进"新36条"的实施细则，并有针对性地进行细化，增强实践中的操作性。

（二）深化财税体制改革，有效保障和改善民生

　　财税体制在宏观调控、调整收入分配结构、供给公共产品等方面起着主导作用，这是我国当前尤为重要和迫切的一项改革，必须坚定信心、凝聚共识、有序推进。深化财税体制改革，应进一步理

顺各级政府财政分配关系，优化收入划分和财力配置，实现中央和地方财力事权相匹配。优化转移支付结构，提高一般性转移支付规模和比例，清理归并部分专项转移支付项目，加快形成统一规范透明的财政转移支付制度。建立完善县级基本财力保障机制，增强县级政府提供基本公共服务的能力，促进城乡统筹发展。完善预算管理制度，增强预算编制的科学性和准确性，提高预算执行的及时性、有效性和安全性，增强预算透明度，提高财政资金使用效益。改革个人所得税，完善财产税，推进结构性减税，减轻中低收入者和小型微型企业税费负担，形成有利于结构优化、社会公平的税收制度。"十二五"时期应全面完成"营改增"改革，同时调整增值税分成比例，理顺中央与地方分配关系。总之，通过深化财税体制改革，完善公共财政体系，为保障和改善民生，全面建成小康社会服务。

（三）深化金融体制改革，构建稳健的金融体系

金融是现代市场经济的核心，深化金融体制改革对于促进实体经济发展、巩固社会主义市场经济体制具有重要意义。稳步推进利率市场化改革，使利率能够灵敏地反映资金供求情况，以实现资金的优化配置，缓解内外部经济的不平衡，增强金融机构间的竞争。加强金融机构公司治理，推进现代金融企业制度建设，健全金融组织体系，这是金融机构改革的核心内容，也是金融机构健康可持续发展的重要基础。加快发展资本市场，完善分层有序、互为补充的现代金融市场体系，不断提高金融市场化程度，这对于降低企业的直接融资成本、促进实体经济发展具有重要意义。要强化金融监管和调控能力，加强金融系统的流动性风险管理，切实防范和化解金融风险，维护金融体系的稳健高效运行，这是我国金融体制改革适

应全球化发展的必然要求。

（四）深化资源产品价格改革，理顺价格调节体系

价格机制是市场经济的核心机制，价格改革的目的是要建立反映市场供求和资源稀缺程度的信号传递机制，应当按照"要素市场化"的原则深化价格改革，进一步理顺价格调节体系，以促进结构调整和资源保护。应当说，我国一次能源价格是比较高的，但资源产品价格改革的视野应更开阔一些，应该放在整个资源和环境这样一个角度去考虑。将淡水、电、天然气、成品油等价格改革放在优先位置，通过价格杠杆作用促进土地资源、水资源、能源资源等的节约和有效使用。据统计，我国当前居民用水价格成本占居民可支配收入的平均比例不到1%，远低于世界银行建议的3%到5%，福利性的低水价不利于保护水资源。在价格改革过程中，要同步推进产权制度改革，推进国有资源、公共资源的确权工作。同时，应尽可能地引入竞争机制，打破垄断，改善管理，坚决破除大量资源通过不规范甚至违法渠道转化成了个人财富的体制机制因素，推动经济发展方式转变，进一步释放改革红利奠定基础。

（五）深化收入分配体制改革，促进社会公平正义

收入分配体制改革是一项事关全局性的改革，事关广大人民群众能否共享深化改革所带来的红利。2013年2月5日，国务院批转了《关于深化收入分配体制改革的若干意见》，这是指导我国深化收入分配体制改革的一个纲领性文件。收入分配制度是经济社会发展中一项带有根本性、基础性的制度安排，是社会主义市场经济体制的重要基石。当前，我国已经进入全面建成小康社会的决定性阶

段，要继续深化收入分配体制改革，优化收入分配结构，促进社会公平公正，调动各方面的积极性，促进经济发展方式转变，实现改革红利由全体人民共享。一方面，要坚持按劳分配为主体、多种分配方式并存，坚持初次分配和再分配调节并重，继续完善劳动、资本、技术、管理等要素按贡献参与分配的初次分配机制。另一方面，要加快健全以税收、社会保障、转移支付为手段的再分配调节机制，努力实现居民收入增长和经济发展同步，劳动报酬增长和劳动生产率提高同步，逐步形成合理有序的收入分配格局。

（六）深化土地、户籍、社会保障等制度改革，增强改革的综合配套性

我国的改革已经步入深水区，各种利益关系相互交织，要想进一步深化经济体制改革，最大限度地释放改革红利，就必须加强综合配套改革。要加强农村地权制度的建立，深化户籍制度的改革，着力提高社会保障的水平，进一步加大教育体制、科研体制、卫生医疗体制等改革的力度，为释放城镇化红利、企业创新红利、经济结构调整红利、"新人口红利"等提供配套支撑。值得重点注意的是，广大人民对医疗卫生体制、保障性住房制度改革、生态和环保制度等领域的改革诉求很高，我们必须扎扎实实地攻坚推进、重点突破。同时，要更加注重政治体制、文化体制、社会体制和生态文明制度改革的协同效应，通过综合配套和改革试点相结合，充分发掘体制机制变革的潜在红利，以全面促进经济社会的可持续发展和改革红利的可持续释放。

（原载《中国延安干部学院学报》，2013 年第 5 期）

靠改革跨越中等收入陷阱

由于国际金融危机和欧债危机的严重影响，世界经济遭遇二次探底的风险，经济复苏进程艰难曲折，存在着极大的不确定性。面对险峻复杂的世界经济格局，我国面临着前所未有的压力和挑战。当前我国出现了改革的"综合疲劳症"，改革不再是上个世纪80年代的势如破竹，在改革推进中遇到的阻力越来越多，改革在重点领域和关键环节难以取得明显突破。同时，按照世界银行的标准，2010年我国人均国内生产总值达到4400美元，已经进入中等收入偏上国家的行列，也开始面临着中等收入陷阱的问题。改革"综合疲劳症"和中等收入陷阱的叠加，也增大了改革前行的难度，放大了社会积聚的风险。在复杂多变的国际国内环境下，我们需要未雨绸缪，自觉警醒，务实借鉴国际经验并总结国际教训，加强战略谋划，特别是加强改革的顶层设计和规划，更加珍惜基层的改革探索突破，聚积改革的共识和力量，以更大的决心和勇气推进改革，以改革的变量破解中等收入陷阱之困扰，推进富民强国的中华伟业。

一、改革"综合疲劳症"和中等收入陷阱叠加

近几年，在改革推进中，遇到的阻力越来越大，一些深层次问题的解决，也越来越困难，改革出现了边际效应递减的问题。一些改革甚至流于口号、趋于形式化，有一个问题代替另一个问题的倾向，不少官员对改革抱有"敬而远之"的为难情绪，推动改革的积极热情也逐渐下降，改革出现了"综合疲劳症"。针对这个现实，党的十七届五中全会和"十二五"规划提出了要"更加重视改革顶层设计和总体规划"，2011 年末的中央经济工作会议也提出了"加强战略谋划"的新要求，这是最高决策层把握改革历史趋势和改革时代特征，对改革方略、乃至工作机制与推进方式的改变。

2006 年，世界银行在《东亚经济发展报告》中提出了中等收入陷阱的概念，它是指一个经济体在人均国民收入 4000 美元左右达到世界中等收入水平后，由于不能顺利实现发展战略和发展方式转变，新增长的内生动力严重不足，经济出现大幅波动或长期停滞不前；同时，快速发展中积聚的问题集中爆发，造成产业升级艰难、贫富分化加剧、腐败风气蔓延、城市化进程受阻、社会矛盾凸显等。从世界范围看，拉美、东南亚一些国家早就是中等收入国家，之后却陆续掉进了"陷阱"，有的在中等收入阶段滞留时间已长达四五十年，至今仍迟迟不能进入高收入国家行列。笔者认为，世界银行的分析值得重视，我们事实上已经存在改革"综合疲劳症"和中等收入陷阱叠加的问题，需要加强战略谋划，把改革顶层设计和推动摆到更加重要的地位上来。

这些年在科学发展观的指导下，经济改革与发展取得了一定成效，有些方面和某些环节甚至很有突破意义。但也要看到，这些年

我们的确面临着改革的许多阻力，没有能够在特别重大领域和关键环节取得显著突破。改革推进缓慢是多方面原因造成的：

一是各级领导干部倾心经济发展，改革退至次要位置。在政府主导的经济运行机制下，政府控制了太多的财政和金融等资源，重增长轻改革、重短期轻长期，重治标轻治本倾向也就相当突出，改革的具体落实上缺少实质性措施，有些改革避重就轻、避实就虚，使得一些改革在具体落实中处于可有可无的状态。一些地方领导干部对于当期无有回报的改革，能拖则拖，能推则推，都想在自己的任期内有更大的政绩。地方政府全力以赴抓短期 GDP 增速最大化，政府公司化倾向没有彻底扭转，使一些改革久攻不下。

二是举办和应对国内外大事件，不少重要改革被迫放缓。近些年，随着我们国家经济实力的整体提升，我们有能力和条件举办一些重大国际国内赛事、会议，如 2008 年举办的奥运会、2010 年上海世博会、2011 年广州亚运会等，赛事和会议的准备和举办也在一定程度上分散了各级领导对改革的关注。汶川大地震、国际金融危机、国内通胀的压力使政府的主要力量用于应对内部、外部的压力和挑战，虽然继续推进改革，但是不少重要改革被迫放缓。

三是比较注重短期政策，改革战略重点不突出。应对国际金融危机我们取得了成效，但与此同时高强度的刺激政策也加剧资产泡沫和通胀。短期问题其实受制于长期问题。我们既要有效应对短期问题，更重要的是要抓紧解决长期问题，也就是转变经济发展方式。反之"两难"的困境将时常出现。在确定改革战略重点后，对不同领域的改革需要进行排序，设计清晰的阶段性目标，便于分步骤完成中长期目标。如果我们在解决短期目标时，对长期目标——转变经济发展方式突破不够，那么就会增加既定改革攻坚的难度和时间。

四是既得利益群体的阻挠，使得改革扭曲变形。经过多年改革发展，社会群体在分化，客观上也出现既得利益群体。中央在很多重要文件中反复强调国有企业要向关系国家安全和国民经济命脉的重要行业和关键领域集中，增强国有经济控制力，发挥主导作用。但在现实中，有些国有企业无限制地进入竞争性领域，与民争利。由于全面推进行政体制改革，政府由改革的领导者变为被改革者，强势政府主导资源配置权力极难割舍，这也是审批体制改革进展缓慢的原因，政府改革将使得不同层级相当一批官员利益受损而难有进展。

五是改革共识逐渐缺失，改革动力和能量不足。从对待改革的态度上来看，有一些人认为，中国现在就是要靠发展，改革要冒很大风险，不能期望有多少举动，以免影响发展。还有人认为，执政党推进改革并做出让步，本身就会怂恿进一步改革的要求，从而很容易像滚雪球似的形成革命运动，这样不利于执政党的领导。甚至理论界还发生了"民主是好东西"还是"民主是坏东西"的激烈争论。有些网站还出现了为"无产阶级专政下继续革命理论"甚至文化大革命评功摆好的反常现象。另外，由于我们某些改革措施在实践中也有脱离公共利益的倾向，引发了人们对改革的一些批评意见，并进而对整个市场化改革和建立市场经济体制提出质疑。如果说过去改革主要的阻力是意识形态因素，现在的改革则进入利益博弈时代。

六是改革组织机构缺失，改革措施难以推动落地。20世纪80年代，国家先后成立了"国务院经济体制改革办公室"和"国家经济体制改革委员会"，由总理兼任主任，负责体制改革的总体设计，承担重要使命：一是集中精力研讨规划改革开放的战略全局工作，向中央提出重大决策建议；二是强化改革开放的全面协调和重点改革举措的推进。当时，邓小平要求总理屁股要坐在改革上，因此先后由总理兼任国家体改委主任，国家体改委从此成了中国设计经济体制改革的总部。当时，国家体改委汇集了一大批有才华的人士，为国家改革开放献计献策。后来机构改革中国家体改委、体改办陆续撤并了。但中国改革发展实践并没有停步，经济改革和社会发展中又出现了许多新的问题迫切需要解决。而国家发展改革委忙于宏观调控，制定规划和审批项目牵涉了大量精力，也难以全力协调推进改革。

二、抓住战略机遇期需要加强改革顶层设计和推动

战略机遇期一般是指对全局产生重大、深远影响的一段时期，是有利于战略实施的历史阶段及其大的背景、环境和条件。战略机遇期的形成，往往是国际、国内条件发展的综合结果。要跨越中等收入陷阱，首要问题就是我们国家要在 21 世纪头 20 年紧紧抓住可以大有作为的重要战略机遇期的基础上，争取 21 世纪到新中国成立 100 年前都争取成为战略机遇期，使国家赢得更长久的和平稳定发展时期。如果实现目标，这将是中国经济总量超过美国，民生重要改善的发展时期，这将是实现中华民族伟大复兴的最关键时期。

2002 年党的十六大报告作出了一个重要判断："纵观全局，21 世纪头 20 年，对我国来说，是一个必须紧紧抓住并且可以大有作为的重要战略机遇期。"党的十七大报告重申要"抓住和用好重要战略机遇期"，党的十七届五中全会和国家"十二五"规划都强调提出要"继续抓住和用好我国发展的重要战略机遇期"。现在看，在本世纪

头一个十年，党和国家成功抓住了重要战略机遇期，克服了各种困难，改革开放和现代化建设取得了显著的成绩，把一个13亿多人口的大国成功带入了经济社会发展的新阶段。

我们认为，不仅仅在"十二五"时期，也不仅仅到2020年，要继续抓住和用好我国发展的重要战略机遇期，如果我们各方面都能够做到位，积极探求跨过中等收入陷阱的战略安排、路径选择和政策保障，到2050年的未来40年，即到新中国成立100年争取成为我国发展的重要战略机遇期是有可能性的。如此考虑，主要基于以下重要的因素：

其一，有基础。未来十年我国将实现全面建设小康社会的目标，按照党中央的战略安排，到2020年，我国将全面建成小康社会，将在经济、政治、文化、社会、生态五个方面取得重大进展。从我国的发展实际来看，党中央确定的全面建成小康社会的战略目标是能够实现的。全面建设小康社会的实现将为到本世纪中叶基本实现现代化的远景目标奠定坚实的基础。

其二，有机遇。当下世界，世界多极化、经济全球化深入发展，世界经济政治格局出现新变化，美国、欧盟面临重重困难，经济增长速度减缓，全球需求结构出现明显变化，短期很难有新的变化和突破。中国成为世界第二大经济体，新兴国家发展迅速，国际经济和政治秩序进入了深刻的调整变化期，国际环境总体上有利于我国和平发展和"弯道超车"。我们要把握好在全球经济分工中的新定位，积极创造参与国际经济合作和竞争新优势。

其三，有空间。我国工业化、信息化、城镇化、市场化、国际化深入发展，特别是工业化处在中期阶段还有巨大的提升空间，城镇化率从2010年的47.5%到2050年有可能达到75%，有4亿人口要进入城市，从城镇化创造的需求来看，我国市场需求潜力巨大。而信息化、市场化、国际化还处在发展中，很多的能量还有待释放，只要我们加快经济结构战略性调整，有能力支撑经济未来四十年的稳健发展。

其四，有可能。从未来发展看，我国资金供给充裕，科技和教育整体水平提升，劳动力素质改善，基础设施日益完善，政府宏观调控和应对复杂局面能力明显提高，社会大局保持稳定，完全有条件推动经济社会发展和综合国力再上新台阶。我们必须科学判断和准确把握发展趋势，充分利用各种有利条件，加快解决突出矛盾和问题，集中力量办好自己的事情。

面对历史的发展机遇，我们必须牢牢抓住。这就需要加强顶层设计和推动。改革已进入深水区，虽然试验和试错的改革方式仍十分重要，但转变经济发展方式、统筹城乡发展、保障和改善民生等方面所需要的改革必须整体配套、协调推动，涉及经济、社会、政治各领域，必须制定总体规划，对系统目标、系统结构和实现方式进行顶层设计和顶层推进，其动力机制是自上而下的，虽然初始改革动力仍在基层，但任何局部改革都无法替代新一轮改革的顶层设计。同时在改革领域，从下到上能有效推进的改革已经越来越少，需要从上到下推进的改革领域则越来越多，而且大多数涉及上层建筑的整体改革，风险大、成本高，不改又不行。

当前，社会上对加强改革的顶层和设计与规划给予很高的期待，吴敬琏先生还提出了加强顶顶层设计与规划的建议，综合各方面的意见，我们认为，当前改革的顶层设计应包括如下内涵：顶层设计的主体具有特别指向，要有强大的权威性和推动力，从十七届五中全会公报和"十二五"规划来分析，当前顶层设计的主体特指中央决策层。顶层设计的内容是对中国改革的战略目标、战略重点、优先顺序、主攻方向、工作机制、推进方式等方面进行整体设计。就是对中国改革的整体谋划，最大限度地化解改革的阻力，确保改革的顺利进行。

顶层设计是改革发展的需要，原因如下：

一是发展的新阶段要求顶层设计。当前，以转变经济发展方式为主线的改革客观上要求基本制度定型，并在基本制度定型的基础上进行制度创新。如果基本制度长期不定型，政策体制不稳定，将影响可持续发展。改革进入制度定型阶段，意味着改革更多地需要理性设计、顶层设计，局部的完美要让位于国家整体发展的要求。从改革整体来看，如果所有的改革都是自下而上的进行，这会产生制度分化问题、国家制度多样性问题。各地方就会你改你的，我改我的，国家在制度层面整合将越发困难。在大系统作出顶层设计后，大系统下的各个子系统才会有相应的设计。如我们医疗卫生系统怎样改革、教育系统怎样改革等。不搞好顶层设计，到地方改革就会变成一句空话。当前经济改革、政治改革、社会改革和文化改革都在进行，只有加强顶层设计，从上向下推进改革，改革才会有序、有实质的推进。

二是经济全球化发展要求顶层设计。过去30年，中国经济成功发展是在一个相对宽松的国际市场环境下实现的。但是，现在国际经济形势的不确定性与国内积累的经济社会问题交织在一起，给国家经济安全运行带来了新的风险，这需要加强顶层设计，更加自觉地统筹国内和国际两个大局，而不能地方、部门自行其是。例如，近几年，国有企业在对外投资领域相互争利，恶性竞争，致使国有资产流失，国家利益遭受重大损失。国家在这一问题上，应有统一的全局设计。随着中国经济在全球经济中的地位提高，国内改革也成为影响全球经济治理的重要因素，在总体规划和顶层设计中，需要立足全球政治经济格局变化，考虑其外部性及多重反馈因素。

三是转变经济发展方式要求顶层设计。转变经济发展方式任务千头万绪，对改革路径设计的要求更高。"十二五"时期是加快转变经济发展方式的攻坚时期，既要化解过去高增长时期积累的矛盾和问题，又要紧紧抓住战略机遇期，推动国家经济再发展。这就要求通过加强改革顶层设计和总体规划，从全局上把握不同领域改革的协调性与配套性，有效避免改革分散推进、缺乏整体效果的局面，以适应经济发展方式转变的要求。顶层设计是发展的需要，一方面，加强有效扩大内需的顶层设计；另一方面，在资源环境约束加剧的情况下，加强可持续发展的顶层设计。另外，地方政府过分关注地方经济总量的扩大和地方财政收入的增长，而在转变经济发展方式相关改革上缺乏应有积极性，深层次的原因在于中央与地方财税关系改革缺乏顶层设计。

四是在处理中央与地方关系上要求顶层设计。改革开放以来，在处理中央与地方关系上一直是分权的思路。事实证明，这个思路有利于经济发展。但是，我们要看到，这种分权的模式在解决公共事务问题上有不利的一面，它不利于解决公民的平等权利问题，特别是公民个人的权利问题。如，职工养老保险关系不能随劳动者就业地点的变化而转移问题，就是一个例证。因此，国家要合理划分中央与地方，明确各自责任，并根据事权与财权相匹配的原则，通过税收和转移支付等途径确保各级政府拥有履行事务的财权。由于缺少顶层设计，中央政府与地方政府之间的一些职责权限缺乏明确法律界定，即纵向分权不清，致各级政府在提供公共事务上相互推诿，损害社会公共福利。

三、坚持民生导向、民富优先和共同富裕的理念

争取战略机遇期，加强改革的顶层设计与规划，跨越中等收入陷阱，最重要的工作是什么？我认为是需要坚持民生导向、民富优先和共同富裕的理念，更加注重统筹协调不同利益群体的矛盾与冲突，重点解决收入分配差距扩大的问题。

在现代文明国家，需要关注民生、民权、民享，需要坚持民生导向、民富优先和共同富裕的理念，任何发展阶段都需要统筹协调人民内部不同利益群体的矛盾与冲突。这个问题对未来几十年处在最要紧时期的中国具有特殊的意义，不是个技术问题，而是战略性的问题。我国要很好地跨越中等收入陷阱，在未来经济社会发展的进程中，需要以积极的姿态谋求社会各个阶层各个群体之间的利益协调，以利于长期保持市场对要素资源的有效配置和社会稳定常态下利益关系的相对和谐，努力探求与社会主义市场经济相适应的新型的协调的经济利益关系，消除国家动乱的根源和隐患。

中国如果出大问题，也可能在不同利益群体的矛盾与冲突这个问题上没有解决好。当前，我国正处在战略发展机遇期，根据国际经验，这是经济起飞国家发展的关键阶段。由于国际经济合作空间扩大、产业结构调整转型提速、经济利益格局剧烈变化、各种社会矛盾进入多发期。不少专家的研究表明，经济起飞国家的社会矛盾尽管错综复杂，但绝大多数属于经济利益关系方面的矛盾，且多散落在经济关系的各个点上，只要处理得当及时，不但不会影响经济

社会的稳定，而且会有助于经济社会增强抗干扰的能力。但如果掉以轻心，社会成员经济利益矛盾长期得不到解决，各种利益矛盾集中到一个断裂点面上，就可能酿成乱子。一些本来可以妥善解决的经济利益纠纷，就可能演变成群体性的冲突和事件，就会影响到国家改革、发展、稳定的大局，甚至会使我国失去难得的发展战略机遇期，大意不得。

坚持民生导向、民富优先和共同富裕的理念，统筹协调不同利益群体关系也要抓住重点。那么，重点是什么？必须依靠发展、改革和调节等多方面的手段，来解决收入分配差距扩大所面临的问题。

一靠发展。要把发展经济作为解决收入差距问题的根本手段，大力发展社会生产力，创造收入分配的财富之源。一是积极地扩大就业。把就业优先的国家战略落到实处，创造条件不断增加劳动就业岗位。二是鼓励广大居民创业。运用财政补贴、税收优惠、社会保险、担保贷款等财税与金融政策手段，积极地支持居民自主创业，大力发展中小微型企业。三是千方百计地增加农民收入。大力发展农村经济，促进农村优势产业和特色产业的发展，扩大农村经济合作组织。继续加大对农业的补贴政策，稳步提高农产品收购价格。四是扩大居民财产性收入。鼓励居民通过所拥有的金融资产进行投资，获得财产性收入。在农村，要创造条件让广大农民享有更多的土地财产收入以及林权收益。五是大力发展公共服务事业。加大对中西部地区、农村地区公共服务的财政投入和转移支付，逐步实现城乡之间、东西部地区之间基本公共服务的均等化。

二靠改革。要以更大的决心和勇气加快推进改革，创造公平分配的制度与体制环境。一是改革和完善以按劳分配为主、多种分配方式并存的分配制度。建立工资集体协商制度，完善工资指导制度，建立职工工资稳定增长和支付机制，完善劳动力市场机制建设，提高劳动报酬在初次分配中的比重，逐步提高居民收入在国民收入分配中的比重。二是改革和完善我国的财政税收制度。实行结构性减税，完善个人所得税制度，以高收入者作为个人所得税的征税重点。进一步完善资源税制度，开征环境保护税，研究推进房地产税改革等。三是深化行政垄断性企业收入分配制度改革。完善垄断性企业资本收益的收缴和使用办法，合理分配国有和国有控股企业的利润，加强对这类企业的工资总额和工资水平的双重调控。同时引入竞争机制，逐步破除行政性行业垄断。四是深化政府机关和事业单位工资改革。完善公务员工资制度，深化事业单位收入分配制度，努力形成科学合理的工资水平决定机制和正常调整机制。五是深化户籍制度改革。建立城乡统一的劳动力市场，为城乡劳动者创造公平的就业和发展机会。

　　三靠调节。通过调节，建立公平合理的收入分配制度，让全体人民合理分享改革发展的成果。一是提高低收入者的收入水平。建立健全覆盖城乡居民的最低生活保障制度，进一步完善优抚保障机制和社会救助体系，重点解决社会弱势群体和特殊困难群体的生活问题。二是扩大我国的中等收入群体即中产阶层的比重。让那些掌握先进技术和先进管理经验、从事复杂劳动的人，获得较高的劳动报酬，形成符合中国国情的中产阶层。三是依法调节高收入者。除了通过个人所得税、物业税、房地产税等措施向高收入者依法征税外，还需要严格规范国有企业经营管理者的高额年薪收入，严格控制垄断性企业将垄断收入转化为本企业职工收入。四是依法取缔违规违法收入。对隐瞒经营收入的各类企业主和个体工商户、对有高额灰色收入的群体，要依法予以征税；对那些有受贿收入的腐败分子和少数官员的权力"寻租",要依法严肃查处,过去讲"乱世用重典",现在形势变了,"盛世用重典"。五是大力发展慈善事业。要在全社会积极培育和弘扬慈善精神。鼓励营利机构、非营利机构和居民个人资助或创办慈善机构,从事慈善事业,完善各种公益类机构的管理办法。

四、加强改革顶层设计和顶层的强力推进

加强改革顶层设计和顶层推进,要做好各项改革的协调工作。

一是建立科学规范的决策和推进机制。在加快转变政府职能、坚持依法行政的同时,要积极整合各方面资源,建立高层次的改革领导、组织、决策、协调和推进机制,负责改革制度的顶层设计和顶层推动。当前,重点是围绕科学发展主题和加快转变经济发展方式主线,确定行政管理体制、财税体制、投融资体制、国有企业改革、基本公共服务体系建设等方面的顶层设计,并确定优先顺序和重点任务。

二是使改革沿着规范化、法治化轨道发展。如何处理改革和依法行政的关系,是改革无法绕过的难题。在推进改革中,要根据改革的总体规划、重点环节和关键领域的要求,不断加强立法工作,从注重经济领域立法向注重社会领域、政治领域立法均衡发展转变,从注重创建法律体系逐步向提高立法质量、强化法律效果转变。要及时将改革成果转化为法律,在改革中与国家法规相抵触的改革试点由中央直接安排,与地方法规相抵触的改革试点由地方安排。同时,要加强对改革进程的跟踪监督和阶段性评价,及时纠正失误、问题和偏差,使改革推进措施更加完善。

　　三是把好的地方改革经验上升为国家政策。近几年，各地在探索改革发展上，取得一些好的经验，具有一定代表性，国家应进一步总结经验，作为政策制定和立法修订的依据。例如成都、重庆统筹城乡发展的改革试验，广东的行政体制和社会体制改革探索，对全国具有重要的借鉴意义。其中好的经验就应进一步上升为国家政策，使之在更大的范围内发挥作用。

　　当前，为更好地推进改革，必须在以下方面有所突破：

　　一是克服部门利益对改革的影响。从近些年改革来看，在政府转型成为改革关键和重点的时候，由部门自行设计方案推进改革，难以保证改革决策的科学性、合理性。一些改革最初的设计很好，但改革推进中难以避免部门利益的局限性，容易使改革扭曲变形。"十二五"时期转变经济发展方式和加快建立基本公共服务体系是改革的重点，将涉及到多个领域的改革。这些改革如果由部门自行设计，就很难有实质性突破。这就需要研究如何通过加强改革的顶层设计，出台超越部门利益的改革方案，并由顶层推进来实现。

　　二是克服地方利益对改革的影响。未来一段时间，改革将更多地触及地方利益。例如，政府对房地产市场进行调控，将涉及地方财政收入问题。再如，经济结构的战略性调整成为"十二五"时期改革的主攻方向，中央政府要控制过剩产能，调整经济结构，严格限制高污染行业，可能会使得许多地方政府财政收入减少。这些问题都必然涉及到中央地方财税关系调整的深层次问题，都需要在中央统筹规划、统一领导的前提下才能有效解决。

　　三是克服行业利益对改革的影响。公平竞争的市场环境是各种所有制经济各显其长、相互促进、共同发展的重要前提。要健全公平的市场准入制度。凡是法律没有禁入的行业和领域，都应鼓励民间资本进入，凡是对外资开放和承诺开放的领域，都应向国内民间资本开放。市场准入标准和优惠扶持政策要公开透明，不能只对民营企业和民间资本设限和附加条件。要健全公平的产权交易制度，促进民间资本的重组、联合和参与国有企业改革。很多领域涉及到打破行政垄断，涉及包括铁路、航空、邮政、电信等多个行业的利益调整，涉及到国有经济和民营经济之间的利益博弈。这些问题，有的已经有进展，但推进缓慢，有的还刚刚破题，没有明显成效。只有在中央的统一部署、统一规划下，才能切实推进国企改革和垄断行业改革。

参考文献：

1. 迟福林：《中国：历史转型的"十二五"》，中国经济出版社，2011。

2. 吴敬琏：《改革需要顶顶层设计》，《中国改革》2011 年 12 期。

3. 高尚全：《急需建立高层的改革协调机制》，《中国改革》2011 年 12 期。

4. 张卓元：《经济改革缘何进展缓慢》，《中国改革》2011 年 12 期。

5. 郑秉文：《如何绕开中等收入陷阱》，《行政改革内参》2011 年 5 期。

6. 刘世锦：《中国如何跨越高收入之墙》，《中国改革》2011 年 6 期。

（原载《国家行政学院学报》，2012 年第 1 期）

新市场经济体制与下一个十年

从全世界范围来看，中等收入陷阱的经验特征可概括为：赶超阶段的战略不能重复使用，实施科技创新是企业发展的关键，产业和产业结构升级更加迫切；政府干预模式必须修正，要让市场更优化地配置资源，以降低发展的风险；随着国际化进程加快，需要加强国家战略管理，避免外部冲击引起的经济衰退；为减轻社会冲突导致停滞的风险，必须采取积极稳妥的政策缩小贫富差距，提振城乡居民的预期。

一、中国存在掉入中等收入陷阱的风险吗？

第一，国际经济政治格局的变化，中国发展面临的压力加大。当前世界经济结构进入了深度调整时期，我国经济结构存在的问题进一步突显。我国长期以来国内生产大于国内需求，生产的大量劳动密集型产品只能依赖出口。在金融危机爆发以后，世界原有的供求关系被打破，美欧等发达国家开始改变高负债的消费方式，政府缩减财政支出，居民压缩消费增加储蓄，由此对劳动密集型产品出口需求下降，这给以发展劳动密集型产业中国带来了极大的挑战。另外，国内的外资企业，特别是制造业，回归趋势加大，这些都加大了中国经济转型的压力。还有一方面，当中国刚开始改革开放的时候，西方国家普遍抱有怀疑的态度，不时会出现中国即将崩溃的悲观论调。现在他们突然发现，中国已经在世界经济和政治格局中占据了重要位置，到了不得不重视和打压的程度，于是又出现了中国威胁论。现在，西方国家对我国民主、人权攻击此起彼伏，国际贸易上对中国产品的各种限制措施也层出不穷，中国企业"走出去"投资常遭遇政治化解读和处理，屡屡受挫。必须看到，我们面临的国际环境并未随着中国崛起、不断强大而根本改善，相反某些方面还有恶化的趋势。

第二，经济发展过快，资源环境难以支撑可持续发展。长期以来，我国经济的快速增长导致土地、能源、矿产在内的自然资源供需紧张。其一，土地供应紧张。我国人均耕地不足 0.1 公顷，不到世界平均水平的 1/2 和发达国家的 1/4。"十一五"期间，全国土地出让每年平均高达 660 万亩，2010 年底耕地总数已减少至接近 18 亿亩"红线"。其二，矿产资源供应紧张。目前我国已经成为世界上主要矿产品生产和消费数一数二的大国。2011 年，石油、铁矿石进口分别达 2.54 亿吨和 6.86 亿吨，分别花费 1900 多亿美元和 1100 多美元。两种重要资源对外依存度均超过 55%。其三，生态环境压力过大。全国七大水系已遭到污染。据最新研究，2009 年我国环境退化成本和生态破坏损失成本合计达 1.4 万亿元，约相当于当年 GDP 的 3.8%。这些问题使我国持续发展面临空前的压力。

第三，持续的制度创新强度不够，经济和社会发展缺乏持久的动力。中国的制度创新一般来说是通过改革实现的。这些年在科学发展观的指导下，我国的改革取得一定成效，有些方面和某些环节甚至有突破性成就。但同时，这些年改革也面临着许多阻力，在重大领域和关键环节还没有取得显著突破。从发达国家经验看，创新推动已经成为现代经济的主流。美国最典型，占据了现代农业、创造业、服务业所有领域的优势，从最高层次上，掌控着全球竞争的优势。中国现在是全世界最大的工业国，我们有二百多种产品产量全世界第一，钢铁、汽车等制造能力都已远远超过美国，但这些基本上是模仿和学习发达国家，处在全球产业链的低端，没有多少创新和创造，只能跟在人家后面往前挪动，这种增长模式缺乏动力，很难长久持续。

第四，如不能有效推进改革，中国有陷入权贵资本主义陷阱的危险。一方面，腐败已成为当前中国社会面临的最大挑战，并已经从权力周边扩散到一切具有垄断性和有寻租空间的领域，这些对中国社会正在产生无可估量的深远危害。大家已经看到，靠官员自律和政府的自身监督，难以扼制腐败。权力与资本结合，形成既得利益集团，侵害社会利益，已成为经济生活中的顽症。另一方面，现有土地出让制度会加速权贵资本主义形成。据报道，2011年全国土地出让收入总额已超过了3万亿元之巨，已成为地方政府的一项巨额收入来源。土地收入不仅弥补了地方政府常规财政的不足，也成为很多地方政府大建楼堂馆所、大搞"政绩工程"的主要来源，以及扩大政府消费乃至挥霍公共资源的主要来源。在这种土地出让法则激励之下，高地价—高房价—高开发冲动的恶性循环难以改变。有学者提出，现有土地出让制度是中国掉入中等收入陷阱最大的危险，这不能不引起大家的高度重视。

第五，收入分配问题解决不好，中国必定掉入中等收入陷阱。尽管不同经济体掉入中等收入陷阱的原因有很大差别，但未能有效解决分配问题是一个共同的特征。我国现在收入分配面临的情况是，一个方面，居民收入低于财政收入增长速度；另一方面，城乡居民的收入差距变化。我国城镇居民人均可支配收入与农村居民家庭人均收入之比 1978 年为 2.6：1，2002 年为 3.11：1，2009 年差距最高达 3.33：1，此后开始有所下降，2011 年为 3.13：1；再一个方面，这些年收入向少部分人集中也是一个事实，国家统计局也好、学者研究也好，都能给出相同判断的数据。关于收入分配问题，是个很复杂的问题。分配问题，主要是政府的责任，不仅仅是良知良心的问题。邓小平说分配问题大得很，比生产问题更大，解决这个问题比解决发展起来的问题更困难，这就是说分好蛋糕比做大蛋糕更难。如果分配问题解决得不好，中国掉入中等收入陷阱的风险会大大增加。

二、坚定不移走中国特色社会主义市场经济的道路

面对我国目前存在的困难和矛盾，针对掉入中等收入陷阱的风险，社会上各种思潮给出了不同的解读和解决方案。老左派认为计划经济不容否定，中国目前面临的问题、灾难是由于改革开放造成的，历史根源是文化大革命后期领导权被修正社会主义分子篡夺，背叛了毛主席路线，修正了马克思主义的正确路线。要想解决这些问题，必须坚持毛泽东思想，必须坚持进行第二次文化大革命，坚持以阶级斗争为纲。新左派认为是市场经济造成的资本权势导致了今天的问题，是资本在奴役着我们，因此要反对跨国公司统治、反

对资本、反对市场、反对 WTO、反对全球化。极端自由主义认为主要原因是市场经济改革不到位，要进一步加快改革，要彻底私有化。政府无用，政府要从经济活动中退出，扮演好"守夜人"的角色就行了。民族主义认为中国应在经济上"光荣孤立"，要通过战斗战争武力崛起。民粹主义认为司法不公、官商勾结造成的贫富差距是中国目前问题的主要原因，应该通过群众运动，推倒重来，彻底清算私营资本，均贫富。民主社会主义反对失业和贫困化，强调超越自由主义的民主，逐步走向宪政社会主义。新民主主义认为社会主义初级阶段实际就是新民主主义社会，中国目前应退回到新民主主义社会，实行新民主主义社会时期的政策。社会建设主义者认为，我国经济已经发展到一定高度，目前存在问题主要在社会方面，因此应该把全党的工作重心转到社会建设上来，以社会建设为中心。

　　笔者认为，上述思潮有些只反映了我国发展或问题的一些侧面，并不是我国实际情况的全面反映，有些主张则是完全错误的，危害极大，我们要高度重视。改革开放三十多年取得的巨大成绩证明我国的基本路线是正确的，目前存在的问题是发展带来的问题，不仅中国存在，发达国家走过的道路也证明在快速发展过程中都存在这些类似的问题。解决问题，避免掉入中等收入陷阱必须牢牢坚持以经济建设为中心，坚定不移地走中国特色社会主义市场经济的道路。

　　首先，这是中央明确的政治思想路线。党的思想路线要求：一切从实际出发，理论联系实际，实事求是，在实践中检验真理和发展真理。按照政治思想路线的要求，根据我国正处于并将长期处于社会主义初级阶段这一基本国情，党从各族人民的根本利益出发，制定了社会主义初级阶段的基本路线。要求我们要以经济建设为中心，坚持四项基本原则。以经济建设为中心，是由于我国社会主义初级阶段的主要矛盾——人民群众日益增长的物质文化需要同落后的社会生产之间的矛盾决定的。中国共产党在领导社会主义事业中，必须坚持以经济建设为中心，其他各项工作都服从和服务于这个中心。要抓紧时机，加快发展，实施科教兴国战略、人才强国战略和可持续发展战略，充分发挥科学技术作为第一生产力的作用，依靠科技进步，提高劳动者素质，促进国民经济又好又快地发展。

其次，这由我国长期处在社会主义初级阶段基本国情的决定。经过三十多年的快速发展，我国经济社会取得了巨大的成绩，但我国处在社会主义初级阶段，人口多、底子薄、生产力远远落后于资本主义发达国家的基本国情没有得到改变。我们面临的许多困难有些是发展中带来的问题，但更多的是发展不充分带来的。我们目前的主要矛盾仍是人民日益增长的物质文化需要同落后的社会生产的矛盾。这一矛盾又引起了工农之间、城乡之间的矛盾，收入差距现象等。只有以经济建设为中心大力发展生产力才能增加社会财富，最大可能地实现社会公平，不断满足人民日益增长的物质文化需要，从根本上促成一系列社会矛盾的解决。

再次，这是全球化背景下日趋激烈的国际竞争的要求。在经济全球化的背景下，各种挑战迎面而来。当代世界的国际竞争日趋激烈，国际竞争的实质是什么？说到底是经济实力的竞争。只有经济发展了，经济实力和综合国力增强了，人民的生活才能不断改善，国家才能长治久安，促进人的全面发展才有坚实的物质基础，我们也才能在国际格局中占据更加有利的地位。以经济建设为中心是兴国之要，坚持以经济建设为中心，是不断增强我国的综合国力，提高我国的国际地位的需要。

最后，这是我国由经济大国向经济强国迈进的需要。经过三十多年的发展，我国已成为一个经济大国。但是，我国还不是经济强国。由经济大国到经济强国我们还有很长的路要走。说其是经济大国是从经济总量方面来讲的。改革开放后，我国经济发展很快，经济总量已成为仅次于美国的第二经济大国。2010 年，我国货物出口总额达到 29728 亿美元，创历史新高。中国已成为世界第二贸易大国。2010 年国家财政收入高达 83080 亿元。尚非经济强国，是从经济质量方面讲的。从人均 GDP 看，我国仅为 4000 多美元，全球排名仍在百名左右。科技发展水平从总体上讲与发达国家相比尚有较大差距。劳动生产率同发达国家相比还有很大差距。从经济结构看，产业结构不够合理，我国还存在农业基础薄弱、工业比重较高、第三产业滞后的现象。从经济大国走向经济强国需要我们继续坚持以经济建设为中心，转变经济发展方式，不断提高发展质量。

三、跨越中等收入陷阱的战略选择

第一，确保市场在资源配置中发挥基础作用。目前对中国改革开放三十多年快速发展的原因有多种解释，其中有两种截然不同的观点，影响很大。一种将中国的发展归功于以国有经济主导以及强有力的政府管制为特征的中国模式；另一种则认为，经济的高速增长源于市场化改革，使人们的创业积极性进一步提高。这两种观点隐含着是政府还是市场在资源配置中发挥基础作用。十四大提出，我国经济体制改革的目标是建立社会主义市场经济体制，经过十五大、十六大和十七大，总体上我们对社会主义市场经济的认识不断提高。大家知道，社会主义市场经济就是在社会主义条件下实行市场经济，具体说，就是在坚持社会主义制度和党的领导下搞市场经

济，也就是说要通过市场配置资源，发挥市场的基础性作用。市场
经济的基本规律必须遵守，不能因为中国特色就不遵守这些基本规
律。什么叫市场机制配置资源，说到底就是市场自由竞争形成的价
格，它能够引导资源的自由流动，这种自由流动是由价格所引导，
所以它能实现资源配置的有效性。一定要确保市场在资源配置中发
挥基础作用，严格约束行政权力对市场的过度干预，政府不能在配
置资源中起主要作用。这是一个原则。

第二，经济发展必须保持一定的合理增长。今年中国上半年经
济同比增长 7.8%。这是多种因素造成的，有主动宏观调控、调整经
济结构、出口不振、国内消费动力不足等等。但还有一个原因，就
是中央强调科学发展，反对地方盲目追求和攀比 GDP，致使有些地
方有忽视 GDP、淡化 GDP 的倾向，不再以经济建设为中心，而转
向了以社会管理为中心的发展格局。与此同时，有一些学者提出经
济增长已不是当前中国经济发展的主要矛盾，这些要引起我们的高
度重视。不发展经济怎样跨越中等收入陷阱？经济发展与社会管理
并重是我们现实的选择，保持一定的发展速度，是国家发展的需要。
当然经济增长率并不是越高越好，要有一个适宜的增长区间。就我
国基本国情而言，它的上限就是资源供给约束、环境质量约束。从
我国的经验来讲，7%—9% 的经济增长率是适宜的。从我们国家经
济特点来说，经济增速过高会恶化经济结构，增速太低也会恶化经
济结构；经济增速过高难以持续，如果太低，也会产生一系列问题，
难以持续，经济发展有必要保持一定的合理增长。

第三，抓住全球金融危机后的发展战略机遇期推进体制改革。
全球金融危机使得各国经济都不同程度地受到了影响，各国都在寻
求经济恢复的出路。这对中国来说，可以看作是一个再发展的重要

的战略机遇期。面对历史的发展机遇,我们必须牢牢抓住,要做好各项改革的协调工作:其一,建立科学规范的决策和推进机制。其二,使改革沿着规范化、法治化轨道发展。其三,把好的地方改革经验上升为国家政策。

第四,加快推进分配制度改革。社会收入差距呈扩大趋势,原因很多,既有资源禀赋、市场竞争机制、发展阶段等合理因素,也存在体制机制不健全、政策措施不完善、发展不平衡的因素,特别是收入分配中掺杂垄断、寻租、腐败等因素,使问题的解决更加复杂。无论是从提高经济效益,增强跨越中等收入陷阱的能力,还是从社会稳定角度来看,收入分配制度改革已经成为当前我国社会发展亟待解决的中心问题之一。说到底,我们收入分配问题矛盾集中在三个方面:其一是政府国民收入分配政策;其二是国有企业特别是垄断国企的分配问题的解决;其三就是官员不合法收入问题的解决。这三方面解决好,其他问题解决起来不会有太大的阻力。

第五,在统筹城乡发展中加快推进城镇化建设。统筹城乡发展是中国跨越中等收入陷阱的一个大战略。统筹城乡发展涉及的方面很多,概括起来,从本质上讲就是城乡居民权利的一体化,让农民享有与市民一样的权利,实际上是要解决农民事实上长期处于不利地位的问题。统筹城乡发展有两个重要的轮子,一个是新农村建设,另一个是城镇化建设。从统筹城乡的角度来看,当前应把城镇化发展作为统筹城乡发展的主线来看待。通过推进城镇化,大量的农村富余劳动力向非农产业和城镇转移,农村居民人均资源占有量会大幅度增加,农业生产效率和商品化率将进一步提高,有利于提升农业生产规模化、市场化水平,促进现代农业发展,加快农业现代化进程,这是解决农业增长、农村稳定、农民增收问题的重大举措。

与此同时，城镇化还可以进一步加强城乡联系，优化土地、劳动力、资金等生产要素的配置，实现工业反哺农业、城市支持农村，促进基本公共服务均等化，整治农村生存环境，逐步缩小城乡差距，最终达到城乡共同发展繁荣。

（原载《学术前沿》，2012 年第 11 期上）

加强改革的战略设计、总体指导和利益协调

　　转型期的政府改革并非像市场领域改革那样可以更多地依靠自发因素，也不是仅凭一些互不关联的单项改革就可以完成的，政府改革需要有可操作的明确的战略安排，需要政府部门间互相协调，这样才能更好地面对改革发展。

　　近些年，在改革推进中遇到的阻力越来越大，一些深层次问题的解决，也越来越困难，改革不再是上个世纪 80 年代的势如破竹，出现了"综合疲劳症"。针对这个现实，党的十七届五中全会提出了要"更加重视改革顶层设计和总体规划"，这是最高决策层把握改革历史趋势和改革时代特征，对改革工作机制与推进方式的改变。明年，将召开党的十八大，全社会充满期待。

一、中国经济改革是没有完结的历史过程

　　1978 年中共十一届三中全会的召开，开始了改革开放的时代。但是，怎样改革和如何开放，是需要认真解决的大问题。当时决策

层还没有形成一个整体清晰的战略方案，也没有非常具体的系统操作流程。在这种情况下，党中央和国务院迫切需要有一个高层机构承担重要使命：一是集中精力研讨规划改革开放的战略全局工作，向中央提出重大决策建议；二是强化改革开放的全面协调和重点改革举措的推进。1980 年 5 月，国务院决定成立"国务院经济体制改革办公室"。这个机构工作一段时间后，中央很快发现，国务院经济体制改革办公室作为一个办事机构，其在推动改革政策落实上权威不够。于是，1982 年 3 月 2 日，国务院在向五届全国人大常委会提交的机构改革方案中提出："为了更好地解决经济体制改革这个难度最大的问题，国务院建议成立'国家经济体制改革委员会'，由总理兼任主任，负责体制改革的总体设计。"7 天后，五届全国人大常委会第 22 次会议批准了这个建议。当时，邓小平要求总理屁股要坐在改革上，因此先后由总理兼任国家体改委主任，国家体改委从此成了中国设计经济体制改革的总部。

中国经济改革的历史前提是相对清楚的，那就是对建国后建立起来的计划经济体制进行改革。但是，中国经济改革是在没有具体方案或理论指导"摸着石头过河"状态下起步的，这就需要一个部门来研究、制定经济改革的方案，来协调、指导部门和地方所进行的改革，这一任务历史性地落到经济体制改革委员会的身上。这样，它同国家计委、经委就同处在国务院组成机构序列的最高一层，属宏观调控部门序列。

国家经济体制改革委员会作为国务院组成部门，是研究、协调和指导经济体制改革的综合性专门机构。主要职权是：综合研究经济体制改革与经济发展，科技进步，对外开放的关系，研究城市改革与农村改革的关系，并提出对策和建议；组织有关部门和地区拟定全国经济体制改革的中长期总体规划和年度综合实施方案；指导有关部门和地区制定经济体制改革规划；指导地区、部门、行业、企业进行经济体制改革试点工作；组织和推动改革开放试验区和城市综合改革试点工作；规划、组织和指导有关经济体制改革和企业管理干部的培训工作等。国家体改委的作用是由中国经济改革初始条件所决定的，在上个世纪80年代，国家体改委汇集了一大批有才华的人士，为国家改革开放献计献策，成为中国经济改革的重要推动力量。当年风华正茂的中青年，经过大场面的历练和思考，能力和视野有了非常大的提升，有不少人已经走上了更高职级的领导岗位，许多人已经成为国家建设的栋梁之才。

1989年政治风波以后，国家体改委工作一度处于困难甚至停滞的境地。在江泽民等中央领导同志的直接领导下，恢复和开展了几乎中断了一年的改革设计工作。这一时期，国家体改委重点研究社会主义市场经济体制这个中心问题，向中央提出建议，力争有所作为。据时任国家体改委主任陈锦华回忆："当时中国的改革真是'急不得、慢不得、左不得、右不得'。"这"四个不得"集中反映了当时改革设计部门的工作状态。当时社会上对改革的种种非议还没有过去，计划与市场关系的问题非常敏感。体改委在给江泽民、李鹏两位领导同志的报告中明确写道：寄希望于党的十四大在计划与市场上有所突破，应明确提出建立和发展社会主义市场经济，社会主义界定公有制基础、按劳分配原则、政权性质、国家在宏观经济上的规划和重大决策。市场经济是手段、方法，应当也只能为社会主义服务。提出这些建议，在当时是需要胆量的。

中国的经济改革如果以1993年《中共中央关于建立社会主义市场经济体制若干问题的决定》为分野，可分前后两段，前一段是市场趋向的改革，后一段是转型。前一段，改革基本上是自上而下推动的，需要有一个宏观调控部门来指导和协调各方面的利益。而在后一段，改革呈现多元动力推进局面，体改委起的作用相对减弱。这是决策层对国家体改委撤并的一般解释。1998 年国务院机构改革，国家体改委降格为国务院体改办，人员编制也从 200 人压缩到不足 90 人，与此同时，成立了一个"虚设"的国家体改委，作为国务院的高层议事机构，由总理兼任主任，相关部门部长任委员，体改委从此退出政府组成序列。国务院领导对新的体改办提了三条要求，即"不开会、不讲话、不发文件"。随后的几年，国务院体改办的主要工作是国务院领导同志交办的一些与改革有关的调研项目，对于全局性的经济改革工作参与不多。2003 年国务院机构改革将体改办与国家发展计划委员会合并，成立国家发展和改革委员会，其业务由新组建的经济体制综合改革司承担。就这样存在 23 年的国家体改委（办）结束了它的历史使命。但如我们看到的，中国改革发展实践并没有停步，经济改革和社会发展中又出现了许多新的问题迫切需要解决。

二、新阶段改革急需发展战略与推进政策的综合配套

建立新的社会主义市场经济体制，要面对的是复杂得多的局面，要建立的不只是新的经济体制，而且要建立与之相适应的新的政治体制、法律体制、社会管理体制和文化体制，因此现在任何一个单项改革措施，都可能遇到其他方面体制上的束缚和障碍。从这个意义上说，现阶段改革的主要任务是制度创新，而它的难度又远远超出我们的想象。从改革的内容看，比较容易的改革相当一部分已经

完成，目前面临的主要是一些涉及面宽、触及利益深层次、配套性强、风险比较大的改革，是这些年想改而没改、改了未改好或未改到位的关键项目。从改革的动力看，一方面，改革初期，人心思变和良好预期形成的广大人民群众改革热情十分高昂，社会动力与政府推力紧密结合，带动改革快速推进。随着改革的不断发展，各方面利益调整不断增强，也由于某些改革方案不完善，在一定程度上影响了人民对改革的拥护。另一方面，长期作为改革领导者的政府部门，在改革深化中，本身成了改革的对象，推进改革力度也会受到影响。

现阶段中国改革出现的一个重要特征就是改革的部门利益化。中央政府一些部门在制订改革方案和进行政策设计时，往往把某些部门利益"掺入"改革的内容之中。大家都在讲改革，但改革与改革之间互相打架，部门与部门之间互相扯皮，这成为现在推进改革面临的一个主要问题。改革已经进入到必须"综合配套"的阶段，而国家却没有一个超出各部门利益之上的，对改革进行总体把握、总体规划和对综合配套政策予以设计和实施的部门。过去的体改委是一个在计划经济下没有既得利益的部门，所以改革最坚决、最努力，能形成对原有政府部门的重要制约。但自上世纪90年代以后，体改委的权力被大大削弱，甚至名存实亡，最后连名也没有了，对既得利益部门的重要制约没有了，有时改革也就成了一些政府部门重新寻租、创租的借口。这种情况加剧了现阶段改革的复杂性，增添了许多不必要的矛盾和混乱，使得经济社会又好又快发展面临一定的困难。

中国的经济改革如同中国历史上的重大变革一样，启动之后，产生了自身的演变逻辑，并且具有强大的惯性，改革的实践不断地超越改革已有的"界定"，改革的过程已经从"指到哪，打到哪"异化到"改到哪，指到哪"。以政府自身改革为例，体制转型期政府改革的核心是处理好政府与市场、政府与社会以及政府权力与公民权利的关系，其实质是政府从计划经济时代全面控制社会的状况过渡到政府与市场、社会和公民合理分工或分权的状况。转型期的政府改革并非像市场领域改革那样可以更多地依靠"自发"因素，也不是仅凭一些互不关联的单项改革就可以完成的，政府改革需要有可操作的明确的战略安排，需要政府部门间互相协调，这样才能更好地面对改革发展。

三、加强改革战略设计、总体指导和利益协调的重点

从国家发展全局来看，当前及今后一定时期经济体制改革应努力协调好如下几方面：

其一，宏观调控是一项长期的工作，将贯穿于社会主义市场经济发展的全过程，需要加大高层协调力度。从近几年国家经济发展来看，宏观调控工作是保持和扩大经济发展的良好势头，努力实现经济社会发展又好又快的一种有效的手段。人类社会进入工业化大生产以后，从未有过没有政府干预的完全自由的经济形态。政府对于经济状态的干预，在不同国家、不同经济体制下，存在着干预方式、干预工具、干预层次、干预效果的不同。我国市场经济还不完善，经济运行不仅受到计划经济时代和改革开放初期遗留下来的诸多深层次矛盾和问题的影响，而且受到在建立和完善社会主义市场经济体制过程中不断出现的新矛盾新问题的影响，其复杂性、特殊性很难找到参照系。如在治理地方政府投资问题上，尤显宏观调控

及高层协调改革的重要性。一般来说，地方政府项目投资并不等于地方政府投资，它有着多元资金来源，其中既有政府投资，也有企业投资、社会投资、国外投资、银行贷款等诸多渠道。但问题是，所有这些投资怎样才能实现科学发展，怎样才能不会出现普遍的低水平重复建设及高投入、高耗能项目投资所产生的全局性浪费问题。从三十多年经济体制改革的实践来看，这项工作只有国家改革高层协调部门，能站在全局的高度，调控好、协调好、指导好地方政府投资冲动的问题。

其二，我国改革发展已进入关键时期，就业、社会保障、收入分配、医疗卫生、教育、住房、安全生产等关系群众切身利益的问题比较突出，在解决民生问题上需要加强协调政策出台的关联性。当前在民生领域出现的这些问题是由多种因素造成的，有市场化不足的问题，如企业制度不完善、市场体系不健全、政府职能不到位等，这是重要矛盾。也有市场化过度的问题，即泛市场化问题，如公共服务产业化等。更多的问题是发展中的问题，如城乡二元结构、人口基数大、社会保障体系不健全等，这些问题虽然也与体制上的缺陷有关，但从根本上说只能通过不断发展来加以解决。在目前条件下，初步解决这些问题，需要政府在政策出台上增加相关协调性、关联性。这样不但能减少社会资源的浪费，也能减轻这些问题给政府和社会造成的压力，最终给这些问题的解决创造条件。民生问题陷入困境的一个重要原因就在于，在大的制度框架不改变的前提下，政府要推进市场化改革，就只能与各个领域中的既得利益集团讨价还价，而这些利益集团要么是政府的一个部门，要么与政府具有千丝万缕联系的国有企业、行业协会。让一个利益部门去协调其他部门的改革，一般不会产生很好的效果。这就需要一个相对超脱的部门，协调好、规划好各部门的利益。另外，公共需求的全面快速增长是一个十分现实的问题，并且对公共服务提出极大的挑战。这些年来，在建立市场经济体制方面取得重大突破，但是公共服务体制建设严重滞后，基本公共产品的供给总量与社会需求差距甚大，已经成为新的矛盾焦点。这些都需要改革发展来解决。经验告诉我们，靠部门自我改革缺乏动力，缺乏协调机制。

其三，国际社会风云变幻的许多不确定因素与国内逐步积累的经济矛盾和社会问题交织在一起，给国家经济安全运行带来了一国状态下较难控制的新风险，需要加强化解和防范影响国家经济安全各种风险因素的政府协调管理力量。在我国计划经济年代，影响国家经济安全的风险也是存在的，但因计划体制下行政组织力量的高度强化和经济运行总体上的封闭性，一般来说，经济风险总量不大也不复杂，且有一定的可控性。伴随着改革尤其是对外开放，特别是在我国已经加入了 WTO 和全方位参与全球化竞争的大背景下，影响国家经济安全的风险因素则逐渐显现出来：经济开放度增大和贸易范围拓展，使外贸依存度逐步提高；经济总量扩大且经济增长提速，使经济系统更加复杂化；经济利益多元化和社会转型，使各群体间利益冲突逐渐增多；国际资本流动提速，使渐次开放的金融保险证券业及资本市场面临着游资热钱的冲击；恪守 WTO 原则和按照国家惯例办事，使经济运行中尚未调整到位的制度风险凸显。种种迹象表明，我国已进入了一个风险积聚和突发事件的多发期。因此，我们必须清醒地认识到，在全球化状态下，风险和危机已经是国家经济生活中的常态，而不是远离我们之外毫不相关的事情。建设和谐社会和实现中华民族的伟大复兴，需要下大气力化解和防范影响国家经济安全的各种风险因素，需要加深经济安全在国家安全体系中处于基础和核心地位的认识，需要树立长久可持续发展的国家经济安全观。许多亟待解决的新问题，警示我们必须居安思危、未雨绸缪，加强整体的政府战略谋划，提高危急管理的能力。

（原载《中国经济时报》，2011 年 12 月 29 日）

影响中国改革的重大思潮

——纪念邓小平南方谈话 20 周年

　　20 年前，邓小平到南方视察，讲了许多语重心长、发人深省、具有深远历史意义的话。他明确告诉我们，发展是硬道理，要坚持以经济建设为中心，要坚持改革开放不动摇，不改革开放只能是死路一条。小平的谈话，为历经磨难的社会主义制度注入了新的生机和活力，也为中国特色的社会主义道路指明了前进方向。20 年来，我们一直为小平在 88 岁高龄仍惦记着中国改革开放事业去南方考察而备受感动，也为小平这些有着强大的震撼力和感召力的话而备受鞭策，更因这些话有其深刻的思想启迪和巨大的指导意义而刻骨铭记。

一、小平开启中国经济社会发展转型的道路

　　中国共产党和中国人民夺取政权后，面临着最重要的三种道路选择。一是走西方资本主义国家的发展道路；二是走苏联社会主义国家的发展道路；三是走自己国家的发展道路。毛泽东等党和国家

领导人希望能够走出一条有自己特点的国家发展道路。但后来还是选择了走苏联社会主义国家的发展道路。

新中国创建后，面对百孔千疮的经济社会实情，采取了新民主主义的经济政策，鼓励多种经济成分共同发展，希望调动各种因素和发挥自身的比较优势，通过"小步快走"的方式稳妥建设国家，待条件成熟后再宣布加入社会主义社会。但后来由于形势的变化，为了努力打破西方社会的"封禁"政策，切实维护国家安全和民族独立，采取了向苏联学习的方式，很快就放弃了新民主主义的政策，选择了优先发展重工业的发展战略，希望以国家意志和政府力量来配置资源，实现重点突破，并逐步建立了计划经济体制。

我国在逐步建立了计划经济体制的过程中，多种经济成分共同发展的格局没有能够保持下去，而国有经济一花独放的局面逐步形成。由于新中国成立初期，国民经济总量很小，即使实行计划经济也能够取得较快的发展。在看到计划经济成就的同时，也有理性思想者发现了其弊端的严重，调整和改善计划经济体制的思想适时而生，这里面有中央高层领导人如陈云，甚至放弃计划经济的思想的火花也时有闪现，这里面有学者如顾准。但由于当时的政治环境，这些问题没有条件能够解决。伴随着各种政治运动的日趋激烈和各种整肃斗争的残酷升级，改善计划经济体制的思想甚至放弃计划经济的思想不仅没有能够上升为国家的思潮，而且稍有苗头和闪现即被扑灭。在极"左"年代，中国的经济建设只能在艰难前行，人民也只能在困苦的希望中等待，党和社会主义的声誉受到严重伤害。

毛泽东去世后，"四人帮"问题解决，邓小平第三次出山，中国面临着新的历史性转机。当时，中国面临着最重要的三种道路的选择。一是继续走老路，即坚持毛泽东晚年的政治路线，实行无产阶级政治下的继续革命；二是走斜路，即彻底西化，走西方资本主义国家的发展道路；三是走新路，即走自己国家的发展道路。事实证明，在邓小平为核心的中央领导集体的率领下，废弃了极"左"路线，决定把全党的工作重点转移到经济建设上来，实行改革开放，走出了有中国特色的社会主义道路。

当然，在选择和探索新的发展道路进程中，也并不一帆风顺。"左"的东西经常冒出来吓唬人，甚至以纯正的马克思主义自居，以捍卫社会主义纯洁性为名义，批发各种"政治帽子"，打击、压制和整肃解放思想的干部和人们，干扰改革开放的顺利推进。特别是上个世纪80年代末和90年代初，在国内国际风云变幻的年代，认为改革开放搞斜了的错误思潮甚嚣尘上，把许多发展中的混乱和问题完全归罪于改革开放。在有些人眼里只有退回到改革开放前的计划经济年代，中国的道路才是正确的。面对如此混乱的思想，能不能继续坚持以经济建设为中心，能不能继续坚持改革开放，就成为了需要向全党和全国人民回答的重大问题。

20年前，邓小平到南方视察，以一个88岁老共产党员的身份回答了这些问题，回应了各种"左"的思想的挑战，坚决抵制和刹住了"左"的思潮泛滥，斩钉截铁地强调了不改革开放只能是死路一条。为中国继续坚持以经济建设为中心，继续坚持改革开放，探索建立社会主义市场经济体制，提供了强大的思想支撑和政治环境，为中国特色社会主义的航船破浪前进指明了方向。应当说，正是从那开始，建立社会主义市场经济体制的思想和声音逐渐强大起来，并经过全党的讨论，载入了江泽民总书记在党的十四大上所做的政治报告中，得到了全党和人民的拥护。正因如此，我们说，在小平思想指引下党和人民开启了经济社会发展转型的道路。

二、小平为中国经济社会转型规划了战略方向

上世纪 90 年代初是社会主义的多事之秋。最早是柏林墙倒塌，接着是波兰、捷克斯洛伐克、匈牙利、保加利亚、罗马尼亚共产党政权垮台。与此同时，前苏联解体、改旗易帜。面对当时复杂的国内外形势，一些人总结"苏东波"的教训，说是改革开放导致了社会主义的垮台。他们甚至还要在经济建设为中心之外再搞一个以反和平演变为中心。

面对各种压力，小平在南方视察的讲话中，明确指出：发展是硬道理，要坚持以经济建设为中心，坚持改革开放，市场经济可以和社会主义结合；要坚持共同富裕的理念，要努力缩小贫富差距，共同富裕是社会主义的本质特征。小平的思想对当今中国发展前行仍然有巨大的指导意义。从后来的实践看，中国在经济社会转型问题上打破了"市场经济"资本主义独有独享的神话，也打破了社会主义只能实行计划经济的僵化逻辑。正是因为有了"社会主义"与似乎是资本主义独有的"市场经济"的结合，才有今天中国经济和社会的持续健康发展，才有我们今天的综合国力的大幅跃升，才有了党的领导权的巩固和加强。正因如此，我们说，小平为中国经济社会转型规划了战略方向和基本路线图。

这个战略方向和基本路线图再具体展开，有如下主要方面：一是通过坚定的渐进式改革引入市场机制，"摸着石头过河"，形成试错和纠错的机制以减弱风险，做到小步快走不停顿，形成市场和开放覆盖全社会的运行机制。对私有化不迷信，不采用"休克疗法"，不搞一次到位的全面私有化，而是通过强化市场对要素的配置和激励，逐步破除计划体制的弊端，形成前所未有的分散决策网络和竞

争机制，在经济增长中不断完善市场经济体制；二是在不断发展中坚持社会主义，以"社会主义"价值观来约束抵制原教旨的、完全自由放任市场机制的负面作用，努力发挥政府和社会的调控功效，追求社会公平和共同富裕，在保持强有力的政治控制系统和社会公平的基础上推进改革开放，使利益关系调整约束在社会和公众可以承受的范围内，增强社会适应弹性；三是在实践中创造性的推动市场经济与社会主义有机结合起来，最大程度地发挥市场经济和社会主义各自的比较优势，探索市场经济提升个人和市场主体实现竞争绩效与社会主义能够集中力量办大事的双赢机制，发挥 $1+1 > 2$ 的组合效应。在市场经济发展的基础上与时俱进地发展完善社会主义的价值观，而发展完善的社会主义价值观又为市场经济发展提供动力，实现两者的和谐统一。这就使得整个改革无论在经济上还是在政治上都找到了支撑点，解决了前苏东国家没能解决的难题。

从中俄两个大国经济转型比较看，中国的经验更好。首先，政治秩序保障转换的方式不同。中国和俄罗斯为代表的两种不同的转型方式，使其区别开来的最显著的现象是苏联和东欧国家全都出现了政权更替，共产党普遍失去了执政地位，一夜之间引入"真空"的市场经济，社会主义被抛弃，一些国家先后解体，所有这些国家都出现了剧烈的社会动荡和动乱，有的国家还爆发了战争；而中国坚持了社会主义原则，坚持了共产党的领导地位，则没有出现这种严重的秩序混乱。其次，两国政策的设计约束侧重不同。克里姆林宫的"休克疗法"，大面积的私有化，而宏观政策和法律体系又不到位，加剧了俄罗斯的腐败和混乱，加剧了政治斗争和贫富差距，经济大幅衰退，金融寡头"盗窃"国有资产，国家出现"空壳化"。中国市场化改革，是逐项的、部分的、增量的改革，没有进行大规模的私有化，创造出一条"非资本主义"的制度创新之路。正确的东西，我们必须坚持，要坚持和发展中国特色的社会主义道路。

三、小平对未来中国经济社会转型仍有推动作用

对于现在的中国国情来说，已经进入发展新阶段，改革进入深水区，面临着大国崛起的烦恼。一方面，伴随着经济社会的转型，各种矛盾开始显现，经济利益差别明显，社会问题错综复杂，社会群体对改革心态和意愿出现分化，改革的阻力和困难已经远远大于邓小平时代。另一方面，在市场化、全球化、信息化的条件下，国家的管理、政策和规划的协调，比任何以往时候都更加复杂。在这种情况下，人民的要求越来越多越高。当前，面对诸多困难，各种思想和观念激烈交锋，现实问题错综复杂，在理论和实践方面都还需要加强改革的共识。

一是到底是以经济建设为中心还是以社会建设为中心？到底如何以经济建设为中心？坚持以经济建设为中心是党在社会主义初级阶段基本路线的重要内容，如小平讲"一百年不动摇"，我们必须长期一以贯之地坚持。近年来党和政府加强了社会建设，有些人对此产生了误解。似乎强调以人为本，讲社会公平和谐，注重经济和社会协调发展，让人民群众分享发展成果，就不再以经济建设为中心，而是应以社会建设为中心。有些人将效率与公平关系对立起来，甚至认为"切蛋糕"应该优先于"做蛋糕"，不顾我国现实国情，提出一些超越发展阶段的主张，甚至有民粹主义的倾向。有些党政领导干部强调本地区自身特殊性，追求 GDP 增长的短期政绩和表面繁荣，忽视民生和两型社会建设，甚至不惜牺牲人民群众的基本权利。

或者把当前发展与可持续发展相对立，似乎可持续发展是后人的事，甚至以生态文明为名质疑工业化乃至否定人类工业文明。

二是到底强化政府控制还是注重发挥市场的基础作用？如何走法治的市场经济道路？改革初期政府有必要发挥主导作用，到了现在这种政府主导型模式的使命已经完成，我们应该摆脱特殊利益团体的掣肘，转变政府职能，加快推进市场改革。但有的人把政府职能与市场作用相对立，强调人为干预而轻视深化市场化改革。似乎讲发挥政府作用，就只是政府主导市场，政府控制资源和强化审批，不重视市场机制在资源配置中的基础性作用，忽视对市场机制在实现科学发展中的基本决定作用。有的人把应对国际金融危机的经验简单归结为政府主导市场的成功，甚至认为这就是"中国模式"。这些年，资源和要素价格改革的推进乏力，行政性垄断和资源性垄断改革缓慢，社会热议的"国进民退"问题等，都与这些认识有关。由于改革进入利益协调和博弈时代，特殊利益团体既不愿意退回到改革开放前，也不愿意改革的继续深化，以维持自身的既得利益。吴敬琏批评的"权贵私有化"问题有重要的警示作用。权力缺乏制约而导致的社会腐败问题、利益分配滞后带来的分配不公问题引发了社会不满，如果不走法治的市场经济道路，这种态势就会对国家前途和未来构成严重威胁。

三是坚持改革还是退回计划经济年代？发展市场经济和建设民主政治的方向有无错？有些党员和干部对经济体制、行政体制、政治体制、社会体制和文化体制等方面的综合配套改革的迫切性认识不足，特别是把政治体制改革和公民社会建设视为禁区，认为执政党推进改革就是做出让步，会怂恿民众进一步改革的要求，很容易像滚雪球似的形成不利于执政党的领导和现代化建设的革命运动。

有的将我国现阶段出现的一些新矛盾新问题归咎于三十多年来的改革开放，特别是对贫富差距缺乏实事求是的分析，近而怀疑改革方向，对毛泽东时代的"一大二公"无限怀恋。理论界还发生了"民主是好东西"还是"民主是坏东西"的激烈争论，甚至还出现了为"无产阶级专政下的继续革命理论"评功摆好的荒谬言论。正因如此，有些党员、干部对改革攻坚缺乏信心，担心改革被锁定。

四是到底如何形成新的改革共识？如何唤起民众改革意识聚集改革新动力？寻求改革新共识，聚集改革新动力，是有效破解制约科学发展的体制机制障碍的关键。由于改革进入深水区，改革受到短期外部和内部环境的影响而出现思路分歧，加之经济体制、行政体制、政治体制、社会体制和文化体制改革等方面的方案和实施机制设计不完善，统筹协调综合配套不到位，改革组织能量和动力明显不足，改革措施难以落地，收入分配、行业垄断、财税改革、金融资源调整等重要领域和关键环节改革步伐缓慢。

今年是小平同志南方谈话 20 周年，面对日益峻迫的"发展以后的问题"，面对"四大危险"与"四大考验"，党和政府所承担的领导责任，比历史上任何时期都更为繁重，当代领导干部和党员必须学习小平的决心和勇气，有更大的历史担当。我们需要抓住 21 世纪头 20 年可以大有作为的重要战略机遇期，继续争取 21 世纪上半叶的 50 年、到新中国建国 100 年前更长时间的战略机遇期，以更大的决心和勇气推进改革，努力破解发展中的不协调、不平衡、不包容、不可持续问题，破除制约科学发展的体制机制障碍，给经济社会转型发展赢得更宽松的环境和体制保障，给人民带来更多的实惠。

争取战略机遇期，实现改革攻坚，需要加强改革顶层设计和顶层推进，做好各项改革的协调工作。一是建立科学规范的决策和推进机制；二是建立改革的综合配套和协调机制；三是使改革沿着规范化、法治化轨道发展；四是把好的地方改革经验上升为国家政策。为更好地推进改革，必须在以下方面有所突破：一是克服部门利益对改革的影响；二是克服地方利益对改革的影响；三是克服行业利益对改革的影响。

争取战略机遇期，实现改革攻坚，需要更加注重统筹协调不同利益群体的矛盾与冲突，重点解决收入分配差距扩大的问题。我国事实上面临着如何跨过中等收入陷阱的新挑战。这个问题在未来几十年对国家具有特殊意义，不是技术问题，而是战略性问题。跨过中等收入陷阱，需要坚持科学发展，树立民生导向、民富优先和走共同富裕道路的理念，在未来以积极的姿态谋求社会管理创新，加强社会各个阶层和群体之间的利益协调，以利于长期保持市场对要素资源的有效配置和社会稳定常态下利益关系的相对和谐，消除国家动乱的根源和隐患。具体来讲，其一，完善经济利益关系的调节机制；其二，完善经济利益关系的激励机制；其三，完善经济利益关系的约束机制。其四，完善经济利益关系的保障机制。其五，完善经济利益关系的诉求机制。重点是什么？重点是依靠发展、改革和调节等多方面的手段，来解决收入分配差距扩大所面临的问题。

（原载《内部文稿》，2012 年第 5 期）

改革仍是我们国家面临的重大问题

迟福林教授是我国著名的经济学家，多年来致力于改革发展理论和体制创新实践的研究，自 20 世纪 80 年代中期以来在关键时期发表了许多有分量的研究成果，在我国理论界和中央决策层均产生了重要的影响，其率领的中国（海南）改革发展研究院被誉为"中国的民间智库"。

迟福林教授新著《第二次改革：中国未来 30 年的强国之路》（以下简称《之路》），最近由中国经济出版社正式出版（2010 年元月）。《之路》对我国进入新发展阶段后的体制改革和政府转型理论进行了集中的阐释，旗帜鲜明地提出了第二次转型直接依赖于第二次改革的理论观点，具有开创性意义。《之路》重点强调了改革仍是我们国家面临的重大问题的思想，更是发人深省。正值国家应对金融危机取得阶段性成果之际、正值国家"十二五"规划研究制订的启动时期，《之路》出版后引起经济学界的高度关注，著名经济学家张卓元等在《人民日报》等报刊发表了书评。下面我结合对《之路》的学习和理解，对"第二次改革问题"进行解析。

一、中国的改革进入历史新阶段

经过三十多年的改革开放，中国经济实现了长期的高速增长，综合国力得到巨大提升，"中国奇迹"和"中国道路"等赞美的词句也频频出现在国际社会的评价中。中国正在经历着人类历史上最为壮观的工业化、城镇化的进程，这也是我们保持平稳较快增长的最基本条件。过去三十多年的改革发展，中国已由生存型阶段进入发展型阶段，与此同时，也带来了新时期全面转型的巨大压力。尤其是进入新世纪以来的这十年，无论是中国经济增长方式转型的压力，还是社会公共需求转型的压力，或是政府转型的压力，都日益突出。国际金融危机的影响与全面转型压力的增大，对中国发展无疑是一个战略性的挑战。这是作者在《之路》中对中国所处发展阶段的一个总的判断。应当说，这个揭示是非常深刻的。

在发展阶段变化和国际金融危机冲击的共同作用下，支撑中国经济快速增长的内在因素和外部条件发生了重大变化。正是在这个特定条件下，《之路》提出，这一变化将逼迫我国加快由生产大国向消费大国的过渡，以实现经济发展方式由生产主导型向消费主导型的转变。这个具有历史性意义的第二次"转型"，是由两个基本因素决定的：一是在欧美等发达国家消费需求萎缩将成为中长期趋势的背景下，"大进大出"的经济增长模式必然终结。刺激消费、扩大内需是我国发展方式转型需要面对的紧迫而重大的课题；二是我国的需求结构上开始出现明显变化。例如，社会需求结构由生活必需品向耐用消费品升级、由私人产品需求向公共产品需求升级。扩大内需已成为我国发展阶段变化的内在要求。正因为如此，《之路》提出：第二次转型直接依赖于第二次改革。

近些年来，在思想理论界有学者提出，我国的经济改革基本结束，以后只是发展问题。这似乎是说"改革淡出"，"发展登场"。这样的简单说法能够站得住脚吗？《之路》是不赞成这样的观点的。而是认为这次国际金融危机以及它对我国带来的冲击却再次凸显改革的重要性，改革不仅没有结束，反而面临更加艰巨的任务。未来的发展，要推进经济转型和发展方式转变，需要采取体制机制、政策法律等综合措施。中央强调从制度安排入手，就是要求深化改革，实现改革的新突破。对此观点，我非常认同。之所以重新强调改革，是因为我们的改革还没有到位；之所以重新强调改革，是因为创新体制的任务还很急迫。

进入后危机时代，我国改革面临的环境更为复杂，改革的推动也有明显变化。着眼于发展方式转型的改革，需要决策层有大的决心，要在一些基础层面有大动作。从我国改革的历史来看，建立社会主义市场经济体制的改革目标和方向来之不易，是我们经过长期探索得出来的结论。今天中国有翻天覆地的变化，是改革开放的结果，我们必须坚持改革不动摇。过去三十多年的实践证明，在严峻的挑战和巨大的困难面前，坚定地进行"第二次改革"是加快经济社会发展的唯一出路。

二、第二次改革的主线

《之路》认为"十二五"改革的基本目标是：以发展方式转型为主线，全面推进经济体制改革、社会体制改革和行政体制改革，在进一步完善市场经济体制的同时，加快建立公共服务体制，加快建设公共服务型政府；形成有利于扩大内需、增强经济社会可持续发展能力的基础制度；为推动和实现发展方式转型的重大突破和重要进展提供活力、动力和合力。这就把改革摆在了推动发展的非常关键的位置上。那么，如何理解全面推进经济体制改革、社会体制改革和行政体制改革呢？或者说，《之路》是如何理解这三个方面问题的呢？

首先，《之路》认为"十二五"改革的基本目标之一，是以经济增长方式转型为主线的经济体制改革。我国现行的经济增长方式存在结构性和体制性矛盾，例如投资消费出口失衡、服务业比重徘徊不前、城市化进程滞后于经济发展、资源环境压力加大等，深层原因是经济体制改革不到位，制约经济增长方式转型的体制因素尚未消除，并与特定的宏观经济形势结合在一起，不断固化现有经济增长方式。例如，我国多年来粗放型发展方式转变缓慢，数量扩张惯性难以扭转，一个重要原因是价格改革不到位，特别是资源产品价格既不能很好地反映市场供求关系和资源稀缺程度，又不能很好地反映环境损害成本，在客观上使主要依靠物质资源消耗的粗放型扩张有利可图，高能耗、高排放、资源型产业发展得不到有效控制。价格是市场经济中最重要、最灵敏的信号，价格扭曲必然使有限的资源无法实现优化配置。只有深化资源产品价格改革，确立反映市场供求关系、资源稀缺程度和环境损害成本的价格形成机制，才能从经济上有效抑制"两高一资"产业的盲目发展，使经济增长转到主要依靠科技进步、劳动者素质提高、管理创新的轨道上来，从而提高经济发展的质量和效益。另外，粗放型发展方式转变缓慢，还在于一些地方政府片面追求短期 GDP 快速增长。因此，必须着力推动政府职能转变，完善政绩考核评价机制，不再把 GDP 增长作为主要考核评价标准，而是进行全面考核，特别是着重考核公共服务水平，包括治安和法治环境状况，社会发展程度如就业、教育、医疗、文化、体育发展水平，环境和生态保护情况，居民收入增长和收入差距变化情况等。

其次，《之路》认为"十二五"改革的基本目标之二，是以适应社会公共需求为主线的社会体制改革。未来 5—10 年是我国社会转型十分重要的历史时期，能否实现平稳转型在很大程度上取决于对社会问题的估计以及相关改革决策的选择。目前中国社会结构落后于经济结构大约 15 年，这是产生当前诸多社会矛盾问题的重要原因。社会结构和经济结构是一个国家和地区的两个最基本结构。前者是一个国家或地区的基本社会形态，是观察分析这个国家或地区社会状况、社会发展水平的重要维度。而后者是一个国家或地区的基本经济形态，是观察、认识这个国家或地区经济状况和发展水平的重要维度。其中社会结构由就业结构、消费结构、社会阶层结构、收入分配结构、家庭结构、城乡结构等多个指标构成。现实发展中的若干重要指标表明，当前中国的经济结构已进入工业化中期阶段，甚至有些指标表明已经进入了工业化后期阶段。但是，社会结构指标还没有随着经济结构的转变而实现整体性转型，多数社会结构指标仍然处在工业化初期阶段。从社会现实来看，我国已开始从私人产品短缺时代进入公共产品短缺时代，公共产品短缺将成为制约发展方式转型的一个重要因素。缓解社会公共需求转型与公共产品短缺矛盾需要加快建立基本公共服务体制。社会政策与社会体制改革的有机结合。比如，在加大民生收入的同时更加注重基本公共服务体制改革；在加大农村基本公共服务投入的同时，更加注重城乡基本公共服务制度对接；在采取各种措施处理社会矛盾冲突的同时更加注重社会管理体制改革；在采取各种措施保就业的同时更加注重就业体制改革。

　　最后，《之路》认为"十二五"改革的基本目标之三，是以政府转型为主线的行政体制改革。中国发展方式转型与改革的关键在于政府转型的突破。加快经济发展方式转型的关键在于实现经济运行机制由政府主导向市场主导转变；适应社会公共需求转型的关键在于确立政府在公共服务中的主体地位和主导作用；政府自身建设与改革的突破，关键在于通过政府转型形成规范的公共权力行使的制度框架。政府转型从 2003 年 SARS 危机提出到现在，应当说有所进展，但是没有多大的突破。中央政府确定以扩大国内需求特别是消费需求作为基本立足点、以调整经济结构为主线的"十一五"政策导向难以落实，重要根源在于政府主导型经济增长方式的特点仍很突出，尤其是地方政府主导经济增长非常明显，甚至在反危机中还有进一步强化的趋势。其主要特点是：以追求 GDP 为主要目标；以扩大投资规模为主要任务；以上重化工业项目和热衷批租土地为主要途径；以行政推动和行政干预为主要手段。从现实的情况看，中国发展方式转型的关键在于政府转型与政府决策。以建设消费大国为主线的转型与改革，需要彻底改变政企不分的体制，政府不应当也不需要继续扮演经济建设主体的角色；需要充分发挥市场对资源配置的基础性作用，政府干预和政府作用必须建立在市场基础之上。就是说，不放弃政府主导型的经济增长方式，发展方式的转变是很困难的，甚至是不可能的。

　　以上三个方面，主要构成了"十二五"时期体制改革的基本内容。《之路》把发展方式转型作为第二次改革的主线，这是与中国下一步改革基本要求相一致的。事实上，作者这一理论表述在多年之前就基本形成，并在重要的文章中已经或多或少地进行过论述，这

次利用《之路》出版之机进行了全面的阐释，由此充分看出作者对
改革理论研究的深度和对当前实践的把握。

（原载《中国经济导报》，2010 年 3 月 18 日）

从"中改院现象"到"中国改革智库"

　　20年前的今天，在中国选择改革方向的艰难时刻，中国（海南）改革发展研究院诞生在海南大特区这片改革的热土，为中国推进改革、建立社会主义市场经济体制奏响了序曲。20年后的今天，我们新老院友汇聚在风景如画的海口市西海岸新址，分享中改院20年积聚的光荣与梦想，共同庆祝并见证这个值得铭记的历史时刻，意义很不寻常。我心怀敬意，备感珍惜。

　　20年来，中改院以"直谏中国改革"、"推动改革事业"为己任，以改革的胸怀"立足海南，面向全国，走向世界"，坚持"独立性、小机构、大网络、国际化"的运行特色，在创新改革思维、提出改革思想、研究改革方略、影响改革决策、形成改革共识、传播改革理论、培育改革人才、推进改革深化方面，开辟出了一条崭新的道路，闯出了一片火红的天地。国家领导人和社会舆论称赞其为"中国改革智库"，可谓实至名归。这是中改院20年披荆斩棘、风雨无阻前行创造的丰碑，这也是中改院20年忠诚国家、奉献社会应得的回报。中改院有太多的理由享受鲜花和掌声。

此时此刻，我讲三层意思：

第一层意思，社会盛赞的"中改院现象"，集中展现了一批有远见、热情和责任心的知识分子群体探索报国道路的宏大场景。要理解这句话，需要回顾历史。1986年秋季，在迟福林的推荐和影响下，我有机会与他一起参加了为党的十三大报告做前期准备的政治体制改革研讨工作，使我能够比较早地关注他对党和国家体制改革重大问题的思考。应当说，他是我从事体制改革研究最早的引路人。1987年秋，他带我一起去见来北京京西宾馆开会的许士杰书记，听他们讨论设计海南改革发展的蓝图，我真是感到耳目一新。后来，他到了海南，担任海南省委研究室和省政府体改办的主要负责人，在改革大潮中创建了中改院。在他的感召下，1992年10月后，我也加入了中改院的队伍，在海甸岛白沙门度过了一段人生极有意义、非常留恋的岁月。多年来，我一直认真倾听中改院前进的脚步声，感受迟福林的远见、热情和责任心，并以此激励自己克服消极懒惰，增强责任意识和奉献精神。再后来，我有机会参加了中改院举办的10周年和20周年纪念活动，深为中改院在改革决策与凝聚改革共识中的贡献而感到骄傲。在中国大地上，有这样一个国家级水平的改革智库，这是海南大特区改革开放的骄傲，更给国家改革开放增添了光荣。中改院能够取得写入历史的高品质的业绩，自然是万众拾柴火燃高。但事未经过非知难，没有迟福林院长作为主将的如此执著、如此忠诚、如此奉献，有所为有所不为，中改院难以走到今天。从这个意义上说，没有共产党，就没有新中国。没有迟福林，就没有中改院。迟福林和中改院的事业犹如春天的故事，让我们感动，更让我们敬重。

第二层意思，敢为天下先，善为天下先，能为天下先。诞生在海南这片热土上的中改院，20年红旗不倒，勇立改革潮头，以"先天下之忧而忧"的情怀，密切关注中国改革中的重大问题，自觉服务国家重大改革决策，及时提出具有操作性的政策建议；善于围绕重大战略问题，超前进行储备性研究，提出有远见的前瞻性战略思考。如，他们首次提出"赋予农民长期而有保障土地使用权"，率先提出推进基本公共服务均等化、建设公共服务型政府；首次作出我国已开始"从生存型阶段向发展型阶段过渡"的重要判断，率先提出以转变发展方式为主线推进"十二五"改革；首次提出让农民工成为历史、我国应确立"从国富优先走向民富优先"改革发展导向；首次提出建立海南特别关税区、再造香港和建设海南国际旅游岛等等。在全国政协大会上、在总理主持的专题会上、在中央重要媒体上、在国家行政学院等讲坛上，我们都能够看到迟福林的身影，听到中改院的声音。20年来，中改院提交改革政策和立法建议报告140余份，共出版改革研究专著200余部，发表论文1500余篇，获得包括孙冶方经济学奖在内的多项殊荣。所提政策建议，多处在全国领先水平，对我国改革决策产生了重大影响，有些直接为中央决策采纳，有些被用作制定政策和法规的重要参考，填补了国家体改委、体改办合并后留下的很多空白。为推动我国改革创新、提高国家软实力作出了杰出贡献。

第三层意思，凝聚改革智慧，促进改革共识，推进改革伟业。智库的价值，取决于其对政府决策和公众舆论的影响。成功的公共智库，在于能够建立起畅通的向决策层、社会传播研究成果和观点的渠道，影响决策，引导社会的价值取向，促进改革共识。中改院在发展中，一批尽职尽责的执行者最出色地发挥了网络组织的优势，高效率、高质量把各自领域优秀的专家学者的智慧汇聚起来，打造了中国改革国际论坛、中国改革形势分析会、中国改革年度评估报告、中国改革调查系统、中国改革论坛网、中国改革研究出版物六大改革研究品牌，这些改革研究平台的搭建，取得了极大的成功。建院 20 年来，中改院组织社会力量研究中国改革理论和现实问题，先后举办和承办了国际、国内研讨会 200 多次，参加中改院研讨会的国内外著名专家、学者、政府官员近 4 万人次，其中省部级以上领导达 800 多人次。中改院无论是对政策的影响，还是对学界和社会的影响以及对国际组织的影响，都远远超出了小机构的能量，向国家和人民交出了一份优异的答卷，事实上成为我国改革政策研究的组织者和推动者。其经验值得我供职的国家行政学院虚心学习和认真借鉴，我和我的同事都为能够参加中改院举办的各种研讨活动而感到荣耀。

中改院 20 岁了，她站在新的历史起点上。改革尚未完成，建设有特色、高水平的国际一流智库的任务还很繁重。在庆祝中改院 20 岁生日的这一天，我有个心愿和祝福，祝中改院有可持续的发展能力，继续为推进改革伟业而前行，创造更加辉煌的未来。

（在中国（海南）改革发展研究院创建 20 周年纪念大会上的发言，

2011 年 11 月 1 日）

第二部分
打造中国经济升级版

努力打造中国经济升级版

在十二届全国人大一次会议闭幕后举行的中外记者见面会上，李克强总理首次提出"打造中国经济升级版"，在国内外引起很大反响。其后，李克强总理多次提出打造中国经济升级版，并强调指出："我们要用开放促进改革，要以勇气和智慧打造中国经济升级版。"总理如此重视打造中国经济升级版，一方面是国内外经济环境变化对中国经济发展要求的反映，另一方面也是下一步改革和发展的需要。

经济环境变化倒逼中国经济升级

打造中国经济升级版的核心是经济发展水平和质量的提高，原因是我国原有的发展方式和水平已经不能适应国内外经济环境的变化，不能再继续。同时，也在于我国经济已经具备了打造升级版的条件。

一方面，国内外经济环境变化使得原有的增长方式已经不可持续，必须进行改造升级。一是发展中不平衡、不协调、不可持续问题十分突出。我国已成为经济大国，但还不是经济强国。主要问题是，产业结构不合理，科技创新能力不强，经济增长过多依靠投资拉动，消费特别是居民消费不足，内需外需还不协调，城乡区域发展差距仍然较大。二是下一步的发展面临陷入"中等收入陷阱"的风险。世界上不少国家进入中等收入阶段后，出现了经济增长徘徊不前、贫富差距扩大、社会矛盾增多等重大问题，这往往被称为中等收入陷阱。我国目前已发展到中等收入国家水平，同样也面临这类挑战。在发展进程中，经济增长的制约条件增加，利益格局正在发生深刻变化，居民收入分配差距较大，影响群众切身利益的问题较多。同时，人民群众对提高生活质量、加强和改善公共服务提出了新期待。三是国际环境不稳定不确定因素增多。目前，全球经济和贸易持续低迷，各种形式的保护主义抬头，金融市场和大宗商品价格剧烈波动，世界经济复苏将是一个缓慢而复杂的过程。与此同时，全球发展不平衡加剧，国际金融危机对原有的经济发展模式带来很大冲击，引发全球增长方式、供需关系、治理结构大的调整变化。发达国家在经济科技上占优势的压力将长期存在，全球产业和技术革命在给我们带来机遇的同时也带来挑战。面临国际环境变化的挑战，如果按照原有的增长方式，中国经济将失去竞争力，长期徘徊在世界分工中的低端。

另一方面，经过三十多年的发展，我们已经具备一定的基础。国际大环境总体上对我国发展有利，我国发展长期向好趋势没有改变，我国发展已具备可以大有作为的基础。一是我们已站在可以发挥综合优势的新基点。改革开放以来，我国现代化建设取得举世瞩目的伟大成就，经济发展不断跨上新台阶，人民生活持续改善，为继续前进奠定了雄厚的物质基础。工业化、信息化、城镇化、农业现代化深入发展，国内市场和区域开发空间广阔，经济结构转型加快，科技教育整体水平提高，劳动力素质改善，资金供给充裕，基础设施日益完善，生产要素综合优势将长期存在。我们有信心也有能力保持经济持续健康发展与社会全面进步。二是我国经济在世界经济中的地位不断提升。当前，国际金融危机影响仍然笼罩全球，发达经济体面临主权债务危机等问题。在应对金融危机中，各国都把发展经济作为优先课题。和平发展合作仍然是时代主题和趋势。中国的发展需要世界，世界的发展也需要中国。国家之间可能有竞争、有摩擦，但更需要合作，互利共赢是彼此利益的交汇处，这有利于我们在和平稳定的国际环境下发展自己。同时，新兴市场国家和发展中国家整体实力增强，国际力量对比正朝着有利于维护世界和平方向发展。我国长期坚持开放合作的发展，自身的经济实力和国际影响力日益提升，已成为世界经济的重要力量。

改革转型打造中国经济升级版的新引擎

打造中国经济升级版的关键是以改革促进经济转型，把改革的红利、内需的潜力和创新的活力叠加起来，打造中国经济的新引擎。

首先，要不断释放改革红利。我国社会主义市场经济还在不断完善的过程中，还有很大的发展潜力，改善人民生活水平还有巨大的空间。这需要坚持市场化的改革方向，通过改革促进经济转型，不断释放改革的红利。需要围绕一些重点领域和关键环节，去推动能够牵一发动全身的改革。要注意发挥财政、金融、价格改革的杠杆性作用，推动公开、透明、规范、完整的财政预算制度改革，这可以使人民更有效地监督财政收支、优化支出状况，更多向民生倾斜。在金融领域要推进利率、汇率市场化改革，发展多层次资本市场，提高直接融资的比重，而且要保护投资者，尤其是中小投资者的合法权益。要不断深化收入分配制度改革。针对城乡、区域两个最大的差距，特别是有八亿多农民和五亿多市民之间的涉及人口最多的城乡差距，采取措施，逐步使其缩小。推动社会保障制度的改革，逐步提高统筹的层次，使医疗和养老保险的报销、接续能够逐渐实现异地进行，这也有利于劳动力的流动。要推动促进社会公正的改革，不断地清理有碍社会公正的规则，而且要使明规则战胜潜规则。同时，推动民营资本顺利有效地进入金融、能源、铁路等领域，还要对社会领域的相关改革进行推进，促进社会的纵向流动。当然，改革既要突出重点，也要统筹协调，推进各个领域的全面改革。

其次，不断挖掘内需的巨大潜力。扩大内需是我国经济发展的基本立足点和长期战略方针。我国人口众多，地域辽阔，内需潜力特别是潜在消费需求大是经济发展的最大优势。我们必须尽快改变高度依赖国际市场，投资率偏高、消费率偏低的增长格局，使发展更多依靠内需特别是消费需求拉动，把经济增长建立在内需持续扩大、民生不断改善的基础之上。重点是挖掘城镇化这个最大的内需潜力。城镇化过程的一个突出特点是农民转为市民的过程，这意味着消费观念的更新和消费结构的升级，意味着巨大消费潜力的释放。同时，城镇化必然带动基础设施、公共服务设施建设和住房开发等多方面投资需求。城镇化作为最大内需和经济发展的最大潜力所在，也将必然成为未来改革关注的重点。但是，我们在推进城镇化发展的过程中要保持清醒，防止出现城市病和陷入拉美陷阱。2012年，中国城镇化率达到了52.6%，我认为进入了城镇化快速发展阶段和城市病显性阶段的叠加期。中国虽然还没有出现诸如拉美和印度那样严重的"城市病"，但也存在诸如"半城镇化"、"隐性城镇化"、"被城镇化"、"准城镇化"、"过度城镇化"和一定程度上的"病态城镇化"等现象和问题。此外，由于缺乏有效措施和调控机制，在城镇化宏观整体布局上，还存在着大城市过度集聚、小城镇发展无序，地区发展失衡、城市之间的关系不协调等问题，严重影响中国城镇化的健康发展。在这种形势下，需要对我国的城镇化战略进行继承、调整和优化，需要进一步改革，在土地制度、户籍制度、就业制度和社会保障制度等重要领域和关键环节进行突破，走新型城镇化道路。

第三，要把"创新驱动"作为转变经济发展方式的新动力。中国经济正进入重要转折期，表面上看是从高速增长向中速增长转变，实质上是从资源要素投入驱动转向创新驱动。中国经济转型的成败与否在于能否走上创新驱动的发展道路、形成新的核心竞争力。打造中国经济升级版，要在稳增长中提高质量和效益，提高科技创新对经济增长的贡献率，推动产业向中高端升级，实现进中求好。要把企业作为创新的主体，通过增强企业创新能力，充分发挥企业在创新中的主体作用，将自主创新的国家意志有效转化为企业行为，努力推动产业升级。要构建有利于创新的机制。要创新人才激励机制，发挥人才在创新中"第一资源"的作用。要完善合作创新机制，灵活选择合作创新形式，实施有效的产学研合作，组建多样化的战略技术联盟，实现企业创新优势互补，获得持续的创新能力。要优化技术消化吸收机制，实现企业技术创新由重引进向重消化吸收的转变，摆脱"引进、落后、再引进、再落后"的怪圈，推动企业实现更高层次的开放式创新。要为创新型企业提供更宽松的政策环境、更优惠的投资门槛，尤其是构建良好的创业创新环境，不断降低其面临的高昂成本与风险。

转变政府职能保障中国经济升级

以改革促转型，转变发展方式，打造中国经济升级版，政府职能转变是保障。政府职能转变必须牢牢抓住"四个分开"这个龙头：即政企分开、政资分开、政事分开、政社分开，主要是处理好政府与市场、政府与社会的关系，不相互替代，而是协调互动，发挥各自的功效和比较优势。实现形式就是"有效政府、规范市场、法治社会"，形象地说就是"强政府、好市场、大社会"。"有效政府、规范市场、法治社会"的核心是要建立服务型政府。有效政府必须是有限又有力的政府，而不是大包大揽、权力集中的政府；规范市场是能有效配置资源、竞争有序的市场，而不是市场失灵、权钱交易的市场；法治社会应当是公民个人权利得到保障、在公共事务中发挥更大作用的社会，而不是事事找政府，公民缺少自我组织、自我管理的社会。政企分开、政资分开、政事分开和政社分开是转变政府职能的根本途径。

深化行政审批制度改革是政府职能转变的抓手。多年来，行政审批制度改革取得一定进展，但仍然存在不少问题，一些地方和部门审批事项仍然较多，一些审批事项程序繁琐、办事效率低下，对行政审批监督机制不健全，利用审批谋取私利的现象大量存在。为此，总的改革方向是大幅度减少政府审批事项，减少直接管理和介入微观经济活动，更好地发挥市场配置资源的基础作用，更大程度上调动人民群众的积极性和创造力。要进一步清理、取消和调整行政审批事项。清理工作要突出投资领域、社会事业领域和非行政许可审批等重点领域，加大对实体经济、民间投资和小微企业发展等方面审批项目的清理力度，要有一定数量或比例的要求，努力向企业、社会、公民放权。改革工商审批程序，取消企业登记领域的前置性审批事项，取消企业注册资金制度。对于已经取消的行政审批项目，要做好后续监管工作，防止一些部门变相审批。对国有企业海外投资，要改变"十羊九牧"、"五龙治水"的情况，实现归口管理，并大幅度减少审批。对行业协会特别是像商会、慈善、公益等性质的社会团体，取消主管部门，直接到民政部门登记注册。积极推进行政审批规范化建设。设定任何审批事项都要于法有据，涉及人民群众切身利益的，要广泛听取意见。对目前保留的审批事项，要进一步简化和规范审批程序，优化流程，提高效能。大力推进行政审批监督制约机制建设。建立健全行政审批廉政风险防控机制，认真排查权力运行过程中的廉政风险点。坚持审批过程公开、结果公开。

（原载《前线》，2013 年第 6 期）

中国经济升级助推强国梦的实现

习近平总书记多次深情地阐述"中国梦"的深刻内涵和远景构想，李克强总理亦数次提出"打造中国经济升级版"的战略目标和实现路径。当前，我国正处于由经济大国向经济强国迈进的重要战略机遇期，通过把改革的红利、内需的潜力和创新的活力叠加起来，形成推动经济转型的新动力，打造中国经济升级版，是我国全面建成小康社会、实现经济强国梦的必然选择。

一、已成为经济大国是我国经济发展新阶段的基本特征

经过三十多年的高速增长，我国 2012 年人均 GDP 已超过 6000 美元，按照世界银行的划分标准，我国已迈入上中等收入国家行列，经济发展进入新阶段。从经济总量、经济结构、经济效益、经济影响等层面来看，我国已成为名副其实的经济大国。

从经济总量看，我国已具备经济大国应有的经济规模。经济强国首先要有世界排名靠前的经济规模。1978 年我国 GDP 只有 1482

亿美元，2012 年我国 GDP 总量已超过 74260 亿美元，按照当期价格计算比改革开放初期增长约 142 倍，年均增长率约 9.8%。2011 年我国 GDP 达到 73011 亿美元，首次超过日本，跃居世界第二位，经济总量仅次于美国。按照一般的经济理论研究表明，一个经济大国的经济规模应占到世界经济总量的 6% 左右，这是一个国家成为经济大国的必要条件。根据 IMF 的统计，2012 年，美国、中国、日本、德国等国家的国内生产总值占世界 GDP 总量的比重分别为 21.2%、10.2%、8.2%、5.0%。应当说，从经济规模看我国已经完全迈入了世界经济大国的行列。

从经济结构看，我国已具备经济大国应有的产业特征。经济学理论一般用农业劳动力就业比重变化来反映农业现代化的水平，这是一个国家经济社会发展的重要标志，也是判断一个国家经济结构的重要指标。根据国家统计局的数据，我国目前农业劳动者就业比重每年下降约 2 个百分点，到 2020 年我国农业劳动者就业比重将由 2011 年的 36% 降至 18% 左右，这与世界经济强国达到高收入水平临界点时的比重将会很接近。此外，据联合国的统计数据，2011 年我国制造业产值为 2.05 万亿美元，首次超过美国，跃居世界第一。到 2012 年底，我国钢、煤、水泥、棉布等二百多种工业品产量居世界第一位，中国制造业大国的地位基本确立。因此，从农业就业比重、制造业产值等产业结构的特征来看，我国已进入工业化中后期阶段，正处于由经济大国向经济强国挺进的战略机遇期。

从经济效益看，我国已具备经济大国应有的经济条件。2012 年我国人均 GDP 为 6094 美元，已迈入上中等收入国家行列。从我国东部沿海部分发达省市来看，某些省市的经济总量或人均 GDP 已接近或超过世界上一些中等发达国家的水平，这是我国已成为经济大国的重要标志之一。按现行汇率计算，2012 年广东省、江苏省和山东省的 GDP 总量都已接近或超过荷兰、瑞士等中等发达国家的经济总量；天津、北京、上海等省市的人均 GDP 已接近或超过波兰、匈牙利等一些欧美中等发达国家的水平。另外，我国外汇储备规模自 2006 年超过日本，已连续 6 年稳居世界第一位，这对于我国继续运用外汇储备支持国家战略物质储备，深入实施"走出去"战略，进一步提升我国的经济效益水平具有重要意义。

从经济影响看，我国已具备经济大国应有的国际地位。一个国家由经济大国迈向经济强国的过程，必然是其在国际组织和事务中不断增加影响力与重要性的过程。过去三十多年的高速发展，我国经济总量取得了年均增长率达到 9.8% 的骄人成就，被世界称为"中国奇迹"。许多国家尤其是发展中国家把目光投向中国，开始出现"从西潮到东风"的研究热潮。我国在世贸组织、世界银行、世界货币基金组织等国际性经济组织中掌握着越来越多的话语权，发挥着越来越重要的作用，在国际贸易规则、国际金融规则制定等领域起着越来越大的影响力。此外，我国在亚太经合组织、东盟自由贸易区、上海合作组织等区域性组织中正日益发挥着主导性作用，区域影响力进一步增强。我国在参与多边合作和全球治理的进程中，获得了经济大国应有的国际地位。

二、从国际比较看，我国实现经济强国梦依然任重道远

李克强总理在《十八大报告辅导读本》中指出："我国已成为经济大国，但还不是经济强国。"由经济大国走向经济强国，并成为经济强国，不是靠自我吹嘘，也不能自拉自唱，需要有国际眼光和国

际标准。因此，我们需要有国际比较。

15世纪以来，先后有葡萄牙、西班牙、荷兰、英国、法国、德国、日本、俄罗斯和美国这9个国家成为世界性的经济大国。经济理论研究表明，世界性经济强国具有六个方面的内涵和特征：一是具有世界排名靠前的经济规模与较高的人均收入；二是具有很强的科技创新能力，掌握核心关键技术；三是具备高水平和生态化的产业结构，在全球产业分工中占据有利地位；四是具有高度的城市化，并形成一批具有国际影响力的城市群；五是具有可自由兑换的国际货币，发达稳健的金融体系；六是在国际经济体系中具有重要地位，具有很强的国际影响力。

学术界一般用国内生产总值的世界占比、科技创新水平指数、服务业产值占比[1]、城市化率、国际储备货币占比[2]五个综合指标来表征和量化经济强国的基本内涵和特征（见表1）。我们的研究参考了现有学术界的相关研究成果，并采用"专家调查法"来确定一个国家迈入经济强国的理论阈值。专家调查法又称"专家打分法"或"专家评估法"，是相关领域专家作为索取信息的对象，由专家通过调查研究对某一问题做出判断、评估和预测的一种方法，这种方法通常应用于较难量化的社会科学研究领域。

我们通过"专家调查法"得到的研究结论认为，一个国家迈入经济强国的门槛条件有五个：一是国内生产总值的世界占比至少要达到6%；二是科技创新水平指数要进入世界前五名的行列；三是服务业产值占比要超过70%；四是城市化率不能低于70%；五是国际

---

〔1〕 服务业产值占比是指服务业产值占 GDP 的比重。
〔2〕 国际储备货币占比是指一国货币在世界各国的储备货币中所占的比重。

储备货币占比要超过 4%（见表 1）。值得指出的是，我们在评估一个国家是否是经济强国时，并不一定要求这个国家在这五项指标上都迈过理论阈值。通过"专家调查法"进一步得到研究结论：在迈入经济强国理论阈值的五项指标中，有四项或四项以上符合门槛条件，就可称之为"经济强国"。根据 2012 年的相关统计数据表明：美国在这五项指标上全部都超过了理论阈值，日本只在"国际储备货币占比"指标上与超过 4% 的阈值要求相差了 0.1 个百分点，而德国只在"国内生产总值的世界占比"指标上与超过 6% 的理论阈值相差了 1 个百分点，其余国家则至少有两项或两项以上的指标达不到理论阈值的要求（具体数值见下文的分析）。故可认为：美国、日本和德国是当今世界上名副其实的经济强国。

表 1　世界经济大国与经济强国的指标体系比较

	世界经济大国	世界经济强国	迈入经济强国的理论阈值 **
一级指标体系 *	经济总量	国内生产总值的世界占比	超过 6%
	人均国民生产总值	科技创新水平指数	世界前五强
	制造业产值	服务业产值占比	超过 70%
	贸易进出口总额	城市化率	超过 70%
	外汇储备总额	国际储备货币占比	超过 4%

资料来源：参考了 IMD、WEF 等机构关于进行国际竞争力定量分析的相关指标。
* 为简化起见，该表格未列出二级指标体系。
** 该理论阈值以世界经济强国指标为参考标准。

具体分析我国的基本情况，从国内生产总值的世界占比看，我国已迈过经济强国的门槛要求。经济规模是衡量一个国家是否是经济强国的重要前提，一个经济强国首先必须是经济总量大国。根据 IMF 的统计，2012 年，美国、日本、德国的国内生产总值占世界

GDP 总量的比重分别为 21.2%、8.2%、5.0%，其中中国国内生产总值的世界占比为 10.2%。从这项指标来看，我国已经具备了迈入经济强国的经济总量门槛条件，但这项指标是经济强国的必要而非充分条件。

从科技创新水平指数看，我国离经济强国的阈值要求还有较远距离。具备强大的科技创新能力是世界经济强国的核心竞争力所在。科技创新水平指数可以通过从事研发的科学家数量、发明专利数量、科技期刊发表论文数量和研发经费这 4 项二级指标进行计算得到。按照 2012 年的相关数据进行分析，科技创新水平指数全世界排名前五位的国家分别是：美国、日本、德国、韩国、英国。而中国的科技创新能力排名仅为第 14 位，与以科技创新强国支撑的经济强国还有很远的路要走。

从服务业产值占比看，我国的产业结构调整还有很大空间。当今的世界经济强国都走完了工业化的进程，产业结构呈现出高端化的特征，经济理论界一般用"服务业产值占比"指标来表征这一特征。世界银行的统计数据表明，2012 年美国、日本、德国、英国、法国的服务业产值占 GDP 的比重分别为：78.6%、71.4%、71.1%、77.7%、79.8%，而中国的服务业产值占比仅为 44.6%。从这项指标来分析，我国离经济强国所应具备的产业结构特征的确还有一定距离。

从城市化率看，我国的城市化进程有待进一步加速。城市化是一个国家现代化的重要内容，一个经济强国必定具有较高的城市化率。据世界银行统计，2012 年美国、日本、德国的城市化率分别为：82.6%、91.7%、74.1%，而我国城市化率为 52.6%。一般认为，发达国家的城市化率普遍超过 70%，按此标准，我国城市化率有待进一步提高，城市化进程有待进一步加速。此外，我国还缺少具有国际影响力的城市群，这也是我国同世界经济强国的重要差距。

从国际储备货币占比看，我国离经济强国的占比要求还有较远距离。经济强国往往具备发达稳健的金融体系，其国家货币往往被世界上其他国家作为流通、计价、计算货币，尤其作为储备货币。按照一般的衡量标准，一国货币在世界储备货币中占到4%，可被认为是一种国际化货币。据 IMF"外汇储备构成（COFER）"的最新研究报告显示，截止到 2013 年第一季度，美元、欧元、英镑和日元在国际储备货币中的占比分别为：62.2%、23.7%、3.9%、3.9%，而人民币在国际储备货币中的占比还不到1%。因此，人民币的国际化程度还比较低，我国离金融强国支撑的经济强国还有较远距离。

因此，从整体上看，我国通过打造经济升级版、实现经济强国梦还有很远的路要走。通过以上与世界经济强国的国际比较分析，并结合党的十八大提出的"双百"目标，可以确定我国建设经济强国的战略步骤和目标。据中国社科院的研究报告指出，在 2020 年这个战略节点上，我国的经济总量将超越美国，位居世界第一。我们的研究认为，我国打造中国经济升级版，实现由经济大国迈向经济强国的战略目标和步骤可表述为"两步走"：第一步，在中国共产党成立 100 年时，实现全面建成小康社会目标。在这个总目标下，有三个子目标：一是我国国内生产总值达到 15 万亿美元左右；二是人均收入超过 1 万美元；三是城镇化率达到 60% 左右。第二步，在新中国成立 100 年时，实现全面建成世界经济强国目标。在这个总目标下，有五个子目标：一是我国国内生产总值的世界占比达到20%；二是科技创新水平指数迈入世界前五名国家的行列；三是服务业产值占 GDP 的比重超过 60%，具有一批跨国企业与世界知名品牌；四是城镇化率超过 70%，并形成一批具有国际影响力的城市群；五是人民币成为国际货币，在国际储备货币中的占比超过 4%。到那时，可以认为我国已全面实现经济强国梦。[1]

当然，我国建设经济强国之路不会是平坦的。结合建设经济强国的战略目标和中国的基本国情，可进一步分析当前我国由经济大国向经济强国迈进所面临的严峻挑战。从宏观层面看，我国在体制机制、需求结构、科技创新、资源环境等方面与世界经济强国还有较远差距，实现经济强国之梦依然任重道远。

一是体制机制障碍较多。世界经济强国崛起的历程表明，完善的市场经济体制是一个国家实现经济强国目标的重要保障。我国改革开放的三十多年，最重要的成就之一就是通过改革开放的途径，使那些制约生产要素优化配置和阻碍生产力解放的体制机制逐步得到破除，农村改革红利、价格改革红利、国企改革红利、人口红利、对外开放红利等得到极大的释放。但值得指出的是，当前我国政企不分、政资不分、政社不分、政事不分的现象仍然比较突出，财税体制弊端凸显，现代金融体系有待完善，所有制结构和收入分配结构出现不少新矛盾。社会主义民主法治建设存在一些薄弱环节，社会体制改革、生态文明制度都有待深化，这些体制机制障碍极大地制约了我国经济社会的发展和转型。

二是需求结构出现失衡。纵观当今经济强国的发展历程，其走的通常都是以内需为主的内涵式发展道路。我国三十多年经济发展的奇迹，主要是建立在过于依赖外部需求的基础之上。随着我国经

---

[1]　参见魏礼群：《由经济大国到经济强国的发展》，载《全球化》，2013 年第 6 期，《新华文摘》，2013 年第 18 期。

济规模的扩张和经济全球化程度的提升，世界性经济危机对我国经济波动的影响日益加剧，国际市场的萎缩催生了贸易保护主义的抬头，从而遏制我国外需的增长。此外，我国的内部需求过度依赖于投资需求，而消费需求则相对疲软，大量财产性收入集中于少数人手中，大部分居民的消费能力和消费预期普遍不足，扩大内需的战略基点不稳。国家统计局的数据表明，2011 年我国全社会固定资产投资占 GDP 的比例为 65.9%，而消费率增长较为缓慢，这与经济强国消费率普遍在 70% 左右的目标还有很远距离。随着我国经济增速由高速向次高速或中高速转变，需求结构、产业结构、区域结构失衡等问题将进一步暴露。

三是科技创新能力不足。一个经济强国必定是一个科技创新强国，科技创新强国在产品创新、产业创新、商业模式创新和品牌创新等方面具有核心竞争优势。应当说，改革开放三十多年来，我国在科技创新能力领域取得了长足进步，载人航天、探月工程、载人深潜、超级计算机、高速铁路等领域实现重大突破，创新型国家建设成效显著。但一方面我国原创性的发明、关键技术的掌握与世界经济强国有不少差距，全要素生产率增长缓慢。根据经济强国指标体系的研究表明，2012 年我国科技创新指数全球排名位居第 14 位，与科技创新强国还有较远距离。另一方面，我国产学研结合的技术创新体系尚不健全，自主知识产权和名牌产品不多，新兴产业带动作用不强，科技成果直接转化为生产力的能力较弱。

四是资源环境约束突出。一个经济大国向经济强国转变的进程中，必然会遇到资源约束和市场约束两大制约因素。西方世界经济强国已经完成了工业化进程，其先发优势弥补了资源环境的约束。而我国长期以来，经济发展走着高投入、高消耗、高污染、低效益的路子，原油、原煤、天然气、铁矿石等重要资源的供给制约因素在加剧。与经济强国相比，我国单位产值所消耗的能源、废水排放量等指标都有很大差距。IMF 的研究表明，美国以 21.2% 的 GDP 世界占比消耗了世界一次能源总量的 17.7%，而中国以 10.2% 的 GDP 世界占比却消耗了世界一次能源总量的 21.9%。此外，我国经济发展环境压力进一步加大，雾霾等天气频频发生，这都表明我国实现经济强国梦依然有很远的路要走。

三、打造中国经济升级版助推实现经济强国梦

由经济大国到经济强国的战略转变，是实现中华民族伟大复兴梦的重要组成部分。以改革促进经济转型，把改革的红利、内需的潜力和创新的活力叠加起来形成新动力，将优化经济结构、缩小区域差距、发展绿色经济、深化对外开放和促进社会公正结合起来形成新保障，努力打造中国经济升级版，为我国实现经济强国梦提供有力的战略支撑。

第一，释放改革红利，破除体制机制障碍。改革开放是决定当今中国命运的关键抉择，是实现经济强国梦的必由之路。我国社会主义市场经济体制还在不断完善之中，这需要坚持市场的改革方向，不断破解体制机制障碍，通过改革促进经济转型，不断释放改革红利。一是要注意发挥财政、金融、价格改革的杠杆性作用，推动公开、透明、规范、完整的财政预算制度改革，这可以使人民更有效地监督财政收支、优化支出状况，使得公共财政支出更多地向民生倾斜；二是要在金融领域推进利率、汇率市场化改革，发展多层次资本市场，提高直接融资的比重，要保护投资者，尤其是中小投资

者的合法权益；三是要不断缩小城乡差距，逐步推进城乡基本公共服务均等化，统筹推进城乡就业体制、医疗体制、社会保障体制等领域的改革。改革既要突出重点，也要统筹协调，深化各个领域的全面改革。

第二，挖掘内需潜力，构建扩需长效机制。需求结构失衡是我国与经济强国的重要差距之一。在经济发展新阶段，国际经济形势和我国宏观经济特征都发生了深刻变化，世界经济发展的不稳定性和不确定性在增加，世界经济增长低迷成为常态。因此，我国必须构建扩大内需的长效机制，促进经济增长向依靠投资、消费、出口协调拉动转变，大力发展现代服务业，为打造中国经济升级版、实现经济强国梦奠定坚实基础。挖掘内需潜力的重点是大力推进"以人为本"的新型城镇化，城镇化的过程是农村劳动力向城镇转移的过程，意味着劳动生产率的提高，同时也是农民变市民的过程，意味着消费观念的更新和消费结构的升级。因此，无论是从供给角度还是从需求角度，推进城镇化都是经济转型升级的重要载体和途径，是打造中国经济升级版的重要引擎。当前，我国 2012 年城镇化已达到 52.67%，但户籍人口只有 36% 左右。在这种形势下，需要对我国的城镇化战略进行调整和优化，走以人为本的城镇化道路，需要在土地制度、户籍制度、就业制度、社会保障制度等重要领域和关键环节进行突破，为调整我国需求结构失衡夯实基础。

第三，推动创新驱动，增强自主创新能力。科学技术是第一生产力。世界经济强国崛起的历程雄辩地表明：科技创新在经济强国的崛起中扮演了重要角色。我国正处在由经济大国向经济强国转变的关键性阶段，经济发展进入新阶段，表面上看是从高速增长向次高速或中速增长转变，实质上是从要素投入驱动向创新发展驱动转变。打造中国经济升级版，要在稳增长中提高经济的质量和效益，提高科技创新对经济增长的贡献率，着力提高全要素生产率在经济增长中的比重，推动产业结构向中高端方向升级。要把企业作为创新的主体，通过增强企业创新能力，充分发挥企业在创新中的主体作用，将自主创新的国家意志有效转化为企业行为，努力推动创新型国家的建设。通过完善合作创新机制，灵活选择合作创新形式，实施有效的产学研合作，不断增强自主创新能力，为打造中国经济升级版提供持续的创新动力。同时，要实施知识产权战略，加强知识产权保护和执行力度，推动中国经济发展由"中国制造"向"中国创造"转变。

第四，优化经济结构，推动产业结构升级。努力推动经济结构转型升级，把转型升级作为中国经济由大变强、跨越中等收入陷阱的关键一招，不仅是打造中国经济升级版的题中之义，也是推动我国实现经济强国梦的重要方面。一是要大力促进一、二、三产业协调发展，着力构建现代产业发展新体系，加快传统产业的转型升级，加大淘汰落后产能的工作力度，并努力化解过剩产能；二是要推动战略性新兴产业和先进制造业的健康发展，积极构建我国产业竞争新优势，不断培育新的经济增长点；三是要推动服务业特别是现代服务业的发展壮大，促进制造业与服务业、现代农业与服务业融合发展，加快发展老年服务业，努力把服务业打造成经济社会可持续发展的新引擎；四是要积极实施"宽带中国"战略，把发展新一代信息技术产业作为推动产业结构转型升级、打造中国经济升级版的重要战略基点，推动信息技术创新发展，培育信息消费新的需求。

第五，缩小区域差距，统筹区域协调发展。我国在打造经济升级版、实现经济强国梦的征程中，区域发展的不平衡性、不协调性、不可持续性是我们必须着力解决的重要问题。我国区域广阔，各区域之间存在差距，这既是发展潜力，也是回旋余地。我们要继续实施区域发展总体战略，充分发挥各地区比较优势，优先推进西部大开发，全面振兴东北地区等老工业基地，大力促进中部地区崛起，积极支持东部地区率先发展。要积极完善区域合作发展的协调机制，推进统一市场体系建设，推进各种综合试验区的改革探索，不断加大统筹区域协调发展的力度。此外，还要加大对革命老区、民族地区、边疆地区、贫困地区的扶持力度，认真落实各项扶持革命老区发展的政策措施，深入实施集中连片特殊困难地区扶贫开发攻坚工程，努力构建和谐发展的区域格局。

第六，发展绿色经济，推进生态文明建设。大力推进绿色革命，打造绿色经济升级版，不仅是中国经济升级版的重要内涵，也是从经济大国向经济强国迈进，实现可持续发展的有效保障。当前，我国正处于工业化进程的中后期，资源环境约束更加显著，转变经济发展方式刻不容缓。因此，我国要积极形成节约资源和保护环境的空间格局、产业结构、生产方式、生活方式，将生态文明的理念和原则融入经济建设的全过程，融入新型工业化、信息化、城镇化和农业现代化之中。要正确处理政府与市场、中央与地方、国家与社会三方面的关系，建立激励相容的绿色改革机制。要积极发展绿色、低碳、循环经济，促进资源集约利用，着力推进生态文明建设，形成覆盖全社会的资源循环利用体系。

第七，深化对外开放，开拓未来发展空间。深化对外开放进程，创造我国开放新红利，既是中国经济升级版的重要内容，又是我国迈向经济强国的战略路径。一是要实施海洋强国战略，提高海洋资源开发能力，推动海洋经济向质量效益型转变，并保护好海洋生态环境；二是要创新开放模式，深化沿海开放，扩大对外开放，打造分工协作、优势互补、均衡协调的区域开放新模式；三是要加快实施走出去战略，培育一批世界水平的跨国公司，着力打造一批世界知名品牌；四是要加快加工贸易的转型升级，坚持出口与进口并重，形成以技术、品牌、质量、服务为核心的出口竞争新优势；五是要积极推动与发达国家、发展中国家、周边国家建立友好关系，加快推进中韩自贸区、中国—东盟自贸区、上海自贸区等经济合作平台的建设，不断提高我国在世贸组织、世界银行、世界货币基金组织、G20峰会、亚太经合组织等国际与区域组织中的地位，积极发挥我国在世界经济论坛、上海合作组织、亚洲博鳌论坛等对话机制中的主导性作用。

第八，不断改善民生，促进社会公平公正。保障和改善民生，维护和促进社会公正，让广大人民共享改革发展成果，是我国建设经济强国的根本出发点和落脚点。李克强总理在十二届全国人大一次会议上提出："公正是社会创造活力的源泉，也是提高人民满意的一杆秤，政府理应是社会公正的守护者。"当前，我国正处于努力建设经济强国和实现中华民族伟大复兴的进程中要充分地维护好最广大人民群众的根本利益，保障落实各种机会平等，深化收入分配制度改革，继续完善社会保障体系，不断健全利益协调机制，进一步激发广大人民的主动性、积极性和创造性，为我国打造经济升级版，顺利实现由经济大国向经济强国的转变保驾护航。

（原载《中国经济时报》，2013 年 9 月 12 日）

打造中国经济升级版的内涵和重要着力点

　　党的十八大对加快完善社会主义市场经济体制和加快转变经济发展方式提出了新要求，强调要把推动发展的立足点转到提高质量和效益上来，把我国经济发展活力和竞争力提高到新的水平。我们要认真领会十八大精神，深刻认识和不断适应国内外经济环境的新变化，加快推动经济转型，打造中国经济升级版，从经济大国向经济强国迈进，为实现中国梦努力前行。

一、为什么要打造中国经济升级版？

　　面对当前错综复杂的国际国内经济环境，保持和促进我国经济持续健康发展，打造中国经济升级版这件事，迫在眉睫，具有极其重要的现实意义。

（一）打造中国经济升级版是应对国际环境变化的必然选择

　　2008 年爆发的国际金融危机波及范围广、影响时间长，对世界经济造成了巨大冲击，也改变了我国发展的外部环境。欧美发达国家深受危机重创，尽管频出量化宽松政策，但仍然没有摆脱增长乏力和失业率居高不下的局面。新兴经济体虽增长情况好于发达国家，但也深受发达国家经济政策调整的影响，经济增长速度下降，不稳定性增强。世界经济处在低速调整期，国际市场需求持续低迷。预计2013年全球经济增长率仅为3.6%。经济低迷导致全球贸易和投资的收缩，国际贸易增幅下降，跨国公司纷纷压缩对外直接投资计划。为了应对国际金融危机带来的挑战，世界各国都在进行经济结构和发展模式调整，培育新的经济增长点，打造经济发展新的动力。发达国家在强化贸易保护的同时另起炉灶，加强跨大西洋和跨太平洋区域合作，意欲重塑世界贸易版图，重订国际经贸规则，对我国等新兴经济体形成反制。发达国家将"再工业化"作为重塑竞争优势的重要战略，发出向实体经济回归信号，围绕信息、生物、环保等领域的新一轮科技和产业竞争愈演愈烈。

各国应对金融危机的调整，深刻影响国际关系和竞争格局发生变化，对我国发展既是挑战也是机遇。我国曾是经济全球化的主要受益者，但世界经济持续低迷，加之人民币升值、劳动力和资源价格提高，导致外需对我国经济的拉动力减弱，传统的开放红利逐步消退，持续了近三十年的出口导向型发展模式难以为继。我国作为世界第二大经济体和发展中大国，既要面对发达国家的战略打压，还要直面来自新兴经济体的竞争。在新一轮科技产业革命中，我国与发达国家站在同一起跑线上，面临通过提高创新水平实现经济转型升级的巨大机遇。充分利用国际环境变化的倒逼机制，发挥我国巨大的国内市场潜力和产业化能力，打造新的竞争优势，提高参与国际分工水平，是我国持续推动经济发展，不断提高国际地位的必然要求。

（二）打造中国经济升级版是破解发展突出难题的现实需要

当前，我国经济运行错综复杂，面临许多亟待解决的难题，增长中潜伏着风险，成就中积累着矛盾，不转型升级则举步维艰。受经济增长周期性、趋势性调整因素和历史积累结构性、体制性矛盾等多重因素交织叠加影响，经济增速出现下行趋势，今年上半年为7.6%。财政收入出现增速下降趋势，中央财政收入出现负增长，多数地方财政收入告别高增长，同比增幅回落至10%左右。居民收入增速滞后于经济增长速度，制约了消费潜力的释放。以部分行业产能过剩为标志的结构性矛盾突出，钢铁、水泥、电解铝、平板玻璃、焦炭等传统产业的产能利用率只有70%—75%。经济增速下降及工业企业盈利恶化导致虚拟经济自我循环，我国资本利润率为22%，房地产为28%，而工业为6.4%，大量资本流向房地产和金融等非实体经济领域，导致实体经济面临诸多困难。

当前经济运行中出现的问题有其深刻的历史原因，是矛盾长期积累的凸显，也是发展不平衡、不协调、不可持续的具体体现。改革开放以来，我国经济高速增长主要依赖不断扩大资源和要素投入，依赖政府投资和政策刺激，依赖低成本的低端制成品出口，造成了经济增长质量效益不高、结构不协调等问题。粗放的经济增长模式加大了资源环境压力，人与自然不和谐问题日益突出。不合理的产业结构影响了就业增长和工业化素质提升，制约了城镇化发展，使城乡区域和居民收入差距扩大。过度的政府干预和垄断造成市场竞争不足，创新能力不强。要解决经济运行和发展中存在的上述矛盾和问题，不能走老路、单纯依靠政策刺激，必须开辟新思路，着力推动改革创新，通过经济转型升级，为经济持续健康发展开辟新的道路。

（三）打造中国经济升级版是实现现代化战略的必然要求

我国正处在改革开放和现代化建设的关键时期，统筹推进新型工业化、信息化、城镇化和农业现代化，释放巨大的内需增长潜力，要求加快经济转型，打造中国经济升级版。党的十八大对我国现代化建设进行了全面部署，提出到2020年全面建成小康社会的目标。强调要在增强发展平衡性、协调性、可持续性的基础上，实现国内生产总值比2010年翻一番。以此测算，未来8年我国GDP年均增长率要保持在7%左右。当前，我国经济规模已经很大，经济增长的周期性调整、趋势性调整因素和历史积累的矛盾交织叠加，发展环境和条件正在发生重大变化，今后保持7%左右的增长并不容易，如果没有转型升级作支撑，这样的目标是很难实现的。经过三十多年的快速发展，我国离现代化目标越来越近，全面建成小康社会到了"临门一脚"的关键时刻，这"一脚"要踢得有力和精准，必须练足内功，内功就是打造中国经济升级版，在调整结构和转变方式上取得突破，就是在转型升级上取得进展。转型升级既能改善经济结构，又能释放巨大的内需潜力。

从世界现代化的发展规律看，推动经济转型，打造经济升级版是避免陷入中等收入陷阱的关键。我国人均GDP已经达到6100美元，进入中上等收入水平。这一新的发展阶段的规律是，潜在经济增长率会出现趋势性下降。如果没有经济转型升级和全要素生产率提高作支撑，经济增长可能持续下降，甚至陷入中等收入陷阱。如果经济长期徘徊在中等收入水平，各种社会矛盾和风险就会累积加剧。国际经验表明，一国要跳出中等收入陷阱，唯一的出路就是转型升级，日本、韩国做到了，他们就转变为发达国家；拉美等许多国家没有做到，最终陷入了长期困境。我们推动经济转型，打造中国经济升级版，就是要未雨绸缪，准确把握经济发展规律和趋势，以积极主动的"转型升级"，抑制经济增长的趋势性调整，顺利跨越中等收入阶段，为实现现代化的"中国梦"奠定坚实基础。

二、如何理解打造中国经济升级版的内涵？

2013 年 3 月 17 日的中外记者见面会上，李克强总理首次提出"打造中国经济升级版"的概念。其后，也有多次提及和论述，在国内外引起强烈反响。打造中国经济升级版，充分体现了党的十八大关于现代化建设总体布局要求，是对科学发展主题和转变发展方式主线的继承和发展，是针对国际金融危机后我国经济周期性调整、趋势性调整和历史积累矛盾凸显的积极应对。

打造中国经济升级版，首先必须准确把握内涵。从历史和逻辑统一的角度看，中国经济升级版的内涵包括转型和升级两个方面，转型是前提，升级是目标。所谓转型，就是进一步挖掘内需潜力，实现经济发展从过度依赖外需，转向主要依靠内需特别是消费需求拉动；就是进一步释放改革红利，实现经济发展从过度依赖政府主导和政策刺激，转向主要依靠市场竞争调节；就是进一步增强科技创新活力，实现经济发展从过度依赖要素数量投入进行低成本扩张，转向主要依靠提高要素投入质量和创新驱动。所谓升级，就是要坚持发展是第一要务，大力调整产业结构，加快形成新的发展方式，提高经济增长质量效益和全要素生产率；就是要坚持不断改善民生，促进社会公平正义，不断提高就业质量和收入水平，让广大人民群众得到实实在在的利益；就是坚持节约资源和保护环境基本国策，不断提高经济社会可持续发展支撑力，把生态文明建设融入到经济社会发展的全过程和各领域。

综合起来看，打造中国经济升级版，就是要通过更多依靠释放内需潜力、改革红利和创新活力，实现有质量有效益的发展、有就业有收入发展、资源环境支撑力提升的发展、科技和体制创新驱动的发展。具体讲，应该包括以下几个方面主要内容：

一是在保持合理经济增长速度基础上，着力提高质量和效益。今年政府工作报告首次提出"必须使经济增长与潜在增长率相协调，与生产要素的供给能力和资源环境的承受能力相适应"。发展速度合理，是指经济增长既能实现全面建成小康社会任务，又与潜在增长相协调，而且增长实实在在、没有水分。经济发展不再依靠资源投入数量和规模扩张，而要通过提高要素质量、改进资源配置方式来实现。发展的质量和效益，要体现在企业利润增加上，体现在劳动报酬、居民收入和财政收入的提高上。

二是在调整结构和鼓励创业的基础上，着力提高就业水平和质量。就业是打造中国经济升级版追求的优先目标。就业是民生之本，搞不好就业，就会失去发展经济的主动权。保持合理的经济发展速度，很重要的目的是要促进就业。由于经济发展、结构升级、技术进步和劳动力成本提高等原因，我国经济增长的就业弹性降低，增长与就业的矛盾日显突出。我国是人口大国，劳动力绝对数量巨大，如果不能创造出更多的就业机会，满足劳动力就业需求，将会带来严重社会问题。打造中国经济升级版，就是要从这一关乎经济增长质量效益和改善民生福利需要出发，通过提高劳动力素质、改善就业结构、提高就业质量等途径，提高劳动力就业参与度，实现稳定性、实质性并兼顾专业技能与兴趣的就业，形成与经济增长的良性互动。

　　三是在保持收入与经济同步增长基础上，不断提高人民生活水平和质量。增加收入是打造中国经济升级版的着力点。发展经济的最终目的是提高人民生活水平。切实增加收入，使人民能够公平分享发展成果。要保持收入与经济同步增长，使经济增长实实在在地体现为财政收入、企业利润和居民收入的增长。如果经济增长率很高，而收入增长缓慢，就会抑制居民消费需求增长，阻碍企业积累和发展，制约政府更好地履行改善民生的职能，经济增长也将不可持续。要优化国民收入分配结构，改善政府、企业和居民三者关系，尤其是提高居民收入比重。上世纪 90 年代中期以来，我国劳动者报酬收入在 GDP 中的比重不断下降，从 1997 年的 51.4% 下降到 2007 年的 39.7%。世界主要经济体近年来这一比值一般在 50%-57% 之间，比我国 2007 年的水平高出 10—17 个百分点，我国劳动者报酬在 GDP 中的占比明显偏低。我国贫富差距较大，目前基尼系数达到 0.45，而且贫富差距拉大的趋势没有明显改变。打造中国经济升级版，就是要协调好经济增长与收入增长、增长与分配的关系，提高发展的协调性、包容性和分享性，随着经济增长使基尼系数、恩格尔系数、贫困人口比例等反映发展的社会进步指标逐步得到改善，实实在在地增加社会财富和人民福祉，促进社会和谐稳定。

　　四是在提高资源环境支撑力基础上，着力建设两型社会。资源环境可持续是打造中国经济升级版必须破解的难题。发展离不开资源，发展必然影响环境，打造中国经济升级版，就是要促进经济发展与生态文明建设协调统一，不断提高资源环境的支撑能力。我国长期粗放型的经济增长，带来了巨大的资源消耗和污染排放增加，资源环境对经济发展的支撑能力显著下降，对人民群众生产生活带来的不利影响日益增大。在经济发展的较低阶段，经济增长主要依靠投入，社会对生态环境价值的评估不高，因而容易造成以牺牲生态环境为代价来换取经济发展。但是，资源环境约束问题不解决，发展就会"断粮"，民生就会"打折扣"。打造中国经济升级版，就是要克服传统发展模式的弊端，力推绿色低碳循环发展，提高资源利用效率，降低环境污染代价，追求经济增长的可持续性，使经济发展与生态环境保护相协调，把让人民群众呼吸洁净空气、喝干净水、吃安全食品作为发展的重要内容。

五是在促进科技进步基础上，着力推动产业结构升级。科技创新是打造中国经济升级版的动力。经济增长一部分由要素投入数量增加导致，一部分由要素生产效率提高导致。要素生产效率可以分为"单要素生产率"和"全要素生产率"，单要素生产率指的是产出对于投入之比，劳动生产率和资本生产率是常用的两种；全要素生产率是指除了资本要素和劳动要素之外的技术进步、制度创新对经济增长的贡献。随着人类发展进步，科技创新对提高劳动生产率、促进结构升级的作用越来越明显，现代经济增长主要靠生产效率的提高而不是资源投入数量的增长推动的，而生产效率的提高又是由科技创新和结构升级引起的。从这个意义上讲，打造中国经济升级版，归根结底要通过科技进步，推动结构升级，让科技进步对经济增长的贡献率大幅上升，显著提高劳动生产率和全要素生产率。

六是在充分发挥市场机制基础上，着力提高经济发展的活力和竞争力。这是打造中国经济升级版的制度基础。现代市场经济与现代政府的市场监管、公共服务相辅相成。资源稀缺程度通过价格信号得到充分反映，经济社会和自然生态等方面的代价得到有效补偿，市场经济特有的激励约束机制为经济发展提供强大的微观基础；市场分割和行业垄断彻底破除，我国巨大的市场规模得以拓展、活力得以激发，企业在国内外市场上都具有强大的竞争能力；现代资本市场和金融体制使得要素流动和资源配置效率提高，有利于企业战略性重组和产业集中度提高，从而促进产业层次从低端走向中高端；全社会法治精神、诚信意识、创新能力普遍提升，国内市场和国际市场既充分开发又优势互补。

三、打造中国经济升级版的重要着力点是什么？

打造中国经济升级版，需要在很多领域有所突破和进展，这里重点讲六个方面：

（一）大力释放国内需求，促使经济增长的主要动力从外需向内需转型升级

其一，继续投资急需的各类基础设施建设，释放出相应的投资需求。除了对全国的"铁、公、基"继续进行升级与维护外，还要抓住以下三个重点来扩大投资需求：一是与城镇化直接相关的市政基础设施建设，如地铁、城市公用事业设施、环保基础设施等，特别是要大力发展城际、省际、区际之间的高速交通设施，以缩短全国区域、城市之间的空间距离，构造出全国统一市场的基础条件；二是与新农村建设相关的基础设施建设，如农村路网建设、大江大河治理、水利设施的修复与兴建、农田整理、生态修复等，切实缩小城乡之间的基础设施差距；三是适应互联网和现代化通讯技术的飞速发展，抓紧建设一批网络基础设施，如移动通信基础设施、智能电网、新型网络交易基础设施等，为电子商务创造更好的基础条件。其二，改善服务产品的供给，努力释放居民消费需求。在城市，要通过大力发展教育、医疗、文化、旅游等各类服务业，改善服务产品的供给，促进城镇居民消费需求的升级，由以衣、食、住、行、家电、汽车为主，升级到改善性生活需求、精神需求、健康需求、发展需求、合理的享受需求的新层次，通过消费结构的转型升级来带动消费需求的增加。要高度重视农村消费市场，通过加快农村商贸网点建设，将价格质量适宜、适销对路的产品销往农村，扩大农村居民的生活性需求，切实拉动农村消费水平。

（二）加大创新力度，提高全要素生产率，打造中国经济的创新驱动版

一是要加快国家创新体系建设。继续实施"863"等国家重大科技专项，加快新技术、新产品、新工艺的研发应用，加快共性技术突破，促进传统产业改造升级。要围绕战略新兴产业发展部署创新链，占据产业高端，引领产业突破好产业发展。二是要千方百计将企业培育成为创新的第一主体。要大力推动科技与经济的结合，完善以企业为主体、市场为导向、产学研结合的技术创新体系，建立、健全企业主导产业技术研发创新的体制机制，使企业成为技术创新决策、研发投入、科研组织和成果应用的主体。三是切实推动科技成果转化。要认真研究制约科技成果转化的权属、作价、交易、收益等相关问题，并制定出适宜的指导性意见。调整相关产业政策、财政政策、金融政策，加大对转化环节的支持力度。四是切实加强产权保护，以法律武器保障企业家的合法收益。五是积极推进教育改革，培养创新型人才。进一步落实国家中长期教育改革与发展规划，提高人才培养的质量。加紧实施国家中长期人才战略，早日建成人才强国。

（三）统筹推进"四化"，大力发展战略性新兴产业和服务业，促进产业结构升级

　　积极创造条件，逐步形成以创新引领发展的良好氛围，推动我国产业结构从"中国制造"向"中国创造"、"中国服务"升级。一是积极推动高技术产业、战略性新兴产业和先进制造业发展，如节能环保、新一代信息技术、生物、高端装备制造、新能源、新材料等。二是加快发展现代物流、电子商务、科研设计等生产性服务业，大力发展旅游、健身、养老、家政等生活性服务业。着力提高服务贸易在对外贸易中的比重，完善支持服务业发展的政策支持体系，扩大"营改增"的实施范围。进一步扩大开放，不仅要对外资开发，也要对民营企业开放，不仅要开放传统服务业，也要开放各类现代服务业。三是利用信息技术和先进适用技术，加快改造、提升传统产业，坚决淘汰高消耗、高污染产能，加大节能减排、质量品牌建设等工作力度；有效整合或者向海外输出过剩产能。四是高度重视农业在国民经济中的基础性作用，积极发展现代农业，确保粮食安全。

（四）协调区域和城乡发展关系，形成新的区域经济增长极和城乡一体化发展格局

　　协调区域发展关系，形成新的区域经济增长极。一是积极支持东部地区率先发展，全面提升国际竞争力。继续发挥长三角、珠三角、京津冀地区在引领全国发展中的引擎作用，增强沿海地区带动腹地发展的能力；充分发挥经济特区、上海浦东新区、天津滨海新区先行先试的重要作用，不断增强自主创新能力。二是深入推进新一轮西部大开发。提升沿边开放，密切与周边国家和地区的合作，加快内陆开放。进一步加大财政转移支付和政策扶持力度，加强西部基础设施和生态环境建设；加快落实特殊支持政策，大力发展特色优势产业。三是全面振兴东北地区等老工业基地，统筹推进全国老工业基地调整改造，促进资源枯竭型地区转型发展。四是大力促进中部地区崛起。支持武汉城市圈、长株潭城市群、中原经济区等地区加快开发开放，打造经济发展的新增长极。

在统筹城乡发展，促进城乡一体化方面。一是加强城乡空间规划的引领和调控，促进新型城镇化和推进城乡发展一体化。引导城镇建设空间集聚和紧凑、集约和节约建设，构建大中小城市和小城镇科学布局、合理分工、集约发展的城镇体系，促进城市群和城市带健康发展，构建新型城乡空间关系。二是建立城乡一体化社会保障制度。完善社保、户籍、就业、住房、养老等制度体系，全力改善民生。推进农民就业方式由务农向务工转变、农民保障方式由新农保和新农合向城市居民养老保险和医疗保险转变。三是加强对城乡环境的整治力度。广泛动员社会力量和资源，尽快改变农村的落后面貌，构建城市与现代农村和谐相融的新型城乡形态。

（五）大力发展民生经济和服务经济，实现发展成果全民共享，建设幸福中国

要努力促进充分就业。要统筹考虑发展经济、产业结构调整与增加就业之间的关系，在促进产业结构升级的同时，通过发展现代农业、保持适度的制造业和大力发展服务业，创造能够吸纳就业的产业基础。要积极向不同群体提供有针对性的就业支持，采取各种措施，千方百计地引导应届大学毕业生向不同区域、不同城市、不同行业合理分流。加大对农村转移人口的职业介绍和职业培训力

度，切实提高劳动力素质，积极向城乡就业困难群体提供就业支持
与保障。

努力织就一张覆盖全民的"社会安全网"。一是要"补齐短板"，
继续推进义务教育、基本医疗、基本养老保障等涉及基本民生的社
会安全网建设。二是要"抓住重点"，当前，各方十分关注农村转移
人口的市民化问题，要尽快研究如何将2.6亿农民工有序纳入城市
基本公共服务体系。三是要"兜住底线"，大力推进保障房建设，切
实解决困难人口的住房问题。要为特困、大病患者、流浪乞讨人员
等提供社会救助，坚决防止冲击社会道德底线的事情发生。

积极构筑有利于我国资源环境长期、可持续发展的"生态安全
网"。一是大力推进节能减排工作。通过优化产业结构、淘汰落后
产能、推动技术进步、强化工程管理等措施，切实大力推进节能减
排，有效控制全社会的能源消费总量。二是积极发展循环经济。遵
循"减量化、再利用、资源化"的原则，形成覆盖全社会的资源循
环利用体系，提高资源产出率。三是大力开发新能源。加快开发风
电、光电、核电和生物质能，有效改善我国能源结构。四是加紧环
境污染治理。要抓住当前严重损害群众健康，社会反映强烈的饮用
水不安全、空气污染、土壤污染等重点问题，切实加强综合整治。
加强重点流域和区域水污染防治，搞好重点行业和重点区域大气污
染防治，加强重金属污染和土壤污染综合治理，让人民群众喝上干
净的水、呼吸清洁的空气、吃上放心的食物。五是继续实施重大生
态修复工程。继续推进天然林资源保护、荒漠化、石漠化治理、水
土保持等生态工程建设，推进生态脆弱河湖和地区水生态修复与治
理，扎实推进城乡造林绿化工作，构建重要生态屏障，提高生态系
统的整体稳定性。

（六）深化改革，转变政府职能，释放市场活力和社会创造力，为转型升级提供坚实的制度保障

深入推进行政体制改革。坚持市场化的改革方向，充分发挥市场配置资源的基础性作用。按照服务型政府的目标，积极转变政府职能，清理束缚生产力发展的障碍、取消不合理的政策和制度规定，向市场放权、为企业松绑，用政府权力的"减法"换取市场活力的"加法"。近期，国务院加快推进了行政审批制度改革，取消、下放了一大批行政审批事项，各地也有很大的动作。今后，还要继续清理行政审批工作，将该放的权放开放到位，将该管的事管好管住，为市场运行创造良好条件。

深化财税体制改革。要建立公开透明、规范完整的预算制度，健全中央与地方财力与事权相配套的财政体制，改革完善财政转移支付制度，"减少专项、增加一般"，完善地方税体系。同时，要研究推进房地产税、资源税、环境保护税等改革，加强税收对经济活动的调节功效。要进一步落实和完善对成长型、科技型、外向型小微企业的财税支持政策。

稳步推进要素市场化改革。适时推进利率、汇率市场化改革，理顺资本价格；加快电、气、水、各类矿产资源的价、税改革，理顺资源性产品价格形成机制；稳妥推进农民宅基地，承包地的确权、颁证等基础性工作，建立农村土地依法流转、集约使用的体制机制；要破除电信、金融等领域的垄断。

深化收入分配制度改革。要坚持共同发展、共享成果。倡导勤劳致富、支持创业创新、保护合法经营，在不断创造社会财富、增强综合国力的同时，普遍提高人民富裕程度。初次分配和再分配都要兼顾效率和公平。规范收入分配秩序，着力提高城乡居民，特别是低收入者的收入，持续地扩大中等收入的群体。

加快推进社会管理改革。一是加强社会管理与公共服务的更好结合。涉及公共服务和社会管理的政府部门、机构之间基础信息要互联互通，建立综合的公民基础信息库，为社会管理提供坚实的基础。二是促进社会组织的健康、有序发展。通过改革社会组织的登记管理体制，放松准入，消除社会组织发展的障碍；创新对社会组织的管理和规范，促进人民团体的转型，培育其成为联系、团结其他社会组织的枢纽型社会组织，逐步实现社会组织的自我管理。

打造中国经济升级版，必将引致出更强的创新实力、更优化的经济结构、更公平高效的市场环境，必将提供更充分的就业、更高的收入、更蓝的天和更清的水，必将带来更稳定的民生保障、更踏实的百姓心态和更和谐的社会环境。在经济转型升级中，一步步夯实民族复兴的物质文化基础，一步步走近瑰丽的中国梦。

（原载《人民公仆》，2013 年 10 月刊）

实施就业优先的国家发展战略

　　国际金融危机尚未见底，全球就业压力骤然突显。从我国的基本国情来看，劳动力总量供大于求的突出矛盾将长期存在，我国的就业问题还将比其他国家更为突出，而国际金融危机更是给我国就业雪上加霜。最近一段时间，中央政府接连出台促进就业的政策，有很高的含金量，具有重要而特殊的意义。在当前困难时期，有些问题还需要深入讨论和研究，可能对当前乃至长远解决就业问题会有帮助。

　　第一，实施就业优先的国家发展战略，在此基础上形成完善的国家政策保障体系。党的十七大提出"实施扩大就业的发展战略，促进以创业带动就业"的大政方针，2008 年的《政府工作报告》中也提出"在世界人口最多的国家解决就业问题，是一项极为艰巨的任务。我们要用百倍的努力，把这项关系民生之本的大事做好"。2009 年的《政府工作报告》中还强调"要千方百计促进就业"。把就业当作民生之本，表明了就业问题在我国受重视的程度。温家宝总理还讲到就业关系到"人的尊严"，这可以说把就业的政治、经济、社会和文化意义等内容全部囊括。近年来，政府文件中多提到把扩大就业放在政府工作的重要位置，实施更加积极的就业政策。但"重要位置"和"更加积极"多是政策导向上的肯定和号召，缺少定量的要求，约束性不强。在实际操作中，往往成为地方政府取舍或推后的目标。鉴于就业的巨大压力和潜在风险，建议实施就业优先的国家发展战略，巩固和提高我国劳动力密集的比较优势，并在此基础上形成完善的国家政策保障体系。也就是说，要围绕就业问题考虑经济和社会发展，要围绕就业问题引导政府和社会投资方向，把促进就业作为政府的首要工作目标，使就业真正成为既是优先于物价的宏观经济调控目标，更是民生建设的首要社会发展目标。

第二，把城乡失业率或城乡就业率纳入国家宏观调控的指标，并作为地方政府政绩考核的关键约束性内容。从总体来看，中央政府乃至省级政府对就业问题是非常重视的，更加注重从大局上思考和解决问题。市县地方政府领导在讲话中、在各种文件中也都强调对就业问题重视，但在经济运行中，地方政府领导更关心 GDP 和财政收入。我们长期以来缺少严格的、科学合理的地方政府政绩考核指标体系，缺少反映社会真实的城乡失业率或城乡就业率这样的指标，在国家统计系统的统计指标中，有的是"城镇登记失业率"。现在看，"城镇登记失业率"这个指标有它的实际意义，也有一定的作用。但还不能完全真实地反映实际情况。长期下去，容易影响政府对就业形势判断的洞察力和敏感性，甚至政府出台政策措施的质量也要打折扣。对就业摸清家底，才能科学决策。建议把农民工失业情况或就业情况纳入城乡失业率或城乡就业率之中，把城乡失业率城乡就业率纳入国家统计系统的统计指标，纳入国家宏观调控的指标，并作为政府政绩考核指标体系的首要和权重较大的指标。

第三，制定统筹城乡的劳动就业优先发展行动纲要，加快建立城乡对接的公共就业服务体系。据统计，目前全国农民工总数约为2.2亿，其中离乡外出务工农民工约1.3亿。在金融危机影响下，约有2500万农民工就业面临风险。2009年需要就业的高校毕业生约为710万人，其中包括今年毕业的611万人和去年毕业而尚未就业的近100万人。很显然，就业压力短期难以释放。因此，要有比制定产业发展和振兴规划还要迫切的心情，来制定"国家统筹城乡的劳动就业优先发展行动纲要"。要保经济增长，拉动就业；要帮助企业，稳定就业；要鼓励创业，拓宽就业；要突出重点，扶持就业；要搭建平台，服务就业；要深化改革，促进就业；要加强领导，推动就业。当前，由这次就业危机所倒逼的农民工创业和大学生创业正在酝酿，要改变千军万马挤在一条路上赶考公务员的不正常现象，各级政府要彻底减费和废除不合理收费，要把创业带动就业的精神变成实实在在的支撑和援助政策，加快创造条件建立国家统筹的农民工保障体系，建立城乡对接的公共就业服务体系。

第四，实施新的促进服务业大发展的"市场化行动"，加快放松服务业的政府管制。自从2000年我国服务经济在国民生产总值的比例接近40%后就一直徘徊，而美国是80%以上、日本是65%，连经济发达程度不如我国的印度也有50%。服务业，特别是生产型服务业发展滞后是中国产业发展中比较突出的问题。转变经济发展方式，促进制造业的"服务化"，需要让制造业向"微笑曲线"两端延伸。我国服务业长期的落后和服务业务比重低的原因与政府的长期管制有着密切关系，政府对金融服务、电讯服务、电力燃气、交通运输、港口机场、文化教育、医疗卫生、媒体娱乐等相关行业存在着过严的管制和过低的鼓励。相对于对外开放而言，我国服务业的对内开放却明显不足。从服务业内部看，多数行业依然是国有投资主导。而恰恰是这些行业还有很大的空间、很多投资机会、能创造很多工作岗位。以医疗服务为例，截止 2006 年我国千人人均护士 1.04（142.6 万注册护士，2006），远远低于发达国家的 5 — 10。中国的护士可以吸纳 700 万就业人口，医生可以吸纳 50 到 100 万。要破除部门利益，克服怕乱的思想，着力突破制约服务业发展的体制障碍，大刀阔斧地放宽服务业准入，能够放的都要坚决放开，先放开，后规范。

第五，实施新的促进中小企业大发展的"城镇化行动"，在省直管县体制改革中加快设市来增加就业资源。美国和日本等经济发达国家，中小型企业占了全国企业总数 95% 以上，为社会提供了大量的就业岗位。改革开放以后，我国城镇化进程加快，也为劳动密集型的中小企业大发展提供了丰厚的土壤，城市成为就业的减压阀。城镇化带来的设市有利于培育新的经济增长点，是一种调动地方积极性、拉动内需、扩大就业、加快工业化和城市建设的动力机制。但 1997 年后设市基本就停下来了，十年来城市没有什么增加。实施新的促进中小企业大发展的"城镇化行动"，就是在城乡统筹的省直管县体制改革中，加快设市来培养更多的中小型企业，推动二、三产业的发展，增加就业资源，把农民工彻底留在城市。比如，像江苏昆山、浙江义乌等快速崛起的城市，在权限和区划方面存在着许多发展的困惑与矛盾，就要加快考虑采取促进其又好又快发展的办法，释放其生长能量。加快设市总的思路是，适当增加直辖市，调整国家省级区划布局，再形成若干带动力强的特大城市；重点通过增设地级市促进城乡协调发展，并逐步取消地级管理层，实现省直接领导县；通过增设县级市承接大部分农村人口向城市的转移，并调动地方发展和竞争的积极性，激发县域经济发展活力。选择发展迅速、经济实力强、有代表性的镇进行改市的试点，培育和发展小城市。

第六，实施新的促进各类人力资源发展的"国际化行动"，在开放中建立并扩大国际就业的通道。在经济全球化的大背景下，中国的发展需要全球视野，中国的就业也需要全球视野。据统计，目前海外华人和海外侨胞约有 5000—6000 万。这些人力资源和社会资本多是近一百多年来形成的，改革开放后到海外就业的人也有不少，对我国改革开放和国家建设发挥了非常重要的促进作用。同时，我们也要看到，多年来也有许多外国朋友到我国就业发展，为我国的经济社会进步作出了贡献。着眼全球的考虑，我国既需要吸引国际企业和海外朋友参加建设，也需要在开放中建立并扩大国际就业的通道。初步考虑，一是在发展中非、中拉、中亚（洲）国家关系中，搞一些国家级别的类似"坦赞铁路"的基础设施项目，为一定数量的建筑工人和技术工人提供长期工作岗位；二是大力支持中国企业"走出去"到海外发展，努力为国人在海外创造一些就业岗位；三是扩大国际工程承包和海外劳务输出的渠道，扩大海外劳务输出总量；四是普通公民到海外办矿、设厂、开店等经商活动、农民合作组织到海外租赁土地种植等，国家要实行援助政策，帮助其在国外创业和就业发展。

（原载《中国经济时报》，2009 年 3 月 18 日）

发挥市场机制培育发展战略性新兴产业

　　国家行政学院举办的"调整经济结构与发展战略性新兴产业专题研讨班"，学员多是来自国家发改委、能源局和各省、市、自治区的发改委、能源局的司（局）长。向学员共发放 63 份问卷，回收了 58 份，回收率为 92%。问卷分为多项选项题与对策建议题，共 32 题。汇总结果反映了经济结构调整与战略性新兴产业发展问题和建议。

一

　　（一）超八成的学员认为以往经济结构调整的效果有限，并且认为调整经济结构关键是需要财税体制改革与政府绩效考核体系改变。有 86% 的学员认为近年我国在经济结构调整方面取得部分成效，但效果不明显；仅有 8.6% 的学员认为进展较好，且成效显著。关于调整经济结构的政策选择，有 86% 的学员认为重点是财政与税收政策，有 58% 的学员认为重点是金融与资本市场政策。86% 的学员认为改变政府绩效考核体系是政府行为改变和经济结构调整的关键；

有 36% 的学员认为还应加强民意调查与舆论监督。

（二）超过五成的学员认为投资驱动型增长与政府主导型经济发展模式是未来经济结构调整与发展方式转变中面临的最大困境。超过五成的学员认为产业结构、区域结构、收入分配结构和需求结构调整是经济结构调整的方向和重点。关于未来经济结构调整中面临的最大困境，有 53% 的学员认为是投资驱动型经济增长的体制刚性和政府主导型的经济发展模式。在经济结构调整的方向和重点方面，有 53% 的学员认为产业结构与区域结构调整是关键，有 50% 的学员认为方向和重点应是国民收入分配结构调整，还有 40% 的学员认为重点是扩大内需。

（三）四成以上学员认为传统经济增长方式已经发展到了一个转折点，提出必须向产业升级的方向转型。有 41% 的学员认为传统经济增长方式的空间已经不大，必须向产业升级的方向转型，有 36% 的学员认为传统经济增长方式仍然可以维持，但需进行战略性结构调整，有 33% 的学员认为传统经济增长方式对解决就业作用较大，不能一刀切式转型，要有保有压。

（四）八成以上学员认为未来经济结构调整的主导产业应选择战略性新兴产业；近七成学员认为我国还未进入第三产业主导的经济发展阶段。关于我国未来经济结构调整的主导产业选择，有 81% 的学员认为应选择战略性新兴产业，有 60% 的学员认为应选择现代服务业，另有 48% 的学员认为选择先进制造业。

二

（一）七成到八成的学员认为新能源、新材料产业和高端装备制造业是战略性新兴产业的发展重点。六成以上学员认为在发展战略性新兴产业与调整经济结构中，企业属性并不重要，不存在姓"国"姓"民"的区别，市场的资源配置与优胜劣汰功能是关键。七成学员认为要发挥市场优胜劣汰机制，通过中央统筹规划，避免重复建设与浪费。关于未来需要重点培养的新兴产业，有86%的学员认为是新能源和新材料产业，有72%的学员认为是高端装备制造业，有46%的学员认为是生产型服务业，有41%的学员认为是消费型服务业，有39%的学员认为是现代农业。关于国有企业与非国有企业在经济结构调整与战略性新兴产业发展中的作用，62%的学员认为企业属性不重要，20%的学员认为国有企业作用更大。关于在发展战略性新兴产业中如何避免重复建设与减少浪费，70%的学员认为应发挥市场功能，实现优胜劣汰，46%的学员认为中央要统筹规划，另有27%的学员认为应尊重地方政府选择，中央做好指导。

（二）近七成学员认为政府的职责是公共财政，不应用政府财力支持战略性新兴产业。五成学员认为支持战略性新兴产业，重在发挥财政与税收政策的宏观调控与引导职能。六成以上学员认为资本市场、国家重点战略项目与科技支持政策，是战略性新兴产业发展的重要支撑。七成学员认为政府缺乏长远的、可操作的战略规划与政策，近五成学员认为产权保护、资本市场与中小企业发展政策滞后，是影响自主创新与战略性新兴产业发展的重要障碍。关于政府财力是否可以支持战略性新兴产业发展，67%的学员认为不可以，认为政府公共财政的职责更重要；有50%的学员认为可以，政府可以出台财政支持政策。关于自主创新与发展战略性新兴产业的主要障碍，72%的学员认为政府缺乏长远的、可操作的战略支持政策，48%的学员认为产权保护与风险资本市场发展滞后，34%的学员认为金融市场改革与支持中小企业发展的政策滞后。

（三）六成学员认为发展新能源产业对经济增长有明显的带动作用。六成到七成的学员认为风能、太阳能是新能源发展的重要方向，核能与生物质能也是新能源发展的重要方面。八成学员认为低碳能源发展的困难主要是缺乏有效的能源体制与政策，其次是缺乏有效的市场环境与技术、人才支持。五成学员认为技术与商业瓶颈是低碳能源替代传统能源的主要障碍，传统能源与低碳能源在今后一个长时期会并行发展，逐步实现替代。关于发展新能源对经济增长的影响，60%的学员认为发展新能源对经济增长带动作用较大，24%的学员认为发展新能源需要较多的投入，目前还没有产出，16%的学员则认为发展新能源对现有的能源产业会带来冲击，但整体影响还待评估。

（四）关于发展低碳能源的困难，81%的学员认为主要是缺乏有效的能源体制与政策，43%的学员认为缺乏有效的市场环境，36%的学员认为缺乏技术和人才支持。关于低碳能源对传统能源的替代程度，53%的学员认为低碳能源发展存在技术和商业瓶颈，需要较长时间才能替代传统能源，43%的学员认为传统能源有自身优势，有可能与低碳能源并行发展，16%的学员认为低碳能源是解决气候危机与环境污染的关键，将替代传统能源。关于地方政府在减排和环境保护上遇到的难题，81%的学员认为减排影响到企业经营和当地经济增长，阻力较大，48%的学员认为缺乏减排和环保的切实可行的技术条件，减排成本较高。

三

（一）转变经济发展方式，核心在政绩考核方式，同时应重视发挥市场机制。有学员指出，转变发展方式，重在解决干部政绩考核考评问题，实行干部逆向考评办法，即制定促进转变经济发展方式的刚性指标体系，以此评价干部的政绩，作为升迁的依据。转变经济发展方式核心在领导，特别是党委重要领导。有学员强调，要明确政府和市场的角色，充分发挥市场机制。在降耗减排的前提下，以市场为主导，发挥不同层次的各自优势，调整相关税收、信贷、土地政策，通过差别政策引导发展方式转变。也有学员指出，转变经济发展方式不是一朝一夕就能完成的事情，要处理好发展传统产业和发展新兴战略性产业的关系。

（二）尊重科学规律，发挥企业和市场的作用，形成政府、企业与市场相互制约的机制，是发展战略性新兴产业的重要保障。有学员指出，遵循规律，科学规划，市场优先，政府引导，政策支持，充分发挥企业在市场中的主体作用，形成政府与企业、市场相互制约的机制。政府做追求公平的事，企业做追求效率的事。高度重视对传统产业的升级改造，加大对资源开发区的保护支持力度。不能搞一刀切，也不能一哄而上，国家要正确引导，同时要解决好地区间、区域间协调发展的问题。中央统筹，发挥地方区域优势与特点，发展优势战略性新兴产业。

（三）破除垄断，界定清楚政府职能，是正确处理经济结构调整与战略性新兴产业发展中政府与市场关系的基础。有学员指出，坚持政府公共财政职责，把住工作重点，把重点做到位，但同时也要防止对市场、对企业的直接干预。政府应给市场推力，为市场调整各要素、发展新兴产业创造良好条件，发挥市场配置资源的基础性作用。改变战略性新兴产业发展中国企唱主角的观念。制定融资导向政策，鼓励科技与资本的融合。市场能做的，政府少做；市场不做的，政府区别做。也就是说，10 年、20 年后市场能做的，政府目前要全力做；10 年之内市场可做的，政府出政策让市场做。充分发挥企业在市场中的主体作用，调动企业的积极性与主动性。政府应强制要求国有企业必须承担具有国家层面的战略性新兴产业的发展和创造活动，承担战略性信息产业导入期或初期成长的市场风险。

（原载《中国经济时报》，2011 年 11 月 17 日）

山东淄博独具特色的现代农业发展模式

最近，我们课题组到山东淄博进行了调研。我们认为，淄博按照科学发展观的要求，坚持工业反哺农业、城市支持农村的方针，坚持走现代农业发展道路。以加快转变农业方式为主线，提高农业综合生产能力，增加农民收入，繁荣农村经济，取得了明显的成效。他们的做法对于其他省区发展现代农业具有研究借鉴价值。

一、淄博现代农业发展概况

淄博位于山东中部，是国务院批准的山东半岛经济开放区城市和具有地方立法权的"较大的市"，是山东省及国内重要工业城市。全市面积 5965 平方公里，其中山区占 42%、丘陵占 29%、平原占 28.1%。人口 422 万。淄博农业比重较小，但特色鲜明，现代农业快速发展，已成为农民增收的一个重要抓手。

一段时间，农民增收问题成为淄博统筹城乡发展面临的主要困境。农业的产业结构与市场需求结构的矛盾；有限的耕种面积与山区丘陵面积占比的偏低；工业化、城市化发展与"三农"发展的不协调都成为影响农民增加收入的重要因素。一般认为，增加农民收入主要靠把农民转移出去，靠二、三产业的发展来对"三农"的支持，淄博统筹城乡发展这两个方面一直在努力推进。但淄博根据当地的自然条件、农业生产力水平、农民的生产习惯，注意在农业内部发掘增长点，大力发展特色农业，培育扶持特色农产品向优势产业转化，实现农民就地增收。

从淄博特色农业的发展要素来看，一般都可以归结为现代农业。特色农业是将区域内独特的农业资源、区域内特有的名优产品，转化为特色商品的现代农业。淄博充分利用其特有资源生产农产品，发挥地区比较优势，形成独有的特色农业。按照高产、优质、生态、安全的要求，以加快转变农业生产方式为主体，走出一条淄博特色现代农业发展之路。

——博山有机农业。博山区为山东省24个纯山区之一，地域气候特征明显，空气清新，水质优良，植被完整，基本保持了原生态。发展有机农业具有得天独厚的条件，被誉为"中国有机农业第一区"。博山区山多地少、土地贫瘠，依靠传统农业很难增加农民收入。近几年，以"整建制"发展有机农业镇、村为目标，积极探索有机农业发展的新模式。在规划生产区建立严格的农业生产投入品管理制度，严禁化肥、农药等进入，防止原料性污染；实行严格的有机耕地保护制度和企业准入制度，严禁污染企业进入有机农业规划生产区；建立了严格检测体系，做到生产全程监控，产品质量可追溯。走出一条农民增收快、生态和谐可持续的农业发展之路，已经发展成为山东省重要的有机农产品基地。博山区鼓励社会资本进入有机农业，带动农民发展，实现企业化运作、园区化管理、专业化开发、规模化经营。仅此一项，全区 25 万农民人均增收 2000 元以上。

——高青特色品牌农业。高青县是山东的平原地区，人均耕地 2.5 亩，农业生态环境良好，是典型的传统农业大县。农业大县如何转变发展方式，如何发展现代农业？高青的发展实践给了我们很多启示。高青县人均耕地多、农业基础牢固，水资源丰富、生态环境好，这是高青的比较优势。为此，他们立足资源瞄准市场，高起点定位发展生态高效农业，把优势放大，把资源优势变成产业优势，让优势产业成为农民增收的强力引擎。高青在发展中主打生态和绿色品牌，围绕一个品牌，做成一个企业，带动一批农民，是高青发展现代农业的基本模式。现在特色品牌效应显现，拥有高青黑牛、高青大米、高青西瓜等绿色品牌 28 个，21 个农产品通过有机产品认证，产品在国内主要城市有一定的影响。高青在特色农业、现代农业发展中，耕种地没有减少，还开发了几万亩的淡水养殖，生态农业成为全县效益增长最快、农民受益最大、发展最有活力的优势产业。

——沂源的绿色农业。沂源县是沂蒙山革命老区，是山东省平均海拔最高的县，有"山东屋脊"之称，是典型的山区农业县。沂源曾经是国家级重点贫困县，"山区、老区、欠发达"是县情。近年来，沂源立足山多地少，发展传统农业没有出路的实际，充分发挥生态良好、光照充足、昼夜温差大，适宜发展高档果品的优势，把林果业作为农民增收的主导产业培育。经过多年的不懈努力，全县粮食与林果业、经济作物之比达到 1∶9，果品种植面积达 70 多万亩，年产各类果品 10 亿多公斤，农民收入的 60% 来自林果业，成为"全国果品生产百强县"和"无公害果品生产示范县"。另外，为进一步提高农业综合效益，拓宽农民增收渠道，沂源按照现代农业发展要求，因地制宜发展蔬菜、中药材、茶叶、畜牧等特色增收项目，把发展有机品牌农业作为深化农业结构调整的"二次革命"，全力打造全省最大的有机农产品生产基地。品牌产品影响越来越大，其中有机苹果生产标准成为全省标准，"悦庄牌"有机韭菜荣获国家和欧盟双认证并填补国内空白。目前，全县认证农产品33个，认证数量居全省之首，其中有26个农产品通过有机食品认证，6个通过欧盟认证。

——淄川的都市农业。淄川区是淄博市重要工业区，工业比重较大，建成区发展较快。统筹城乡发展有优势也有难度，优势在于工业和城市可以更多支持"三农"发展，难度在于工业与农业、城市与农村怎样更加和谐的发展。经过一段时间的探索，为进一步推动经济结构调整，推动农业的转型升级，开发和拓展农业的新功能，提升农业的市场竞争力，淄川区把大力发展都市农业确定为统筹城乡发展的突破口。淄川发挥"环城沿路傍水"区位优势，将都市农业发展规划为三个发展圈：即山区生态涵养发展园，近郊农业发展圈和城市农业发展圈，并以此为依托，重点实施了四大都市农业建设工程，即生态旅游工程、都市农业长廊工程、水系绿化工程、环城区市场农业工程。这样就把发展农业、农民增收与城市绿化美化，建设宜居城市很好结合起来，收到经济与社会双重效果。

——桓台精准农业。桓台县位于鲁中山区和鲁北平原结合地带，是我国著名的建筑之乡，是山东省粮食集中产区之一，素有"鲁北粮仓"之称。根据自身农业发展实际，桓台县不断加快发展精准农业，大力推行精细化管理和标准化生产，现代农业生产收到了很好的效果。今年桓台县农业部门依托科技推广网络，按照发展现代农业的要求，规划建设了18处粮食、蔬菜精准农业示范片，新建了 4 个万亩核心示范区,实行统一供种、统一测土配方施肥、统一病虫害防治和统一提供技术服务,全县标准化生产技术推广面积达到 98% 以上,小麦、玉米测土配方施肥技术应用面积达到 95% 以上。目前,全县小麦、玉米生产过程已基本实现机械化,并通过承担"粮食高产创建"、"无公害优质小麦生产关键技术集成与产业化示范"等十余个国家级科技项目,进一步提升了精准农业发展。

二、淄博发展现代农业做法及启示

近年来,淄博市立足组群式城市工业化,城镇化水平较高,城乡结合面广,发展现代农业的地理空间类型多样,产业融合互动优势明显的特殊市情。坚持在工业化、城镇化深入发展中同步推进农业现代化,加快发展现代农业,着眼于提高农业综合生产能力和农民持续增收,实践和做法具有一定启示作用。

(一)强化统筹引导、调动各方面发展现代农业的积极性

淄博高度重视统筹城乡发展问题,坚持把发展现代农业作为破解城乡二元结构、缩小城乡差别,实现一、二、三产融合发展的切入点,整体设计、推进现代农业发展。

一是坚持科学规划、整体设计。淄博先后出台一系列统筹城乡发展、建设现代农业的规划文件,并把这些文件融入到淄博"十一五"、"十二五"规划之中,明确发展现代农业的规划、整体设计、基本原则、任务目标。规划建设南部生态有机农业区、中部休闲观光农业区、北部高产高效农业;规划建设都市农业绿色长廊、水系生态保护长廊两大农业生态系统;规划建设 25 个特色农

产品基地。

二是成立统筹城乡发展工作机构。淄博根据本市统筹城乡发展的实际，市委成立了统筹城乡发展工作委员会，核定了编制，与市发改委合署办公，专门负责城乡统筹发展工作。在工作中，淄博市统筹城乡发展工作委员会把突出以城带乡、以工促农，引导和促进工商资本投资现代农业建设作为发展现代农业的切入点和突破口，配套推进土地、户籍制度改革、中心镇改革试点，并强化对农村土地承包经营权流转的管理指导与服务。

三是用发展特色农业的实效，调动各方生产的积极性。现代农业是以保障农产品供给、增加农民收入、促进可持续发展为目标。淄博注意在家庭经营基础上，在市场机制与政府调控的综合作用下，农工贸紧密衔接，产供销融为一体，农民增收、企业增效。如淄博中农置业公司生产的高青大米，在全国供不应求；华盛公司的沂源苹果在上海世博会设立直销店，供应苹果 110 万斤，每斤售价 12元；沂源至信现代农业开发公司主营"悦庄牌"有机韭菜，建设了500 亩有机韭菜生产示范基地，年产 200 万斤，每公斤售价 120 元，每亩产值高达 20 多万元；山东布莱特黑牛科技股份有限公司养殖的黑牛，牛肉可卖到 1600 元每公斤。特色农业不但拓宽了农业发展空间，提高农民组织化程度，而且有效促进了农民持续增收。

（二）坚持区域化布局，注意培养特色农产品向优势产业转化

在全力抓好粮食主产区高产创建，深挖粮食单产增产潜力，努力稳定粮食总产，确保不因农业产业结构调整影响粮食供应的前提下，立足区域特色和产业基础，因地制宜培育特色农产品向优势产业转化。

一是坚持规模化发展，加速特色农产品向优势产业转化。本着依法、自愿、有偿的原则，通过龙头企业租用、农民专业合作组织承接、大户转接、农户互换等形成，促进土地适度向种植能手和龙头企业集中，加速推进现代农业规模经营。目前，全市单个投资主体发展现代农业园区基地面积超过500亩的有19家，标准化基地突破100万亩。规模以上农业产业龙头企业160家，市级重点龙头企业总数达到122家，省级以上龙头企业25家。

二是创新产业化经营方式，促进市场化发展。一方面，充分发挥龙头企业的产业发展优势，加快培育主导产业明晰的产业链条，努力打造循环农业。另一方面，通过探索公司、合作社、基地、农户、超市有效连接的市场化运行模式，进一步实现了农业贸工农一体化，产供销一条龙。

三是创新营销模式，提高市场占有率。强化向市场末端要效益的理念，大力发展订单农业、合同农业，提高了农业抗御市场风险的能力。2010年沂源县仅果品一项，全县实现订单销售3.5亿公斤，占果品总产量的三分之一以上；大力推进农产品直销，在北京、上海、广州、深圳等城市设立有机农产品直销点60余处；大力发展农产品专供专卖，加强农企农超对接，在沃尔玛、银座等超市设立沂源有机农产品专柜150余处，全县有机农产品平均增值30%以上，扩大了沂源有机农产品的市场占有率和影响力。

（三）实施品牌战略，提升优势农产品竞争力

是否拥有农业品牌是衡量农产品质量的重要标尺，也是衡量现代农业发展程度的重要标志。淄博市充分发挥企业主体作用，坚持抓农业品牌规范化运作，大幅度提升了农产品的市场竞争力

和附加值。

一是加强农业标准化生产，严格按技术规范操作。切实抓好标准化示范区县和示范乡镇创建活动，对获得"三品"认证的184个农产品和100万亩生产基地进行重点规范提升，严格按照标准生产技术规程，进行规范化操作，特别是对重点培植发展的有机农产品基地，在基地选址、技术操作、龙头带动、产品标识、产品销售等各个方面进行了规范，注重把农业生态环境优、地块相对独立的区域作为有机农产品生产基地，为实施标准化生产奠定了坚实的基础。

二是积极开展品牌创建，加强认证工作。坚持市场化品牌运作，积极开展优质农产品品牌创建工作，认真抓好"三品一标"认证。组织优质农产品推介活动，对获得品牌的农产品实行奖励扶持。目前，全市无公害农产品认证总数达33个，绿色农产品认证总数达到107个，有机农产品认证总数达到73个，国家地理标志农产品总数达到8个。

三是完善监督检测体系，着力提高农产品质量安全水平。重点加强农产品质量监督检测中心建设，使其检测能力覆盖与农产品生产相关的所有国家标准、行业标准和地方标准的规范范围，达到国内同类机构先进水平。

（四）加强农业基础设施建设，提升现代农业综合生产能力

完备的农业基础设施是发展现代农业的有效保障。淄博现代农业发展所取得的成效，与加强农业基础设施建设、提升农业装备现代化水平、集中财力向农业领域倾斜、优先保障农业基础设施建设是分不开的。

一是重视农业综合开发，提升生产基础环境。淄博按照有机农

业发展到哪里，农业开发项目就配套到哪里的原则，对有机农业生产基础优先安排土地治理项目，对有机农业龙头企业优先申报产业化项目，改善有机农业生产基地的农业基础设施条件。通过水利、农业、林业和科技项目的综合实施，对制约特色农业发展的主要因素进行了彻底的根治，逐步实现了项目区内耕地田园化、灌溉水利化、耕作机械化、种植标准化，极大地增强了农业综合生产能力，为发展有机农业提供了基础保障。农业综合开发项目为整治发展环境发挥了重要的推动作用，这是淄博发展现代农业重要经验之一。

二是加快农田水利基本建设，完善配套措施。先后对太河、田庄、萌山、石马、红旗5座大中型水库和134座小型病险水库进行除险加固，实施了孝妇河、淄河、沂河等骨干河道重点段综合治理工程，完成了刘春家、马扎子引黄灌区续建配套与节水改造工程，建设了一批灌区节水改造项目。仅2010年投入资金达10.5亿元，完成各类水利工程302处。

三是提升农业机械化水平，提高劳动生产率。通过加快实施农机化创新示范工程、农机装备结构优化工程和农机作业规模化推进工程，截至2010年，全市农机总动力达到330.16万千瓦，农机经营总收入31亿元，农作物耕种收综合机械化水平达到86%，农机"三率"水平达到80%，农业机械化水平的提高，进一步提高了劳动生产率，降低了劳动强度，提高了农民收益。

（五）不断增加科技投入，支撑现代农业发展

长期以来，由于农业科技转化推广率低，不适应农业和农村发展的需求。为解决这一问题，淄博进行了多年的探索，取得了显著效果，现在农业科技基本上能保障发展现代农业的需求。

一是加大科技投入力度，注重科技对现代农业的保障和支撑作用。抓农业科技投入，就是抓特色产业发展。淄博投资五千多万元兴建的中国（博山）有机农业发展中心，是全国规模最大、功能最齐全的有机农产品研发中心。下设中国农业大学有机农产品试验中心、博山有机农产品检测中心、中国特色农业院士工作站等。这一研究机构为淄博有机农业的发展，提供了技术保障。

二是大力推广先进实用技术，加快农业实用技术的普及。农业的科技含量低，在一定程度上取决于农业先进实用技术的普及和推广应用程度。我国的科技推广体系虽然非常庞大，但机构一般设置到乡镇一级，往下就没"腿"了。由于推广经费不足，推广机制不完善，科技很难进村入户，"最后一公里"始终没有打通。淄博面对这一现实，面对发展现代农业的技术需求，有针对性地组织农业科研部门及院校研究人员到产业基地承担课题研究，这样既调动了农业科技人员的积极性，同时也加速科研成果的推广应用。如淄博的无毒化栽培、沼渣沼液综合利用，防虫网物理防治等实行技术普及得很快。

三是进一步推进农业科技示范区建设，提升产业带动能力。长期以来，农业科技示范区在推广农业科技方面起着重要的作用。随着示范区建设的推进，其作用发挥得越来越明显和稳定。淄博根据自身的发展实际，加强农业科技综合示范基地的建设，提高投入效果，增强示范功能。在示范内容方面，以有机农产品生产和深加工技术、农产品和食品质量安全保障技术、标准化生产与质量分级技术，强化农业高新技术成果引进与组装集成，提升园区的科技服务能力和产业带动能力。

（原载《国家行政学院送阅件》，2011 年 10 月 9 日，第 94 号）

第三部分

释放市场和社会活力

建设统一开放竞争有序的现代市场体系

　　改革开放以来，我国的市场体系有了很大发展，但要形成统一开放、竞争有序的市场体系还需一个过程。今后我们应逐步打破行政垄断和地区封锁，建立统一开放的市场体系，发展生产要素市场，逐步完善劳动力市场，创造有利于就业的市场环境，深入扩大对外开放并深化价格改革。与此同时，要不断加强体制和机制建设，强化市场监管，健全公平竞争机制，整顿和完善市场监管秩序，注重发挥中介组织和行业协会作用等，从而最终形成健全完善的市场体系，加快我国社会主义市场体制最终建立。

一、加快现代市场体系培育和发展的时代意义

　　市场是市场经济的舞台，市场状况如何，体系是否完善，机制是否健全，决定着整个经济运行的效益。完善的市场体系是市场经济有效配置资源的条件，是建立社会主义市场经济的重要环节。建立全国统一开放的市场体系，是社会主义市场经济的核心。社会主

义市场体系应该是统一开放、竞争有序的市场体系，统一性、开放性、竞争性、有序性是它的重要特征。改革开放以来，我国的市场体系有了很大发展，但还不够完善，要形成统一开放、竞争有序的市场体系还需要经历一个过程。目前市场发展中存在的主要问题是：市场体系不健全、各类市场发育程度参差不齐、有些要素市场严重滞后、市场竞争机制不健全、市场运行的法规制度建设滞后、由地方保护主义导致的全国统一开放市场体系还没有最终形成。能否形成一个健全的完善的市场体系，事关我国社会主义市场经济体制能否最终建立，因此必须加快社会主义市场体系的培育和发展。

（一）完善社会主义市场经济体制的客观要求

目前我国社会主义市场经济体制的初步建立，还很不完善；计划经济体制的弊端尚未完全清除，有时还会以一些方式影响市场经济的发展；市场经济体制在给经济发展注入强大活力的同时，其负面影响开始显现出来。影响市场经济发展的有生产力水平和社会发展阶段方面的根源，也有大量的体制性障碍，深化改革仍是发展的主要动力。要实现科学发展，必须不断完善社会主义市场经济体制。西方发达国家的市场经历了数百年的演进，我国在完善社会主义市场经济体制的过程中，不能走市场自然演进的老路，而应坚持以科学发展观为指导，发挥后发优势，积极主动建设和完善市场。完善社会主义市场经济体制，发展社会主义市场经济，就是要在更大程度上发挥市场配置资源的基础性作用。要做到这一点，前提就是要形成统一开放竞争有序的市场体系，使各种商品和要素能够自由流动。但是许多地方政府为了本地的利益，通过行政手段设置市场障碍，实行市场封锁；一些行政部门利用在市场中特殊的地位实行行业垄断，采取各种市场准入限制阻止其他企业参与竞争。这些人为分割市场的做法，直接导致市场经济公平、公正运行机制扭曲，使社会资源无法实现最优配置，与市场经济的基本原则背道而驰。因此，必须打破地方保护和行业垄断，建立起全国统一市场，完善现代市场体系，才能充分发挥市场配置资源的作用和市场竞争机制的作用。"十一五"时期，应重点做好打破行政垄断和地区封锁，建立统一开放的市场体系；发展生产要素市场；逐步完善劳动力市场，创造有利于就业的市场环境。

（二）走新型工业化道路的基础条件

我国土地、淡水、能源、矿产资源和环境状况对经济发展已构成严重制约。从总体上看，我国经济增长方式还没有实现根本转变，以高投入、高消耗、高排放和低效率为特征的粗放型经济增长格局仍在继续。从根本上改变这种状况，出路就在于加快转变经济增长方式。如果增长方式再不转变过来，将严重制约全面建设小康社会目标的实现。要把节约资源作为基本国策，发展循环经济，保护生态环境，加快建设资源节约型、环境友好型社会，促进经济发展与人口、资源、环境相协调。推进国民经济和社会信息化，切实走新型工业化道路，坚持节约发展、清洁发展、安全发展，实现可持续发展。新型工业化道路，就是坚持以信息化带动工业化，以工业化促进信息化，就是科技含量高、经济效益好、资源消耗低、环境污染少、人力资源优势得到充分发挥的工业化道路。新型工业化的关键是要以信息化带动工业化，这就必然需要一定的实现平台。只有通过这一平台才能将信息化与工业化有机地联系起来，而市场在信息化带动工业化过程中正是可以起中介和平台作用，因此统一市场是信息化带动工业化的必要条件[1]。同时，要真正实现资源消耗低、环境污染少、人力资源优势得到充分发挥，也必然要求整个社会资源在一个统一市场中得到最佳配置。

（三）适应扩大开放新形势的迫切需要

实行对外开放，是党的十一届三中全会以来我们党根据国际形势的发展变化和党的中心工作的要求制定的重大战略，是建设中国特色社会主义的一项基本国策。实践证明，实行对外开放，充分利用国际国内两个市场、两种资源，有利于推动我国经济社会发展，有利于促进我国科技进步和创新，有利于提高我国竞争力和影响力，有利于为我国发展营造有利的国际环境，是推进我国社会主义现代化的必由之路[2]。当今世界，经济全球化趋势日益加深，特别是我国加入世贸后，国际竞争国内化和国内市场国际化趋势明显加强，资金、技术、劳动和产品等都已实现跨国界流动，大市场、大贸易、大流通已经在全球范围内展开。越来越激烈的市场竞争要求最大限度优化资源配置，降低交易成本，增强竞争力。如果没有市场的统一，商品和要素不能自由流动，资源的优化配置不可能实现，成本也不可能降低，必然影响市场竞争力的提高。这一发展趋势，迫切要求我国必须打破国内地区封锁和内外贸分割的传统商品市场流通体制格局，尽快实现全国市场的统一性，实现内外贸结合，农工商协调，协同参与国际市场竞争，更好地开拓国内外两个市场。

（四）实现全面建设小康社会目标的现实保障

全面建设小康社会，重点在农村、在西部。统筹城乡经济社会发展，逐步改变城乡二元经济结构，是我们党从全面建设小康社会和完善社会主义市场经济体制的全局出发做出的重大决策。统筹城乡经济发展，首先要统一城乡市场，这样才能使农村的商品和富余劳动力流出来，使城市的资金、技术、人才等要素流向农村，"三农"问题才能真正从根本上得到解决。坚持区域协调发展，是统筹区域发展的根本要求。我国幅员辽阔，地区发展很不平衡。改革开放以来，各地区都有了很大发展，但地区发展的差距也在不断扩大。逐步扭转地区差距扩大的趋势，促进地区协调发展，不仅是重大的经济问题，也是重大的政治问题，不仅关系到现代化建设的全局，也关系到社会稳定和国家的长治久安。区域经济协调发展，也在很大程度上依赖东中西部地区的市场统一。没有统一的市场，加强东中西部经济交流与合作就难以开展，优势互补也成了一句空话。统筹区域发展，就是要依靠统一的市场，发挥各地区的优势和积极性，实现共同发展。要继续推进西部大开发，振兴东北地区等老工业基地，促进中部地区崛起，鼓励东部地区率先发展。依靠市场形成区域间相互促进发展。

二、建设和完善现代市场经济体系策略分析

发挥市场配置资源的基础性作用，必须有一个完善的市场体系。国内外的事实证明，市场作用的有效性与其完善程度成正比。而市场作用的有效性又直接决定和影响着全社会的生产效率，决定着一个国家的整体竞争力。因此，十七大报告强调要把加快形成统一开放竞争有序的现代市场体系，作为今后一个时期深化改革的重要目标。

（一）继续完善各类生产要素市场

　　市场的统一是商品和生产要素自由流动的重要条件。统一市场的覆盖范围有多大，先进的生产力就可以在多大的范围内取代落后的生产力。事实证明，那种搞地区保护、封锁市场的做法是缺乏远见、保护落后的行为，与发展社会主义市场经济的要求格格不入。各个地区都应当把撤除市场藩篱、积极融入全国统一的大市场作为加快本地经济发展的正确选择。市场的统一是商品和生产要素自由流动的重要条件。在统一的大市场内，先进的技术和资本流向经济相对落后的地区，落后地区的劳动力、资源等要素流向发达地区，这是不断缩小地区发展差距的根本途径。一是要发展多层次资本市场。要着眼于建设强大的中国经济需要有强大的资本市场的国家战略来加快资本市场的建设，包括在海外上市的大公司发行 A 股，加快创业板和场外交易市场建设，大力发展公司债券市场等，完善市场结构和运行机制，提高直接融资比重。同时，稳步发展金融衍生产品市场，培育外汇市场，积极发展保险市场等各类金融市场的健康发展，对于提高我国资源配置效率，具有决定性意义。二是健全统一规范的劳动力市场。要从统筹城乡的发展眼光来认真解决劳动力市场建设中存在的问题，发挥我国劳动力资源丰富的优势。要形成城乡劳动者平等就业制度，使数以亿计的农村剩余劳动力平稳有序地向城市和向二、三产业转移，以提高我国的社会劳动生产率。据统计，农村劳动力转移至二、三产业，劳动生产率平均提高 4 至 5 倍。还要发展各类人才市场，完善鼓励技术创新、管理创新等激励机制和市场环境。三是规范发展土地市场。我国人均耕地只及世界平均水平的 40%，在工业化、城镇化过程中，要严格限制农用地转为非农用地，提高土地使用效率。要发展土地市场，更多地用市场手段节约土地，杜绝浪费宝贵的土地资源。今后，需更好地规范和发展土地市场，提高土地资源配置效率。四是培育和发展技术市场。必须加快科技体制改革的步伐，加大国家政策扶植力度，促进经济与科技的紧密结合，大力发展技术产权交易，加速科技成果产品化产业化，健全技术市场的法律法规，规范技术交易行为，保护知识产权，积极探索技术市场与资金市场、人才市场相结合的最佳方式。五是发展和保护产权市场。产权市场能够提供企业产权交易等各类服务，它的发展能够拓宽企业要素配置的方式，加快企业要素的流动，有利于降低重组成本，建立优胜劣汰的进入和退出机制，促进企业和产业结构的优化，实现规模经济。

（二）继续加强商品市场建设

商品市场是现代市场体系的基础，是国民经济中物质商品与服务交易的基本场所和主要形式。而商品市场体系则是整个市场体系的基础，是市场机制发挥作用、配置资源的重要载体，商品市场体系发育和完善程度，直接关系着市场机制的作用程度，进而直接关系到市场经济体制的完善程度。

一是要认真清理和取消各种阻碍商品在全国范围内顺畅流通的规定。贯彻依法行政，不得以任何方式阻碍外地企业和产品进入本地市场，实现区域之间商品的自由流动。

二是加快市场主体的改革步伐。进一步深化流通企业改革，实现投资主体多元化，加快建立现代企业制度，支持有实力的流通企业在市场竞争中做强做大。进一步放开搞活中小流通企业，鼓励民营、私营流通企业发展，积极推进中小流通企业体制创新，促进其发展"专、精、特、新"经营。推进垄断行业改革，有步骤地放开行业准入限制，促进不同所有者公平竞争。加快发展商品市场体系相关的各类行业组织，加强协会的组织建设和功能转换，增强服务意识、自律意识和市场意识，提高为行业和企业服务的能力，发挥桥梁和纽带作用。扩大行业协会的覆盖面，加强对会员的协调、服务、监督，强化行业自律，更好地发挥其在商品市场体系建设中的作用。

三是有序推进商品市场扩大开放。进一步扩大商品市场对外开放的广度和深度，全面引进、消化、吸收和嫁接国际先进的商品流通模式、经营理念和营销方式，发展现代化流通方式和新型流通业态，促进营销方式转变，培育各类市场流通主体，降低流通成本和交易费用，提高国际竞争力。构建农村现代流通体系，支持龙头企业、农民专业合作组织和农户联结，提高农民进入市场的组织化程度和增收能力。加强对国际先进流通技术的跟踪研究，并结合我国国情开发创新，实现商品市场的交易规则、交易方式和交易手段与国际市场接轨，使我国商品市场体系建设融入国际市场的发展潮流。建立符合国际规范的商务环境，不断提高我国商品市场的国际化水平。

（三）深入扩大对外开放

我国对外开放政策已经取得了明显成效。2006年，我国经济的外贸依存度即进出口总额相当于国内生产总值的比重已达67%。据国际货币基金组织统计，2008年上半年，我国经济增长对全球经济增长的贡献度已达25%，超过美国成为对全球经济增长贡献最大的国家，真正称得上中国的发展离不开世界、世界的发展离不开中国。在当前我国市场对外开放程度已达到相当高水平的基础上，坚持对外开放的基本国策，把"引进来"和"走出去"更好地结合起来，扩大开放领域，优化开放结构，提高开放质量，完善内外联动、互利共赢、安全高效的开放型经济体系，形成经济全球化条件下参与国际经济合作和竞争新优势。我们下一步工作的着力点应当是提高开放型经济水平，通过优化进出口结构，提高对外贸易的经济效益，支持经济的持续增长。提高利用外资水平，重点吸引技术、知识密集型产业投资，鼓励外商投资科技研发、服务外包等领域和中西部地区。深化沿海开放，加快内地开放，提升沿边开放，实现对内对外开放相互促进。加快转变外贸增长方式，立足以质取胜，调整进出口结构，促进加工贸易转型升级，大力发展服务贸易。创新利用外资方式，优化利用外资结构，发挥利用外资在推动自主创新、产业升级、区域协调发展等方面的积极作用。创新对外投资和合作方式，支持企业在研发、生产、销售等方面开展国际化经营，加快培育我国的跨国公司和国际知名品牌。积极开展国际能源资源互利合作。实施自由贸易区战略，加强双边多边经贸合作。采取综合措施促进国际收支基本平衡。重视开放条件下的经济安全问题，防范国际经济波动特别是短期投机资本对我国经济的冲击，注重防范国际经济风险。

（四）深化价格改革

长期以来，我国高投入、高消耗、高污染、低效率的粗放型经济增长方式难以根本转变，一个重要原因在于我国生产要素和资源产品价格受政府管制，明显偏低，资金价格低、地价低、水价低、汽油和天然气价格低、矿产品价格低，这样不能反映资源的稀缺程度，许多资源产品价格也不能反映环境损害成本。因此，应当进一步深化价格改革，并以生产要素和资源产品价格改革为重点。要建设资源节约型、环境友好型社会，形成节能、节地、节水、节材的生产方式和消费模式，必须深化生产要素和资源产品价格改革，使它们的价格能很好地反映市场供求关系和资源稀缺程度。由于许多资源产品的开采和使用，往往会损害环境和破坏生态，所以它们的价格还要反映环境损害和生态破坏成本。国内外经验表明，在市场经济条件下，价格是最灵敏的手段，运用价格杠杆，能最有效地迫使生产企业和消费者节约使用生产要素和资源，并促进循环经济的发展。

三、加强体制和机制建设，强化市场监管

成功的市场经济几乎无例外地存在政府广泛和深入的监管。经验显示，在现代市场的发展中，正是市场中一次次危机和困惑甚至灾难，把政府一次次拉进市场的。可以说，提高市场监管能力，完善社会主义市场经济体制，政府任重而道远。我国市场秩序在本质上是一种利益和谐、竞争适度、收益共享的资源配置状态和利益关系体系。一个国家要构建一种和谐的市场秩序，不仅需要进行必要的法制建设、行政管理以及道德规范，更为重要的是，必须充分协调各种利益冲突，重构和引导各种利益关系，从根本上使各种社会经济主体无法从扰乱市场秩序、损害其他经济主体的利益中获得额外的收益。它不但需要国家在制度上的构建和其他社会主体的理性参与，而且需要市场体系自身演进和经济的发展，因为市场秩序不是市场经济体系自发演进的产物，不是国家全面理性构建的产物，也不是简单的宪法层次上的构建上自发演进的产物，而是根据不同社会利益结构和利益冲突的性质而采取的相机制度构建与市场演进的产物。

治理市场秩序的核心原则应当是建立在必要的法制建设、行政管理以及制度完善的基础上，进行利益关系的重构和协调，消除各种经济主体之间、政府之间以及政府与各种社会经济主体之间的利益冲突，从而实现利益和谐以及利益和谐下市场秩序的有序进行。

（一）健全公平竞争的机制

我们应当按照十七大报告的要求，抓紧"完善反映市场供求关系、资源稀缺程度、环境损害成本的生产要素和资源价格形成机制"，努力形成公开、公平、公正的竞争环境。长期以来，我国资源性产品价格偏低，原因在于其价格构成中没有全部反映资源稀缺性和环境损害成本，助长了资源的浪费和对环境的污染，影响了资源的可持续利用。要深化垄断行业改革，引入竞争机制，放宽市场准入，加强自然垄断业务监管，继续制定和完善相关的法律法规，使监管部门能够依法监管。在财税、信贷、项目审批等各项政策上，解决非公有制经济发展面临的准入难、融资难等问题。进一步强化金融监管，把一切金融活动纳入规范化、法制化轨道，有效防范和化解金融风险。在工程建设、政府采购中，要认真推行招标投标制。鼓励先进企业兼并落后企业，通过市场竞争淘汰落后生产能力，使先进企业得到充分发展。

（二）建立健全社会信用体系

随着我国市场经济的快速发展，市场信用交易规模不断扩大，已成为社会经济生活中的重要交易方式。但同时，我国信用普遍缺失问题也凸显出来，成为制约经济持续健康发展和完善社会主义市场经济体制的突出问题之一。失信问题不仅具有普遍性，而且失信程度严重。大量失信现象的存在已严重破坏了市场秩序，大大提高了市场交易成本，降低了经济运行效率，直接影响和制约着市场配置资源作用的正常发挥。要形成以道德为支撑、产权为基础、法律为保障的社会信用制度，是一个复杂的系统性制度建设过程，需要增强全社会信用意识，政府、企业和个人都要把诚实守信作为行为准则。企业信用状况直接关系到市场交易安全和经济秩序。推进企业信用体系建设，是从根本上约束、规范市场主体行为，建立长效市场监管机制的重要内容。要尽快建立企业和个人征信系统和信用服务体系，建立健全失信惩戒制度，发挥社会信用体系强大的威慑力量，让失信者为失信付出高昂的代价。

（三）强化金融和资本市场监管

现代金融在现代经济运行中处于核心地位。建立在资本市场基础上的现代金融体系，以其杠杆化的功能，已经成为或正在成为现代经济不断成长的强大推动器。现代金融正在逐渐地演变成现代经济的核心。金融监管是指国家授权金融监管机构依法对金融企业和金融市场实施监督和管理，其目的是依法维护金融市场公平、公开、有序竞争，有效防范和化解金融风险，保护存款人、投资人和被保险人的合法权益。金融业是一个高风险行业。金融风险突发性强、波及面广、危害性大，一旦出现重大问题，就会危及经济、社会稳定，甚至政治稳定。从 1997 年爆发的金融危机，到目前美国的"次贷危机"，都提醒我们必须加强金融监管。要健全监管法规，把一切金融活动纳入规范化、法制化轨道。要严格监管制度，逐步建立健全监管机构依法监督、金融企业内部控制、行业自律与社会监督有机结合的，多层次、全方位的监控体系。金融监管部门要不断改进监管方式、强化监管手段、完善监管体制，努力提高监管水平。要加大力度监控商业银行的新增不良资产，切实有效地处置改革过程中已经形成的不良资产。进一步规范和发展证券市场，提高上市公司质量，完善其法人治理结构。这里需要重点说明：

一是规范公司治理。保证上市公司信息披露准确、及时、完整、合规的主要初始责任在于上市公司本身。我国上市公司在证券发行和交易过程中，存在对重大事件违背事实真相的虚假记载、误导性陈述，或者在披露相关信息发生重大遗漏、不正当披露信息等不当信息披露行为，这些行为原因是多方面的，其中上市公司治理结构存在缺陷是其深层原因。

二是建设好中介机构。中介机构对市场透明度的形成具有重要的信息过滤和传输作用。资本市场上作为资金供给方的投资者与资金需求方的上市公司之间，在进行资产交易的过程中，存在严重的信息不对称。为了弥补这种信息不对称，避免可能出现的逆向选择和道德风险，在实践中逐渐产生了各类中介机构。这些中介机构通过自身专业素质，秉承客观、公正、独立、尽责的精神从事专业化的信息过滤与传输服务，提升上市公司各项会计信息披露、法律文件、资产估价的信用等级和公信力，从而最大限度地降低资本市场交易双方的交易和信息成本。

三是建设符合现代经济活动的会计准则。会计作为现代市场经济的通用语言，是连接各种经济关系人的重要纽带。会计信息作为资本市场最重要的信息来源，其编制必须按照一定的"技术标准"进行，这一"技术标准"就是会计准则。如果会计准则出现偏差，不能如实有效地反映企业经济活动过程和结果的话，那么以这一错误的"技术标准"为基础编制的企业会计报表就难以如实反映上市公司真实信息，也无法充分揭示其潜在风险。

四是建设有效的监管体系是资本市场秩序构建的宏观环境。证券监管的核心任务是维护市场透明度，而市场透明度是投资者利益保护的基础。世界各国都以投资者利益保护作为证券监管的根本精神，我国也不例外。无论是《证券法》，还是具体的规章制度，都强调了保护投资者合法权益的立法精神。但目前在监管实践中这一立法精神还应得到加强。

五是不断完善的法律体系。从维护市场透明度的角度分析，我国证券法律体系存在较严重缺陷。市场秩序只有建立在与之相匹配的法律制度基础之上，才能得以有效和持续地维护，市场的深化发展才会健全和持久。不断完善的证券法律体系，是维护市场透明度、构建资本市场秩序的法律基础，是我国资本市场健康发展的最基本的制度环境。

（四）对垄断行业自然垄断业务有效监管

近年来，中国垄断性行业的改革与发展成为理论界、政府部门和消费者十分关注的问题。这是因为，一方面，垄断行业改革总体上滞后于中国整体改革进程，加快推进垄断性行业的市场化改革，优化产业组织结构，是完善社会主义市场经济体制的迫切任务和重要内容。另一方面，垄断行业生产成本高、服务质量低、竞争能力弱的矛盾十分突出，加快推进垄断行业的市场化改革是解决这些矛盾的根本途径，也是垄断性行业优化产业组织结构、加快自有发展、提高市场竞争力，参与国际市场竞争的必由之路。这就要求在政策制定上做到：

一是放宽市场准入，对于凡是非自然垄断性业务，要放松管制，允许新的厂商进入市场，开展竞争，以促进效率的提高和服务的改善。同时要切实维护市场秩序，实行公平竞争，如建立公开、透明的市场准入制度，公开决策程序。

二是对自然垄断业务加强监管。既要加强安全、环保、普遍服务等管制，也要强化对价格和服务收费的管制。在制定关系群众切身利益的公用事业价格、公益性服务价格，其中主要是自然垄断经营的商品和服务价格，应当通过价格听证制度，来广泛征求消费者、经营者和有关方面的意见，力求价格合理可行。

三是继续制定和完善相关的法律法规，使监管部门能够依法监管。在《反垄断法》出台的基础上，进一步研究制定电信法、价格法等，使之相互配套，以便将垄断行业和自然垄断业务的监管纳入法制轨道，使监管机构的职能、监管方式、决策过程等都能够有法可依，做到依法监管。

（五）整顿和完善市场监管秩序

市场是联系生产和消费的纽带。企业生产的产品只有通过市场才能实现其价值，企业的个别劳动才能转变为被消费者承认的社会劳动。有没有良好的市场秩序，决定着市场的选择作用能否得到有效发挥，决定着生产质优价廉产品的企业能否得到应有的回报，决定着消费者的利益能否得到保障。多年来，我们不断整顿市场秩序，打击假冒伪劣产品，打击不正当竞争行为，取得了明显成效。但是市场秩序仍不能令广大群众满意，必须继续努力。当前应把整顿市场秩序的重点放在确保食品、药品质量安全上，通过建立农产品标识制度、原产地可追溯制度、质量检验制度，把不合格产品逐出市场。要切实保护知识产权，加大执法力度，发挥市场中介组织在维护市场秩序中的作用，营造诚实守信、公平竞争的市场环境。逐步完善行政执法、行业自律、舆论监督、群众参与相结合的市场监管体系，使市场监管工作从"就监管论监管"向"以监管促发展"、从强调外部监管向加强内控、从被动型监管向主动型监管的转变。行政执法部门是市场经济秩序的直接监管者，要加快这些执法部门自身体制、机制、监管方式等改革，在这些部门形成职责分明、协调配合、高效运转的执法机制，建立分工明确、各负其责的行政执法体系，从而通过提高监管执法效能来提高整顿和规范市场经济秩序的效率。

（六）充分发挥中介组织和行业协会作用

各种商会、行业协会、中介组织在经济发展中具有重要地位，能够发挥很多政府行为以外的积极作用，因此，建设和完善统一开放的市场经济秩序，应当充分发挥各种商会、行业协会和其他中介组织的作用，教育、监督、约束企业遵守法律法规，完善自律机制，发动群众广泛参与，建立各种举报方式，使违法乱纪行为无处藏身。同时，充分发挥各种舆论媒体的作用，曝光各种违法乱纪大案要案，形成强大的舆论监督力量。

参考文献：

1. 胡锦涛：在中共中央政治局第四十四次集体学习时的讲话摘要，人民日报，2007-09-30。

2. 郭俊华、任保平：新型工业化与全国统一大市场的建立，《人文杂志》，2007年第4期。

（原载《天津行政学院学报》，2008年第5期）

加快投资管理体制改革的若干建议

最近，我们就加快投资管理体制改革问题，到国家发改委进行了座谈，并到江苏、湖南、广西、重庆、河北、北京等地进行了调研，地方同志在积极评价国家扩大投资政策和国家发改委提高工作效率的同时，也对进一步改革投资管理体制提出了值得重视的建议。

一、应对国际金融危机助推投资体制改革深化

改革开放以来，国家对原有的投资管理体制进行了一系列改革，传统计划经济体制下高度集中的投资管理模式被彻底打破。2004年7月，国务院颁布实施了《关于投资体制改革的决定》，促使改革不断深化并取得重大进展，逐步形成了投资主体多元化、资金来源多渠道、投资方式多样化、项目建设市场化的投资体制新格局。在这次应对危机促进发展的过程中，国家发改委以国家扩大投资规模为契机，把应对国际金融危机作为深化投资体制改革的强大动力，在组织落实好中央扩大投资各项政策措施的同时，积极推进

投资管理体制改革，努力探索投资宏观调控体系完善的机制，取得了显著的成效。

一是组织修订《政府核准的投资目录》。为适应形势发展需要，国家发改委早在 2006 年底就启动了对《政府核准的投资项目目录》的修订工作。2008 年 3 月以后加快了《目录》的修订进程，将由国家发改委核准的范围主要限定为"重大建设项目、重大外资项目、境外资源开发类重大投资项目和大额用汇投资项目"。2009 年 1 月，国家发改委就重新修订后的目录再次征求了国务院有关部门、各省级发展改革委、部分中央企业的意见，形成了《政府核准的投资项目目录》。缩小了国家发改委核准范围，扩大了地方和部门的核准权限，明确国家发改委主要核准需要中央管理的重大项目，行业管理部门主要核准需要中央管理的非重大项目，地方政府负责核准其他项目。据此测算，由国家发改委核准改为地方、部门核准，或者扩大地方、部门核准权限的，共涉及 43 类项目，国家发改委核准的项目数量将在目前基础上下降近 60%。

二是改进对"小而广"项目的管理方式。国家发改委从去年开始即着手研究改进中央政府补贴地方的点多、面广、单项投资少的项目投资计划管理办法，主要思路是：国家发改委将会同有关行业管理部门，依据经批准的专项建设规划确定年度建设目标、任务、原则、标准等安排要求，对地方上报的年度投资计划建议进行审核和综合平衡。在履行有关投资计划编制工作程序后，由国家发改委"切块"下达分省（区、市）投资规模计划。地方省级发展改革部门会同有关省级行业管理部门，在规定时限内将投资规模计划分解落实到具体项目、下达投资计划，并报国家发改委备案。在中央扩大内需政策出台后，国家发改委对中央补贴地方项目投资计划管理方式进行了改进，取得了较好的效果。国家发改委还提出了《改进中央政府补贴地方的点多、面广、单项投资少的项目投资计划管理的办法》。

三是不断完善项目核准程序。《国务院关于投资体制改革的决定》颁布实施后，陆续有企业反映国家对重大项目实行一道核准后，由于缺少项目建议书这一"路条"，增加了项目前期工作的风险和办理相关手续的难度。在实际工作中，国家发改委进行了多方探索，以服务企业、简化程序、提高效率为出发点，在不增加核准环节的基础上，尝试通过咨询复函等方式，对与项目相关的产业政策、重大布局和市场准入等做出说明，并加强与相关部门的协调配合，方便企业开展前期工作，在具体核准时，严格执行项目审核结果公开制度，进一步提高项目审核的透明度。

四是探索调整项目资本金比例。国家发改委认真落实国务院关于适当调整固定资产投资项目资本金比例的决定，对城市轨道交通、内河航运、铁路、公路、保障性住房、普通商品住房等，下调项目资本金比例；对属于"两高一资"行业的电石、铁合金、烧碱和焦炭等项目，提高项目资本金比例。同时，围绕解决重点建设项目地方配套资金不足的问题，国家发改委配合有关部门，推进发行地方政府债券工作，研究制定政府特定投资项目资本金中长期贷款实施办法，并进一步扩大企业（公司）债、中期票据等债券发行规模。

五是研究制订鼓励和引导民间投资的政策。为了充分调动民间投资的积极性，稳定和扩大非公有制企业和中小企业的投资需求，国家发改委会同有关部门，重点从降低市场准入门槛、完善信用担保体系等方面入手，积极研究制定进一步细化和落实促进非公有制经济发展的政策措施。研究制定鼓励和引导民间投资的相关政策，在金融、电信、铁路、教育、卫生、文化等主要面向内需的服务领域，以及城市供水、轨道交通、垃圾和污水处理等公共设施建设领域，放松管制，撤除壁垒，以鼓励和引导民间资本进入。

二、当前扩大投资和投资管理面临的主要问题

从我们调研的实际情况来看，在当前扩大投资应对国际金融危机的巨大冲击的特殊背景下，地方同志对国家发改委加快投资管理体制改革的探索给予了很好的评价，全社会对国家扩大投资和投资管理体制改革寄予非常大的期待。但由于投资管理体制改革的成效存在着一定的滞后效应，改革进展还不能适应形势快速发展的需要，难以达到社会各方面的预期要求。社会上对存在的问题和矛盾有较多议论，地方同志更为关注。概括起来，主要有以下几个方面：

（一）政府职能转变还有一定的空间，投资管理权力下放还没有完全到位，"跑部钱进"现象需要改变。广西、河北的同志指出，中央政府部门在中央预算内投资上"管得过细"、安排大量"小而广"项目，存在着"费力不讨好"和"事倍功半"问题。特别是一些面向县乡和基层农村等的基础设施和民生建设项目，数量较多，资金偏少，项目大多"小而散"，中央政府部门没有精力进行如此繁杂的管理，而地方政府更了解情况，希望尽快下放到省级政府来审批或审核。各地到北京跑项目、争投资的"跑部钱进"，形成攀比效应，造成人力、物力、财力的极大浪费，希望通过改革消除这种现象。

（二）投资主管部门和有关行业管理部门审批审核项目中存在着政出多门的弊端。江苏、重庆的同志反映，各部门在项目管理之中，存在着多头对下、政出多门、各行其是、资金分散、效益低下的现

象，容易产生重复建设和盲目建设。比如，支农资金分别由若干部门管理，缺乏协调，有时甚至部门间要求相悖，地方和基层不知所措，疲于应付。又如，国家成立了工信部，在《国办发（2008）72号》通知中，明确工信部"按国务院规定权限审批、核准国家规划内和年度计划规模内固定资产投资项目"。但到目前为止，工信部也没有能够开展工业项目审批、核准，进口设备免税确认等工作。对国家明文规定需国家核准的重大项目，地方经贸部门不知该如何申报，客观上影响了地方重大项目的实施进度。

（三）国家对地方投资需要地方配套一定比例资金的要求，在很多地方难以落实。广西、重庆的同志反映，对中央新增投资中，地方配套资金到位率不高，到位率东部高于中西部。在前三批中央新增投资中，地方配套资金集中存在三方面问题：一是中央投资项目中，地方投资到位率低。二是地方配套投资的配套责任主体不明确，存在着"不配套"和"假配套"的问题。三是部分省区将地方配套投资任务转移给市、县，因市、县配套能力有限，配套投资无法到位。特别是中西部落后地区，连发工资保正常运行都有困难，无力配套。

（四）投资方面的规则主要靠政府的相关文件来约束，法规建设滞后。湖南、北京的同志提出，过去国家投资主管部门颁布了企业、外商、境外投资项目的核准和备案管理办法，改企业投资项目的审批制为核准制和备案制。《国务院关于投资体制改革的决定》明确提出：建立投资责任追究制度，落实投资决策者的责任。但对于"问什么责"、"问谁的责"、"由谁来问责"和"以什么程序问责"等问题，没有专门法规予以规范。由于种种原因，目前国家投资法尚未出台，项目核准制和备案制也无规范性条例出台，投资审核的政策空间和官员自由裁量余地太大，既不利于项目审核的规范性操作，也不利于依法行政。

（五）投资监管较为薄弱，政府投资独立监管主体缺位，社会监督机制不健全。湖南、江苏的同志反映，一是我国目前没有专门的政府投资监管机构，国资委监督的是国有企业的政府投资，而对非经营性政府投资则涉及多个监督部门：如发改委着重于项目可行性论证；财政部门侧重于资金的使用和财务管理；审计机关监管重点是建设项目的财务收支和预算决算单位的内部监管等，这种分头管理模式不可避免地带来利益冲突和交易成本的增加。二是社会监督机制不健全，缺乏对项目立项、实施、竣工验收全过程的监督，缺乏畅通的反馈渠道及纠错机制。三是普遍存在着重审批而轻监管、重跑项目而疏管理的现象，导致一些项目在建设中弄虚作假、投机取巧、浪费挪用资金等现象时有发生。四是责任追究制度还未严格建立起来，地方政府"投资饥渴症"尚未根除，使一些地方官员认为国家投资是"唐僧肉"，不吃白不吃。

三、加快推进投资管理体制改革的政策建议

在应对国际金融危机的困难时期，加快推进投资管理体制改革具有特殊重要意义。社会上特别是地方上的同志对继续推进投资管理体制改革也有许多好的建议。

（一）建立健全完善配套的投资管理统筹协调体制与机制，实现政府投资项目实施模式创新。投资体制改革牵涉许多现实问题，与行政体制、财税体制、金融体制、国有资产体制乃至人事体制改革密切相关，存在一些深层次矛盾和问题需要解决。因此，要真正实

现有效的管理和监督，就应当明确国家有关部门的工作职责，建立齐抓共管的统筹协调体制与机制，实现政府各部门之间、中央和地方之间、企业之间对投资的管理政策配套与信息共享，形成合力。在应对国际金融危机的困难时期，要提高政府投资决策的科学化、民主化水平，增强政府投资宏观调控和监管的有效性，政府投资应当更加倾向民生工程和完善社会保障体系，既需要实施"钢筋水泥"的硬工程，还要加快建设"社会安全网"的软工程。要实现政府投资项目实施模式创新，不断完善公共服务合同承包制度，稳步推进特许经营制度，大力发展补助和凭单制度，稳步推行非经营性政府投资项目代建制。

（二）要合理确定中央和地方的投资管理范围和权限，采取有效措施调动地方投资管理的积极性。要合理划分中央和地方的事权和财权，据此确定中央和地方的投资管理范围和权限，理顺和明确各种关系，实行谁负责、谁管理、谁投资、谁承担责任，权责利相结合。科学界定政府投资领域和范围，充分发挥政府投资对社会投资的引导和带动作用。抓紧修订出台《政府核准投资项目目录》，从源头上减少具体审核事项，最大限度地缩减核准范围，进一步下放核准权限，以便集中精力抓好关系国计民生的重大建设项目，完善备案制。对不使用国家资金、不需要国家综合平衡的项目，则由地方管理，国家不再审批，而是利用规划、产业政策等手段，或制定有关法律法规引导规范，并加强检查督促。对一些必须审核的项目，如符合国家规划和产业政策要求只批其总规模而不批具体项目，具体项目在不突破规模的情况下由地方审核。同时要重视发挥专家和咨询机构在项目审核中的作用，减少行政干预。

（三）切实减轻地方配套资金压力，实施差别化的地方配套资金政策。由于我国地区之间的市场化进程不尽相同，各项改革配套措施实施情况和效果也有一定差异。与东南沿海发达省份和国家综合配套改革实验区相比，中西部许多地区计划经济的色彩依然较为浓厚，由于以往改革不到位遗留的问题还比较突出，国家推出的投资配套措施实施情况和实施效果因为财力有限都不理想。在应对国际金融危机的背景下，建议国家尽快研究出台提高中西部地区中央最新补助比例办法，对中西部公益性和民生方面的建设项目取消县及县以下资金配套。加快转发地方债进度，落实和出台针对中央投资项目配套贷款的有关信贷政策，多方解决地方筹资难题。特别是对中小企业贷款担保的瓶颈问题，希望能够创造各种条件加以缓解。

（四）加强政府投资项目监管，建立政府投资项目后评估制度和政府投资责任追究制度。一是建立统一的权威的监管机构。针对我国政府投资监管主体缺位的现状，建议在适当的时候整合现有行政资源，合并国家发改委重大项目稽查办公室和国家审计署固定资产投资审计司的投资监管职能。二是建立政府投资项目后评估制度。实行政府投资项目绩效评估，建议制订并出台《国家大中型投资项目后评价办法》，并在政府财政预算中列出后评价的费用。三是建立政府投资责任追究制度。要像抓矿难问责那样抓投资失误问责，加强对投资的过程监管和事后处罚，对欺诈性投资或产生严重不良后果和效应的，追究法律责任。四是加强和改进对社会投资的监督管理。建立健全协同配合的企业投资监管体系，建立企业投资诚信制度，对咨询评估、招标代理等中介机构实行资质管理。

（五）抓紧投资法律法规建设，加强对企业投资项目核准制和备案制的规范性制度建设。要完善政府投资体系的基本制度建设，当前要抓紧制定《政府投资条例》，完善政府投资范围的制度规定、完善政府投资决策体系的制度规定、完善政府投资支出预算体系的制度规定、完善政府投资项目执行方面的制度规定，为将来制定和出台《政府投资法》奠定基础，把政府投资建设纳入法制化轨道。以往国家发改委有关企业投资项目核准暂行办法提出的核准内容主要包括符合国家经济和社会发展规划、行业规划、土地利用规划、国家宏观调控政策、地区布局合理、资源有效利用、生态环境保护等九方面的要求，在实际工作中缺乏可操作性，弹性很大，给相关部门留下了变通空间，从而造成政府审批部门的自由裁量权过大，透明度较差。要抓紧研究起草企业投资项目核准和备案管理条例。进一步规范和优化投资管理程序，增强企业投资可操作性，提高效率。

（原载国家行政学院《应对国际金融危机中加强政府自身改革和建设》重大课题成果选编，2009 年 9 月，李江涛、车文辉参与研究）

妥善处理好政府与市场的关系

在应对国际金融危机的特殊困难时期，我们既要发挥社会主义能够集中力量办大事的制度优势，采取超常规有力度的宏观调控手段保经济增长，又要毫不动摇地坚持社会主义市场经济改革的前进方向，加快重要领域和关键环节改革步伐。要正确把握和妥善处理计划与市场的关系，有效发挥"两只手"的各自比较优势和相互协调配合作用，形成有利于科学发展的宏观调控体系。要抓住时机变压力为动力，化挑战为机遇，消除制约当前经济社会发展的突出矛盾和影响长远发展的深层次体制机制障碍，不断完善社会主义市场经济体制，为发展中国特色社会主义提供强大动力，为国家长治久安创新体制保障。

一、正确把握和妥善处理的政府与市场关系

世界银行曾指出：良好的政府不是一个奢侈品，没有一个有效的政府，经济和社会的可持续发展是不可能的；在市场失灵的场合，

没有政府的干预也是不行的。今年 2 月 2 日温家宝总理在英国剑桥大学演讲中指出，"国际金融危机充分说明，不受监管的市场经济是多么可怕"，"不受管理的市场经济是注定行不通的"。

对政府与市场的关系，既需要根据两者的功能和边界进行常态把握，更需要结合具体国家发展阶段和发展实际有所侧重的妥善取舍。历史经验表明，各种形式和不同内容的危机都会给政府的改革创新提供契机。在重大自然灾害、传染疾病疫情发生或宏观经济剧烈波动等特殊时期，需要强化政府的政治权威和宏观调控功效。在当前应对国际金融危机的特殊困难时期，政府的救助往往是经济和社会最直接、最迅速、最有效、最后的"稳定器"。

邓小平同志深刻指出，"计划与市场的关系问题如何解决？解决得好对经济发展就很有利，解决得不好，就会糟。"他还说："在实际工作中，在调整时期，我们可以加强或者多一点计划性，而在另一个时候可以多一点市场调节，搞得更灵活一些。"计划和市场都是社会主义市场经济体制的重要内容和特征。实际工作中关键是要把两者结合好。胡锦涛总书记在 2008 年中央经济工作会议上的讲话中，在分析世界经济发展最新动向和长期趋势时指出："政府维护市场正常运行的职责会有所强化，但市场在资源配置中的基础性作用不会改变。"

在应对金融危机中，世界各国政府纷纷出手对金融市场进行干预，这是短期的"救火"措施而非对市场经济体制的否定。1998 年香港政府进场购买股票与改定规则，欧美指责说香港偏离了自由市场经济，但一年后就没有什么人攻击了，香港政府把手中的股票也陆续出手了。同样道理，中国在应急处理中加强政府干预的做法，是特殊困难时期的特殊措施，而不是常态。政府采取的一切调控措施，其本意都是要以辅助市场的自我恢复机制发挥作用为宗旨。我们不能由于紧急或危机状态下必须采取一些特殊政策而否定市场经济体制改革的基本方向。对于有些人对市场经济提出质疑，认为市场在配置资源中起基础性作用是错误的，甚至提出应该让计划发挥基础性作用的不负责任的观点，也需要进行纠正。

其一，既要有强有力的宏观调控，还要充分发挥市场配置资源的基础性作用。真正的市场化改革，绝不会把市场机制与国家宏观调控对立起来。既要发挥市场这只看不见的手的作用，又要发挥政府这只看得见的手的作用。两手都要用，都要硬，都要发挥作用，才能实现按照市场规律配置资源，也才能使资源配置合理、协调、公平、可持续。我们需要既通过发展市场经济来完善社会主义制度，又需要通过发挥社会主义制度优越性来克服市场自身存在的某些缺陷。我们既要发挥社会主义能够集中力量办大事的制度优势，宏观管理要体现出中央说话能够算数；还要毫不动摇地坚持社会主义市场经济改革的前进方向，尊重和发挥市场在资源配置中起基础性作用的品质。

其二，既要有国家大规模的财政投入，还要鼓励民营企业的发展和民间社会资本的投入。从国家扩大投资政策的范围和指向来看，这是基于我国国情且符合当前经济形势的正确选择，为稳定经济、稳定社会，既赢得了时间又争取了主动。在外需严重下滑和前景不确定的情况下，我们把扩大内需的着眼点放在投资扩张方面，而在市场低迷的情况下，投资扩张更主要的表现为政府投资扩张。因此，政府的政策如何启动市场力量应该成为考虑的重点，而短期不得不直接介入市场的行为应避免过度甚至取代市场，同时也要考虑"后金融危机时代"经济运行恢复常态时的"淡出"安排。政府投资的持续性及政府投资的"独角戏"能否引起民间投资和社会资本的跟进投入，将是决定中国经济复苏轨迹的关键内容，这些也是决定未来市场走向的重要因素。

其三，既要有短期和临时性的消费刺激措施，还要解决内需的长期发展和持续增加。目前消费者信心指数逐季回落，防范性储蓄动机增高，使得居民有钱不愿花、不敢花，从而抑制了限期消费增长；证券市场波动过大和财富效应消失，也影响了一部分股民的消费信心和消费预期，进而影响消费需求的增长。从短期来讲，政府采取的发放消费代金券等临时性措施，会起到一定作用，但是作用有限，具有短期性和不可持续性。因此，更重要的应是解决收入分配、社会保障等制度层面的障碍，以促进就业为依托提高居民消费能力和积极营造良好的消费环境，实现内需的可持续增加。

其四，既要有调整和振兴的产业，还要尤为重视激发企业的活力和动力。在当前需求不足的情况下，需要调整和振兴若干重要产业，扩大内需的主要方式是增加政府的投资力度。增加供给的方式主要是减少政府干预，主要渠道是搞活企业，为个人和企业提供激励。其手段通常都是减少政府对于医疗、教育等服务性行业的过度管制，减少税收负担，增加经济自由度。我国服务业长期的落后和服务业比重低的原因与政府的长期管制有着密切关系，教育医疗领域应当成为开放的重点。在提高政府对基础教育和公共医疗机构的投入的基础上，加快教育（包括基础教育、高等教育和职业教育）行业和医疗行业开放步伐，吸引民间资本向这些行业流动。

其五，既要保持适当的经济增长速度，还要注重劳动就业和社会保障问题的解决。保增长目的就是要保就业，把促进就业作为政府的首要工作目标，使就业真正成为既是优先于物价的宏观经济调控目标，更是民生建设的首要社会发展目标。围绕就业问题考虑经济和社会发展，围绕就业问题引导政府和社会投资方向。把城乡失业率或城乡就业率纳入国家宏观调控的指标，并作为地方政府政绩考核的关键约束性内容。制定统筹城乡的劳动就业优先发展行动纲要，加快建立城乡对接的公共就业服务体系。实施新的促进中小企业大发展的"城镇化行动"，在省直管县体制改革中加快设市来增加就业资源。实施新的促进各类人力资源发展的"国际化行动"，在开放中建立并扩大国际就业的通道。对城乡"小摊贩"经济应当鼓励和适当放开。把民生欠账的压力变为建设的动力，下大决心集中财力建立与我国现阶段国情相适应的保障体系，争取在本届政府任内，能够在民生社会保障领域有重大的制度性突破和建树。

其六，既要完善优化国内资本市场和金融体系，还要致力于国际金融体系新秩序的重建。充分利用国际金融危机带来的国际经济秩序和金融秩序的分化调整契机，优化国家战略储备体系中的实物结构和货币结构，化解国家外汇储备风险。更加积极地开展经济外交，积极参与重大国际变革行动，推动人民币国际化进程，在 G20 等重大国际舞台上，提升"中国声音"在国际货币体系改革中的影响力和在国际金融新秩序构建的话语权。

二、对当前经济形势的研判和发挥两种手段的作用

去年第四季度以来，为应对国际金融危机冲击，我国政府及时调整宏观政策取向和力度，迅速出台了扩大内需、促进经济平稳较快发展的一揽子计划和十大行业振兴规划，大力拓展国内市场特别是农村市场，大力推进科技创新和技术改造，大幅度提高社会保障

水平，加强节能减排和生态环境保护，通过扩大政府信用来扩张全社会信用，出手快，出拳重，效率高，改善了社会预期，在避免经济增长大幅下滑中发挥了至关重要的作用。从最近我们对东部沿海省份调研和我国各种经济统计数据分析来看，这些措施已初见成效。

对当前的经济发展形势，我们有如下两方面的判断：一是在本轮周期里最困难最黑暗的时刻已经过去，我国经济在恢复中开始出现积极向好的迹象，某些方面已经企稳回升，积极因素和有利条件增多。考虑到国际因素影响和扩张性政策效果显现，下半年或有通货膨胀的倾向和苗头出现，因此政府现有经济政策宜保持相对稳定和持续，不宜减少和刻意增加大规模的刺激政策。二是在本轮周期里由于国际经济下滑的状况还没有根本好转，仍处在经济波动曲线的底部区域，受国际经济走弱牵制，我国经济困难时期还没有完全过去，也还需要有"持久战"和过紧日子的思想准备。因此，还有必要储备些扩大国内需求和稳定国外需求的政策，再根据形势变化情况来决定能否推出和推出多少。

在特殊时期，需要强化政府维护市场正常运行的职责，提高宏观调控水平。一是根据经济形势变化态势，合理确定和及时调整宏观调控的方向、重点，采取超常规的、有力度的宏观调控手段，发挥国家规划、计划、产业政策在宏观调控中的导向作用，综合运用并实行积极的财政政策和适度宽松的货币政策。二是继续加大经济结构调整力度，认真制订并实施重点产业调整和振兴规划及配套细则。坚定不移地促进科技创新和产业升级，大力推进企业组织结构调整和兼并重组，防止产能严重过剩。三是更加积极履行政府公共服务职能，把民生欠账的压力变为建设的动力，把扩大内需与改善民生紧密结合起来，调整分配关系和国家资源，实行就业优先的国家发展战略，将公共资源配置更多地向群众直接受益的方面倾斜。四是坚定不移地走可持续发展道路，注重资源节约和环境保护，加强对绿色产业和国民经济"静脉产业"循环经济发展的政策扶持，尽快推出绿色产业和循环经济发展振兴规划，切实促进发展方式的转变。五是对出口提供更大的政策支撑以减弱外需下滑。建议通过战略性的海外投资、国家储备、对外援助和买方信贷、出口退税等措施，对外需提供更大的政策支撑，加强对海外利益的拓展和维护。

应对金融危机不仅不能减缓改革，而且要加快改革，创新体制，发挥市场配置资源手段的重要作用，特别要审时度势，择机推出一些重要的市场化改革措施，以增强经济发展的活力。一是加速推进价格改革，抓住有利时机出台有关资源性产品价格改革和环境税方案。二是加大垄断行业的改革力度，加快石油、铁路、电力、电信、银行、保险、市政公用设施等行业的开放，可考虑尽快推出几个行业的突破性改革试点，例如抓紧研究制订铁路体制改革方案，加快推进铁路投融资体制改革；扩大城市供水供热供气、污水处理、垃圾处理等特许经营范围等。三是采取更加有力的措施扶植中小企业发展，对民营企业特别是中小型民营企业以及民营创新企业加大扶植力度，在信贷、税收、出口和市场准入等方面提供政策支持。四是要抓住时机抢占未来经济发展的制高点。大力发展新能源、节能环保、循环经济等新兴产业，发展高新技术产业和现代服务业，振兴装备制造业，培育新的经济增长点。这里特别强调要加快建立促进现代服务业发展的体制机制、政策体系和规划体系，推动旅游娱乐休闲、文化创意产业、医疗保健康体、教育职业培训、社区家政服务等新兴服务产业大发展。五是调整和改善社会资金结构，引导和推动信贷资金流向实体经济，设立国家股权投资基金、国家产业投资基金和国家稳定股市基金，推动我国资本市场和国民经济健康发展。

三、抓紧推进财政税收和投融资体制改革

当前社会各方面对中央政府扩大投资拉动增长政策的期盼度很高，对大规模投资项目的实际效果也非常关注。我们在地方调研时，也有一些部门和企业负责人反映，政府扩大投资的项目很多，对保持经济增长和社会稳定有重要作用。但政府投资过多也存在问题，一是存在着"挤出"效应，民间和社会的投资机会少。二是部分新上项目结构、质量和效益都存在问题。从长期来看，这样可能不利于更好地拉动经济增长。解决好这些问题，既要有国家大规模的财政投入，还要鼓励民营企业的发展和民间社会资本的投入。最重要的是抓紧推进财税和投融资体制改革，增强经济活力。

一是进一步放开民间融资，激活民间和社会资本投资。在应急的情况下需要政府扩大投资，但从可持续发展来看，更需要放宽民间资本的准入限制，允许和鼓励民间资本进入基础设施、公用事业、金融服务和社会事业等垄断性、公益性领域，扩大社会资本投资。要改善中小企业发展和个人创业的融资环境，加大对民营企业的融资和信贷支持力度和信用担保，支持和引导民营企业进入科教文卫等非营利性领域。加快推进农村金融体制改革，强化县域和农村金融组织与金融服务创新。认真落实国务院鼓励民营经济发展的36条规定，把反垄断作为国策和国家战略来执行。

二是加大政府投入扩张社会信用规模，需要适当突破赤字和国债比例的常规约束。所谓赤字占 GDP 的 3%、国债占 GDP 的 60%

的"国际警戒线"，只是欧盟为欧元稳定对成员国政府提出的约定。而实际上，许多发达国家为避免经济陷于严重衰退，预算赤字率和国债负担率要高得多。与美、日等国相比，我国财政收支基础良好，国有资本、国有土地矿产等资源产权条件和雄厚的外汇储备，为赤字和国债的适度扩大提供了坚强的后备保障。鉴于历史的经验和教训，为保持中央调控能力，赤字和国债应当由中央政府完全掌控，不能给地方开口子。

三是规范政府间财政关系，加快推出财政转移支付法。要加快建立和完善以实现基本公共服务均等化为目标的财政转移支付体制，通过预算法和财政转移支付法确定下来。通过一般性转移支付实现地方财政能力均等化，通过专项转移支付确保全国性基本公共服务均等化。中央政府应当制定和完善全国各地区基本公共服务的各类标准，中央政府相关部门应当从负责提供公共服务的支出，转向全国基本公共服务的规划、指导和监督。建立各级政府事权与财力相匹配的财政体制，加快推进省直管县财政管理体制的改革，建立县级政府基本财力保障机制。

四是抓住时机加快资源性产品价格和税费改革，开征能源和环境税。在结构性减税的同时，打破矿产资源开采、输配和加工环节行业垄断，放开矿产资源价格。在资源性产品消费环节，要制定能源税和环境税方案，并择机开征。明确矿产资源开发环节国有产权的收益形式，修订矿产资源法。完善煤炭和天然气价格形成机制，积极推进水价和水资源费征收管理体制改革。扩大排污权交易试点范围和跨省流域生态补偿机制试点工作。推进矿产资源补偿费制度改革，建立与资源利用水平和环境治理挂钩的浮动费率机制。

五是深入推进投资体制改革，加强投资项目登记制的立法管理。

修订出台政府核准投资项目目录，最大限度地缩减核准范围、下放核准权限。抓紧研究起草政府投资条例、企业投资项目核准和备案管理条例，进一步规范和优化投资管理程序，提高效率。健全政府投资管理机制，稳步推行非经营性政府投资项目代建制，建立和完善投资项目后评价、重大项目公示和责任追究制度。科学界定政府投资领域和范围，充分发挥政府投资对社会投资的引导和带动作用，建设用地向国家重大项目和民生项目倾斜，民生项目审批权要更多地下放给地方政府。将现行的一些投资备案制、核准制改为项目登记制，实行分类管理，明确公示工作程序和提交资料及手续要求。加强对投资过程监督和事后追踪监督，对违规投资行为严肃追究法律责任。

四、强化市场监管和维护正常市场秩序

没有政府管制就没有市场经济，世界上根本不存在没有政府管制的所谓纯粹的自由市场。国际金融危机的出现，更使我们加深了对这个问题的理解和认识。在特殊时期，利益调整和利益冲突问题往往会大量反映在市场活动中。随着国际金融危机影响的加深，各类经济纠纷案件和危害人民群众生命安全的事件不断发生。去年以来，各类经济纠纷案件有所增长，一些经济领域的大案要案不断上升，社会舆论也比较强烈。在特殊时期，政府对市场管制的重要责任更加凸显出来，加强市场监管、维护市场秩序尤为重要。

一是加大食品药品安全监管力度，尽快建立全国统一的食品药品安全信用标准和信用信息征集制度，力争在较短时间内形成较为完善的食品药品安全信用体系，彻底消除在食品药品安全领域的监

管盲区。

二是进一步完善维护消费者权益的各项措施，建立健全各类经济信息收集与发布制度，尤其是在房地产、证券市场、银行保险、医疗卫生及其他民生领域，严防价格操纵、价格欺诈行为，对严重坑害公众消费权益、造成严重社会影响的企业和个人，要严格追究经济赔偿和刑事责任。

三是对大量小规模商品及生产企业在市场准入方面进行统一、规范管理，同时积极帮助他们升级换代，提高生产经营水平。对于遍布城乡的"小商贩"或"小摊贩"经济，城管部门和工商部门要从国家稳定和解决民生的大局出发，多想办法创造条件给予支持。有些地方政府花大气力争取卫生城市的荣誉，对"小商贩"或"小摊贩"经济以取缔代替管理和服务，这种偏向应当纠正。

四是加强对金融产品和金融创新的监管，当前应谨慎对待金融创新产品的出台，在借贷规模快速增加过程中要防范银行体系再度出现大额呆坏账，严厉打击信用诈骗，要及时出台相应的风险监控政策。对上市公司、证券公司、投资公司越来越复杂化的行为进行严密的市场监管和法律约束。强化对商业保险资金和社会保障基金监管，并引导其流向。加强对企业海外投资的风险控制，对跨界国际资本流动加强监管和汇总分析，建立健全金融监管协调机制和国际合作机制。

五是积极妥善处理各类经济纠纷，防止纠纷长期拖延不决造成更大矛盾，特别要正确处理因市场价格剧烈波动引发的合同纠纷，依法合理确定违约责任，平衡各方面的利益关系。严厉打击逃废债务和恶意欠薪欠保行为，同时采取灵活方式调解债权债务，帮助企业规避财务风险。

　　六是对垄断行业和垄断部门建立公开透明的行业监管制度，遏制特殊利益集团的衍生和私欲泛滥。当前，特别要对国家控股或占大股的金融企业、国有大型企业、上市公司高管人员超高的薪酬进行规范和引导，并探讨合法合情合理的薪酬和股票期权激励机制。

（原载《中国发展报告》，吉林人民出版社 2010 年版）

"十二五"时期改革开放基本思路研究

　　我国是世界上最大的发展中国家，将长期处于社会主义初级阶段，在发展中遇到的矛盾和问题，无论是宏大规模还是复杂程度都是世界上所罕见的，甚至是独有的。我们要建成惠及十几亿人口的更高水平的小康社会，要实现社会主义现代化，实现全体人民共同富裕，建设富强、民主、文明、和谐的现代化国家，还有很长的路要走，走好这很长的路归根到底要靠改革开放。从这个意义上说，继续深化改革、不断扩大开放是化解各种发展中矛盾、推进经济社会发展的强大动力和重要保证，改革开放贯穿于中国现代化建设全过程。"十二五"时期，我国正处在经济社会发展模式和实现形式的重大转变时期，在已有改革开放成就的基础上，加强改革开放的总体指导和统筹协调，必须以更大的决心加快推进改革开放，使关系我国经济社会发展全局的重大体制改革和对外开放两大战略性任务取得突破性进展。

一、"十二五"改革开放新趋势和新特点

（一）我国已开始步入发展型社会的新阶段

从总体上说，我国长期的社会主义初级阶段，可以分为生存型和发展型两个既有联系又有区别的不同阶段。根据改革开放三十多年来我国宏观结构发生的变化，可以判断，我国已开始由生存型社会步入发展型社会的新阶段。发展型社会具有一些新的特点：

1. 努力实现人的全面发展。由生存型社会进入发展型社会，改革发展目标是有所不同的。改革开放之初，主要是解决人民日益增长的物质文化需求同落后的社会生产之间的矛盾。进入发展型社会，关注民生需求和实现人的全面发展上升为经济社会发展的首要任务。为此，要树立以人为本的改革观。以人为本对改革发展提出了基本要求，如人的发展需要比较充分的就业，需要有稳定的社会保障体系，更加重视社会公平和谐，需要更加注重资源节约和环境保护，更加致力于生态文明建设等。人的全面发展，不仅涉及人对自身发展的基本要求，而且还涉及人参与政治、经济和社会、文化等领域活动的基本要求。适应人的全面发展的总趋势，就需要推进全面的改革开放。这也就是说改革开放要贯穿中国整个发展过程的缘由。

2. 推动发展模式的转变。过去三十多年，改革的目标主要有两条，一是想尽办法增加经济总量，把蛋糕做大。二是大力推动市场化建设，改变资源配置的计划体制。由此也带来了两个大的问题，一是蛋糕虽然大了，蛋糕品质和质量上存在不少缺欠。二是蛋糕分配上满足程度深浅不一，需要统筹的问题很多。当前，从整体情况看，以扩大经济总量为目标的发展模式已难以适应社会阶段变化的需求。要继续调动中央与地方两个方面的积极性，深化改革，加快

经济结构调整，促进经济发展模式和实现形式的转变。从经济形势看，如果不解决经济发展模式和实现形式问题，要从根本上找到宏观经济稳定的体制、机制是很困难的，甚至可以说是办不到的。从社会发展形势来看，如果基本公共服务均等化裹足不前，社会问题解决不力，社会稳定也难保证。

3. 加快推进存量改革。从我们改革顺序与特点来说，过去三十多年的改革主要是增量改革。农村改革、非国有经济的成长、国有企业吸纳非国有成分形成的混合所有制，资本市场中"流通股"的形成等，都是增量改革。今后，还是要继续推动和加强增量改革。但很显然，增量改革的空间越来越小，而存量改革的空间巨大。现在看，存量资产规模巨大，提高存量资产配置效率，对提高全要素生产率的改革将起到重要作用。这涉及资源市场、金融、财税、国有企业、垄断行业、行政管理等领域的改革，也就是我们常讲的加快重要领域的改革步伐。

（二）"十二五"改革开放的战略定位

1."十二五"期间，我国发展模式正处在重要调整和完善的重要转型时期，继续深化体制改革是实现科学发展，推进经济社会进步和化解各种发展矛盾的强大动力。改革开放以来，我国经济在保持高速发展的同时，也存在着一些突出问题和深层次矛盾。经济增长速度与质量、效益不协调，长期形成的结构性矛盾和增长方式粗放问题仍然突出。一些行业产能严重过剩，部分企业经营困难，就业形势十分严峻。消费需求不足，第三产业发展滞后，自主创新能力不强。能源资源消耗多，环境污染严重，经济增长的资源环境代价过大。城乡、区域发展差距仍在扩大，社会领域发展相对滞后，一些涉及人民群众切身利益的问题没有根本缓解。特别是影响经济发展的体制机制障碍还相当突出，改革攻坚任务繁重。解决这些体制问题，唯有深化改革。当前，改革正处于攻坚阶段，艰巨性、复杂性、系统性大大增强。在未来的"十二五"期间中，我国要建立比较完善的社会主义市场经济体制，必须以更大的决心、花更大的气力推进改革。

2. "十二五"期间，我国发展模式正处在调整和完善的重要转型时期，提高对外开放水平是提高防范国际经济风险的能力，也是实现国民经济持续健康协调发展的重要途径。随着对外开放不断扩大，我国对外贸易迅速发展和吸收外资不断增加，直接推动政府调节经济方式、政企关系、企业治理结构、外贸和外汇管理体制的变革，促进商品市场和各类生产要素市场的形成和发展，为"引进来"和"走出去"创造越来越好的外部环境，从而使我国对外开放不断提升到更高的水平。随着经济全球化深入发展，我国经济与世界经济联系越来越密切。当前国际经济环境变化不确定因素和潜在风险增加，全球经济失衡加剧，发展速度放缓，国际竞争更加激烈；国际金融危机影响加深，美元持续贬值，国际金融市场风险增大；贸易保护主义加剧，贸易摩擦增多。国际上一些政治因素、气候因素对世界经济走势的影响也不容忽视。这些都可能对我国经济发展带来不利影响。我国正处在发展的关键时期，必须充分做好应对国际环境变化的各种准备，提高防范风险的能力，这是实现国民经济持续健康协调发展的重要途径。

3. "十二五"期间，我国发展模式正处在调整和完善的重要转型时期，继续推进改革开放是牢牢把握战略机遇期，加快和谐社会建设和实现全面小康社会建设目标的重要保证。党的十七大提出了全面推进中国特色社会主义事业总体布局，我国改革开放和现代化建设进入一个新的阶段，体制改革面临着新的形势和任务。"当今世界正在发生广泛而深刻的变化，当代中国正在发生广泛而深刻的变革。机遇前所未有，挑战也前所未有，机遇大于挑战。"面对复杂多变的经济形势，更需要我们树立世界眼光，加强战略思维，认清大势，科学决策，积极应对，牢牢把握发展的主动权。国际金融危机并未改变我国经济发展的基本态势，我国发展的重要战略机遇期仍然存在，不会发生根本性的逆转。要深刻认识危机中有机遇，"十二五"期间挑战前所未有，机遇也前所未有。到"十二五"期末（2015年），距离实现"全面建设小康社会"目标的年份仅有5年。因此，"十二五"时期是实现该战略的关键5年，也是实现全面小康社会建设目标的重要保证。现在看，"十二五"时期，全面小康社会建设目标有部分可以提前实现。"十二五"时期，着力推进体制改革和对外开放两大战略性任务，直接关系到"十二五"时期我国经济社会的发展，关系到全面建设小康社会的成败。

（三）"十二五"改革开放的新特点

"十二五"期间是我国实现全面小康社会发展目标的重要历史时期，这一时期的改革开放除了坚持原有的正确道路外，还要求具有科学发展、两个大局观、危中寻机、安全稳健等新特点。

1. "十二五"期间的改革开放要更注重经济社会发展模式的转变，能够体现科学发展的涵义。如果说，前30年我国的改革开放和建设、发展，是处于科学发展的全面探索与巨大成功的时期，那么30年后我国的改革开放和建设、发展，将迈入科学发展更加成熟的时期。科学发展作为正在展开的社会主义的基本实践形态，将把我国今后的改革开放同前 30 年改革开放的历史基础连接起来。这前后两个时期，其科学发展的含量和程度将会有所不同。在后一个时期，科学发展将成为衡量改革开放和建设、发展最重要的度量标准；前一时期难于避免或无法避免的问题，以及必然要遗留下来的问题，将在科学发展的过程中得到有效防止和妥善解决。因此，实现经济社会发展模式的转变，能够体现科学发展必将成为新一轮改革开放更加显著的特点。

2. "十二五"期间的改革开放更注重树立世界眼光和加强战略思维，善于统筹国内国际两个大局。"十二五"期间，我们必须善于从国际形势发展变化中把握发展机遇。要按照十七大的要求统筹国内国际两个大局，树立世界眼光，加强战略思维，善于从国际形势发展变化中把握发展机遇、应对风险挑战，营造良好国际环境，为发展创造良好的条件。要调整三驾马车的结构，推动外贸出口和进口协调发展，推动利用外资和对外投资协调发展。要逐步加强我国在国际社会各种相关事物活动中的参与度和话语权，更好地发挥我国在国际社会和平发展中的重要影响作用，承担与自身发展相匹配的国际责任，推动有利于我国发展的国际经济新秩序的逐渐形成。

3. "十二五"期间的改革开放更善于在体制和机制上不断创新，着力在重要领域和关键环节改革取得突破。"十二五"期间仍可能受当前国际金融危机余波的影响，要保持我国经济社会平稳较快发展，关键还在于改革开放。要在体制和机制上不断创新，着力推进重要领域和关键环节改革，通过深化改革开放增强竞争能力、拓展市场空间，在应对国际金融危机、促进全面协调可持续发展中立于不败之地，在新一轮发展中走在前面。也就是说要超前谋划、主动应对、抢占先机，见事早、行动快、措施实，在改革开放中实现危中寻机。

4."十二五"期间的改革开放更注重国家经济安全问题,通过进一步改革开放来更好地维护国家经济安全。"十二五"期间,我们必须更加正视国家经济安全问题。经济不发展,安全固然得不到保证,但在今天高度开放条件下,绝不能回避经济安全受到严峻挑战的事实。要吸取此次国际金融危机的教训,时刻关注、思考和处理好国家经济安全问题。要将国家经济安全放在深化改革、扩大开放这一大背景下,更加注重产业安全、金融安全和国家投资安全。预防改革开放中的经济风险,通过进一步改革开放来更好地维护国家经济安全。

二、"十二五"改革开放基本思路与主要内容

"十二五"改革开放的基本思路是:以邓小平理论和"三个代表"重要思想为指导,用科学发展观统领发展全局,着眼于发展模式转换,下大气力调整产业结构,推动经济结构战略性调整;大力加强自主创新,建设创新型国家;以扩大内需为基本立足点,把扩大开放与国内结构调整结合起来;发展绿色经济、循环经济和低碳经济,加强可持续发展能力建设;切实改进民生,不断提高人民生活水平和质量。

"十二五"改革开放的主要内容:以中等速度安排经济发展,为转变发展模式创造条件;进一步促进区域协调发展,强化主体功能区建设;深化垄断行业改革,拓宽民间投资的领域和渠道;深化劳动分配改革,不断完善社会保障制度;加快推进财税体制改革,建立和完善公共财税体制;建立统筹城乡发展的体制机制,继续推进农村改革;深化社会事业领域改革,推进社会管理体制创新;推进

人民币区域化、国际化发展，灵活运用外汇储备；实施国家全球战略，在国际经济体系重构中有所作为；深入研究借鉴国际经验，维护国家经济安全。

（一）以中等速度安排经济发展，为转变发展模式创造条件

无论是从国际经验还是我国的实际情况来看，经济增长主要靠外部需求和投资需求而不依靠内部最终消费需求，是不能长期持续的；以透支资源、能源、环境为代价来发展经济，也是不能长期持续的。因此，转变发展模式和实现方式，调整经济结构是保持我国经济持续稳定发展的唯一出路。只有在合理的增速条件下，才能给调整经济结构和转变发展模式以必要的空间余地。以往的高速度积累了许多经济和社会问题，需要我们痛下决心加以改变。我们建议：

1. "十二五"增长率不宜过高，而要以中速 7% 至 8% 左右为宜。增长率确定在 7% 至 8%，这在中国是一个"中速"，但在世界都是一个"高速"。为了不影响经济结构的调整和发展模式的转变，我们不宜再以两位数以上的速度为正常现象和实际追求目标。从现在到"十二五"完成，如果能够以中速为准来安排经济发展，调整经济结构和转变发展方式就可以从容一些，这样就可以得到从长期来看平稳较快的发展，而不是大起大落。

2. 加快转变发展模式，硬道理需要硬措施和硬手段加以配合。加快转变发展模式的方向和根本途径主要是：促进经济增长由主要依靠投资、出口拉动向依靠消费、投资、出口协调拉动转变；促进经济增长由主要依靠第二产业带动向依靠第一、第二、第三产业协同带动转变；促进经济增长由主要依靠增加物质资源消耗向主要依

靠科技进步、劳动者素质提高、管理创新转变。现在来看，要彻底转变发展模式，一方面，还需要加快产业结构调整，淘汰落后产能，发展新技术，形成新产业，壮大新经济，占领国际竞争的战略制高点；另一方面，还需要对公认的硬道理，采取硬措施和硬手段加以配合。

3. 为实现发展模式的转变，必须在需求和供给方面创造一些条件。我国的人均土地资源、水资源和矿产资源都比较匮乏，而且有些重要资源还无法通过贸易获得，只有高效率地节约使用这些资源，我国经济持续增长才会有保障。我国目前的资源消耗模式形成的重要原因是重要资源和能源的价格偏低，导致了资源的粗放和低效率使用。因此，缓解经济增长的资源制约，特别是转变经济增长方式，首先应该考虑提高资源税和资源补偿标准，发展循环经济、绿色经济和低碳经济，从经济上制约不合理产能的形成，降低地方政府对增长率过高的追求，把公司型政府真正变成服务型政府。

（二）进一步促进区域协调发展，强化主体功能区建设

"十二五"时期，区域协调发展应充分体现这样的内涵：要充分体现科学发展观的要求，有利于增强国家综合实力；要以建立和谐社会为目标，在允许地区发展差距的存在并将差距控制在社会可接受的范围之内的同时，逐步缩小不同地区居民所享受的福利水平的差距；要以发挥地区比较优势为基础，形成合理的国际产业分工格局。为此，应坚持这样几个方向：

1. 突出区域重点的开发。继续推进西部大开发，包括促进重点地带、重点城市开发，促进特色优势产业发展，促进地区协调互动；加快东北老工业基地振兴规划的实施，重点加强国家重要的商

品粮和农牧业生产基地建设，加快推进资源型城市转型；中部地区增强中心城市辐射功能，以新型工业化为突破口，加快改革开放和发展步伐；鼓励东部地区率先发展，培育一批新的经济增长点，形成参与国际合作竞争新优势，在转变经济发展模式方面为全国探索改革经验。

2. 推动基本公共服务均等化。基本公共服务均等化意味着不同区域的公民都能够分享改革发展的成果，在基础设施、义务教育、医疗卫生、社会保障等方面享受到质量和数量都大体相当的基本公共服务，从而保障落后地区居民最基本的生存权和发展权，全面提高当地人口素质，增强落后地区长期的自我发展能力。关注民生和实现人的全面发展，需要实现基本公共服务均等化，这是一项重大的、基本的制度建设，我们过去欠账甚多，必须下大气力，迎头赶上。

3. 区域发展与主体功能区相配套。"十一五"规划提出的主体功能区建设，在"十二五"时期属于政策的落实和完善阶段，优化开发区域要成为带动全国经济社会发展的龙头和我国参与经济全球化的主体区域；重点开发区域要承接优化开发区域的产业转移，承接限制开发区域和禁止开发区域的人口转移；限制开发区域要因地制宜发展资源环境可承载的特色产业，引导超载人口逐步有序转移；禁止开发区域则要依据法律法规和相关的规划实行强制性保护，严禁不符合主体功能定位的开发活动。要建立和完善与区域发展和主体功能区相配套的管理体制和评价机制，促进区域发展与主体功能区建设的协调配套。

（三）深化垄断行业改革，拓宽民间投资领域和渠道

加快推进垄断行业改革，是完善社会主义市场经济体制的重要

内容之一。党的十七大报告指出，"深化垄断行业改革，引入竞争机制，加强政府监管和社会监督"。从我国的实际情况来看，深化垄断行业改革已经提了多年，但进展速度较慢，成绩不明显。因此，深化垄断行业改革，拓宽民间投资领域和渠道，应当成为"十二五"时期我国重点推进的改革任务之一。

1. 垄断行业的改革必须坚持市场化改革方向。坚持政企分开的原则、正确认识和处理垄断与竞争之间的关系。垄断行业中某些领域的自然垄断属于行业的客观技术经济特征，存在规模经济和范围经济，允许其存在具有一定的经济合理性。这些垄断行为，应当由政府进行管制而限制在非常小的范围内。此外，更多地破除垄断具有双重含义：一是通过实行政企分开等改革彻底消除行政垄断；二是从构建符合国情和行业特点的市场模式出发，对传统一体化垄断企业进行分拆重组，并通过加强监管等手段有效抑制自然垄断破坏力，尽可能地发挥市场竞争机制作用。

2. 垄断行业市场化改革不意味着政府职能的弱化或退出。垄断行业市场化改革打破了一体化的管理体制和经营机制，利益主体趋于多元化，传统行政干预和内部命令协调机制也难以适用，更需要加强政府在规划、监管、社会普遍服务等方面职责履行。值得强调的是，政企分开是在市场经济条件下政府正确发挥作用的基本前提，目的是正确处理政府与市场的关系，摆正政府行业管理部门的位置，转变政府职能和管理方式，而不是政府职能的弱化或退出。要强化政府对垄断行业和金融业的监管，提高监管水平。

3. 进一步激发民间投资的积极性和内在活力。放宽民间资本的准入限制，允许和鼓励民间资本进入基础设施、公用事业、金融服务和社会事业等垄断性、公益性领域，扩大社会资本投资。要改善中小企业发展和个人创业的融资环境，加大对民营企业的融资和信贷支持力度和信用担保，支持和引导民营企业进入科教文卫等非营利性领域。加快推进农村金融体制改革，强化县域和农村金融组织与金融服务创新。认真落实国务院鼓励民营经济发展的 36 条规定，把反垄断作为国策和国家战略来执行。

（四）深化劳动分配改革，不断完善社会保障制度

合理的收入分配制度是社会公平的重要体现。当前，我国收入分配中的许多问题是同转型期的复杂性联系在一起的，许多不正常收入乃至非法收入都同转型期的种种无序状态有关，如利用行业垄断的设租活动所获取的暴利，利用内部人控制对产权不清晰的国有资产所进行的侵蚀。邓小平晚年与其弟邓垦关于富裕起来以后要注重财富怎样分配的谈话（1993 年 9 月），具有很高的理论价值，需要我们高度重视。近几年，中央反复强调，要着力提高低收入者收入的水平，扩大中等收入者比重，有效调节过高收入，取缔非法收入，努力缓解地区之间和部分社会成员收入分配差距扩大的趋势。从目前的发展趋势上看，国内收入差距短时间内不会有根本的改善。从长期看，构建机会均等、权利平等的社会经济环境是改革的主要目标，"十二五"期间，应重点解决增加低收入阶层的收入，规范权力，将"权力要素"逐出分配领域。

1. 实施就业优先的国家发展战略。要围绕就业问题考虑经济和社会发展，要围绕就业问题引导政府和社会投资方向，把促进就业作为各级政府推动经济社会发展的首要工作目标。把城乡失业率或城乡就业率纳入国家宏观调控指标，列入地方政府政绩考核指标体系，成为民生建设的首要发展目标。制定劳动就业优先发展行动

纲要，推动国家统筹城乡公共就业服务体系制度化。实施新的促进服务业大发展的"市场化社会投资行动"，加快放松服务业的政府管制，扶助"社区服务网点"和"小摊贩"经济。实施新的促进中小企业大发展的"城镇化行动"，在省直管县体制改革中加快设市来发展劳动密集型产业，增加就业资源。

2. 大力推进社会保障制度改革。建立比较完善的社会保障体系，是现代国家治理架构中的基本要素，是经济发展到一定水平后政府应该提供的公共产品。目前，我国的社会保障制度还存在许多问题，比如保障水平较低，覆盖面还很有限，制度之间没有衔接等。"十二五"期间应重点扩大社会保障覆盖范围，重点是将非公有制经济从业人员、农民工、失地农民、灵活就业人员和自由职业者纳入保障范围。此外，还要加强社会保障制度的统筹协调，加快形成全国能够配套和对接的相关政策体系。在这个方面，需要下更大的决心，有更长远的制度建设。

3. 限制垄断行业过高收入。从国外经验来看，要想从根本上解决垄断行业收入过高的问题，就是要打破垄断，引入竞争机制。从我国具体情况来看，大多垄断行业资本规模巨大，市场进入困难，很难完全通过市场配置资源，形成合理价格，因此在相当长的时期内还会存在政府的干预和采取国有经济为主导的生产供应方式。在这样的情况下，要想解决垄断行业收入与贡献的匹配问题，一方面需要规范、限制垄断行业过高收入，另一方面就是建立国资收益权制度，把国资收益纳入预算管理。

4. 发挥税收调节作用。"十二五"期间，要提高居民收入在国民收入分配中的比重和劳动报酬在初次分配中的比重，提高扶贫标准和最低工资标准，建立企业职工工资正常增长机制和支付保障机制。要发挥税收在调节收入分配过程中的重要作用，完善税收制度，优化税率结构，建立综合与分类相结合的个人所得税制度，完善个人收入监测办法，强化个人所得税征管，推进个人信用体系建设，逐步实现对个人收入的全员全额管理和对高收入者的重点管理。完善消费税和财产税，加强消费和财产环节对收入分配的调控。加强税源监控和税收征管，提高收入调控的有效性和可操作性。

（五）加快推进财税体制改革，建立和完善公共财税体制

到"十一五"结束时，由于历时两年多应对危机保增长政策措施的合力作用，国家的宏观经济环境将有很大的改善。但由于国家大量的经济投入，经济结构调整面临的形势越发严峻，国有经济的挤出效应开始显现。这些都对"十二五"财税改革提出明确的要求。"十二五"时期的政策应更加注重推进经济结构调整，更加注重加快自主创新，更加注重加强节能环保，更加注重城乡统筹和区域协调发展，更加注重深化改革开放，更加注重保障和改善民生。

1. 深化预算制度改革。研究建立由公共财政预算、国有资本经营预算、政府性基金预算和社会保障预算组成，有机衔接的国家财政预算体系。将部门预算改革延伸到基层预算单位。建立部门预算责任制度，强化部门预算编制和执行主体的责任。另外，"十二五"时期，正是省直管县财政体制大力推进时期，现有的《预算法》和《预算法实施条例》已与这些改革发生冲突，"十二五"期间应加快"预算法"的修订工作。

2. 健全国库管理制度。将所有预算单位实有资金账户，逐步纳入国库单一账户体系管理。深化国库集中收付和政府采购管理制度改革。完善中央国库现金管理运作机制，积极推进地方国库现金管理。

3. 建立县级基本财力保障机制。规范财政转移支付制度，完善转移支付分配办法，科学合理设置转移支付因素和权重。进一步规范省以下政府间分配关系，适当统一省以下主要事权和支出责任划分，强化省级政府对义务教育、医疗卫生、社会保障等基本公共服务的支出责任。完善辖区内财力差异控制机制，均衡省以下财力分配。加快和完善省直管县财政体制改革，逐步建立县级基本财力保障机制，提高基层政府提供公共服务的能力。

4. 完善税收制度。推进增值税改革，及时研究解决增值税转型过程中出现的新问题，完善相关政策措施。适当扩大资源税的征收范围，实行从价和从量相结合的计征方式，改变部分应税品目的计税依据。完善消费税制度，将部分严重污染环境、大量消耗资源的产品纳入征收范围。统一内外资企业和个人的房产税、城建税、教育费附加等制度。研究或出台环境税及相关税种的改革方案。

（六）建立统筹城乡发展的体制机制，继续推进农村改革

三十多年来，改革一直是农村发展的不竭动力。党的十七届三中全会对农村改革发展成就和经验作了全面总结，对新形势下继续推进农村改革作了全面部署，"十二五"规划要按这一总体部署作出安排：

1. 强化对农民土地承包经营权的物权保护，规范土地承包经营权流转。稳定土地承包关系，必须坚决禁止和纠正随意解除土地承包合同、违法收回农民承包土地的行为。"十二五"时期要努力做好农村土地承包经营权确权登记工作，向农民分发具有明确法律效力的承包地权属证书，建立完善的土地承包经营权统一登记体系。《物

权法》明确农民的土地使用权利是一种排他性的用益物权，而不是简单的合同权利。承认农民拥有物权性质的土地承包权，有利于减少现行土地产权关系中内含的不稳定性，有利于加强国家对农民的产权保护，有利于使农民形成长期稳定的预期。因此，《物权法》为农民土地承包经营权提供了更好的保护。但《土地管理法》等法律中关于农民土地权利的设计，目前还没有与《物权法》衔接一致。"十二五"时期应抓紧修订、完善相关法律法规和政策。农村改革以来，国家一直实行允许农村土地承包经营权合理流转的政策，各种形式的土地流转有了一定发展。各地的实践表明，土地承包经营权越稳定，产权关系越清晰，交易成本就越低，就越有利于流转。中央提出赋予农民更加充分而有保障的土地承包经营权，无疑会促进土地承包经营权流转市场的发育，使土地流转更加健康。土地流转的进程取决于基本国情和发展阶段。在我国人多地少的特殊国情下，必须充分认识土地承包经营权流转的长期性，必须充分尊重农民的意愿和主体地位，不能把土地流转多少、流转快慢当作衡量农村工作成绩的标准。"十二五"时期，政府应加强对土地承包经营权流转的管理和服务，发展流转中介服务组织，为流转双方提供信息沟通、法规咨询、价格评估、合同签订、纠纷调处等服务，让土地流转公开公平地进行。

2. 放松对农村金融的管制，加快建立普惠型农村金融体系。"十二五"期间农村金融改革的主要领域有：进一步加大政府对农村金融的支持力度，应当专门立法明确县域内商业银行等金融机构为"三农"服务的义务。从法律上确保从农村地区吸收的储蓄应较大比例向农村地区发放贷款，增加农村资金供给。还要发挥财政在金融支农中的作用。建立国家对政策性金融的财政补偿机制，对开展政策性业务的金融机构提供贴息，降低经营成本和经营风险，引导社会资金流向农业和农村。也要进一步开放农村金融市场，完善农村金融体系。发展多种所有制金融机构，引导更多的民间金融进入农村金融市场，通过有效竞争，完善农村金融服务。

3. 着力破除城乡二元结构，建立统筹城乡发展的体制机制。"十二五"时期农村改革要按照城乡经济社会统筹发展的大思路，建立和健全农村公共财政体系，切实保证农业的基础地位，重组农业资源，加强农业基础建设，提高农业市场竞争力。主要应加强以下工作：要着眼于改变农村落后面貌，加快破除城乡二元体制，努力形成城乡发展规划、产业布局、基础设施、公共服务、劳动就业和社会管理一体化新格局。在推进城乡一体化社会管理制度改革进程中，要使农民在社会管理和公共服务中享有公平的待遇，包括户籍管理制度、教育卫生文化服务制度等等。健全城乡统一的生产要素市场，引导资金、技术、人才等资源向农业和农村流动，逐步实现城乡基础设施共建共享、产业发展互动互促。切实按照城乡一体化发展的要求，完善各级行政管理机构和职能设置，大力推进省直管县改革，逐步实现城乡社会统筹管理均等化。

（七）深化社会事业领域改革，推进社会管理体制创新

1. 深化科技体制改革，营造有利于自主创新的良好环境。"十二五"期间，应继续深入实施好《规划纲要》，要按照"自主创新、重点跨越、支撑发展、引领未来"的指导方针，把《规划纲要》深入实施作为主线。从建设创新型国家的战略全局出发，结合"十一五"时期国际金融危机对我国经济发展造成的冲击，有针对性地加强对制约我国未来发展基本因素，在科技发展上结合《规划纲要》提出中短期方案，促进重要战略产业的整体技术水平跃升，加速我国产业升级和结构调整。"十二五"期间科技体制改革的重点是向以企业为主体的技术创新体系倾斜，推动创新资源向企业集聚。通过多种形式，支持企业更多地承担国家及地方重大科技项目。特别应加强的是，加大对科技型中小企业技术创新的财政支持力度，在市场准入、反不正当竞争、风险投资等方面抓紧完善扶持科技型中小企业发展的体系，加快为中小企业创新创业提供服务的科技中介服务机构建设，扶持和壮大一批具有创新能力和自主知识产权的中小企业。

2. 完善教育事业科学发展的体制机制，巩固教育优先的地位。新的阶段我国教育的基本矛盾，仍然是现代化建设和人民群众对良好教育的强烈需求与良好教育资源供给不足的矛盾。按照构建中国特色社会主义教育体系、全民族受教育程度和创新人才培养水平明显提高、建设人力资源强国的目标，继续巩固教育优先的地位，"十二五"期间深入推进教育体制改革和制度创新应在以下两方面有所突破：第一，要完善教育优先发展的体制机制，进一步明确各级政府的教育职责，建立和完善经济社会发展规划优先安排教育发展、财政资金优先保障教育投入、公共资源优先满足教育与人力资源开发需要的体制机制，鼓励和规范社会力量兴办教育。第二，优化教育结构。主要是高中阶段普通教育和职业教育的结构问题，职业教育和高等教育的专业、课程设置问题，即事业教育和高等教育的人才培养结构问题。加快解决好这两大问题，对于增强教育为社会主义现代化建设服务的能力具有战略意义。

3. 加快公共医疗卫生事业改革，坚持改革的公益方向。三十多年来的改革开放，我国医药卫生事业取得了显著成就，城镇职工基本医疗保险制度、城镇居民基本医疗保险制度、新型农村合作医疗制度覆盖范围不断扩大，人民群众健康水平明显改善。但是也要看到，我国医药卫生事业发展仍然滞后，与人民群众的需求、与经济社会协调发展的要求不相适应。医疗卫生资源配置不合理，城乡和区域发展不平衡，医疗卫生保障制度不健全，基本医疗卫生保障水平低，公共医疗管理体制和运行机制不合理等问题比较突出，公共医疗卫生事业没有很好地体现公共性、公平性和公益性。"十二五"期间应重点做好以下工作：第一，推进基本医疗保障制度建设。与"十一五"衔接扩大医疗保障的覆盖面，提高保障标准。建立异地就医结算机制，制定基本医疗保险关系转移接续办法，逐步提高基本医疗保障基金统筹层次。第二，进一步落实基本公共卫生服务均等化。国家统一制定基本公共卫生服务项目和标准，公平地为城乡居民免费提供基本公共服务。鼓励地方根据当地经济水平和突出公共卫生问题增加项目、提高标准。第三，大力推进国有医院改革。"十二五"期间重点改革公立医院管理体制、运行机制和监管机制。推进政事公开、官办分开、医药分开、营利非营利分开的有效形式。

4. 深化文化体制改革，激发全社会的文化创造活力。经过三十多年的改革开放，文化领域体制虽然取得积极成效，但一些方面受传统体制的影响还比较大，改革进程与其他相关行业相比还有一定差距。"十二五"要突出抓好以下工作：第一，要正确处理政府办文化事业与运用市场机制发展文化的关系，坚持政府在发展公益性文化事业中的主导作用，进一步发挥市场在文化资源配置中的基础性作用，基本建立健全统一开放、竞争有序的文化市场体系。第二，在重视发展公益性文化的同时，更加重视文化产业的发展。坚持以体制改革和科技进步为动力，提升文化创新能力；坚持以结构调整为主线，加快建立重大工程项目，扩大产业规模，增强文化产业整体实力和竞争力。第三，为激发全社会的文化创新活力，要进一步降低准入门槛，积极吸收社会资本和外资进入一些文化产业领域，参与国有文化企业股份制改造，形成多种所有制共同发展的文化格局。

5. 推进社会管理体制改革，推动和谐社会建设。要适应市场化、工业化、城市化、信息化和国际化发展的实际，突出解决长期存在的城乡二元的严重社会问题，切实破解严重影响城乡统筹的体制性因素，实行资源配置的调整和改革，公共财政要适当向基层和农村倾斜，努力形成城乡发展规划、产业布局、基础设施、公共服务、劳动就业和社会管理一体化新格局。推进社会管理体制创新，调整和改进公共资源的分布，加快事业单位的分类改革，改变长期以来社会事业基本作为公益性福利事业管理和运行的格局。在进一步明确政府承担公益性社会事业责任的同时，努力推进营利性社会事业市场化、产业化和社会化，加快社会事业单位内部运行机制改革。

（八）推进人民币区域化、国际化发展，灵活运用外汇储备

我国深化对外开放的产业支撑、要素支撑已经基本具备，但金融支撑还比较欠缺。我国的贸易伙伴已达到二百多个，投资目的地达到二百三十多个，而中资金融机构的海外网点却很少，对外开放对金融服务网络全球化程度的要求越来越高。我国的市场开放度已经非常高，企业跨国经营需要全球调度资金，对我国金融外汇管理体制开放程度的要求越来越高。为了管理风险，争取更多的投资收益，对金融工具多样性的需求也越来越多。"十二五"期间应努力做好：

1. 我国"十二五"期间应积极推进人民币的区域化、国际化。人民币区域化要从周边国家开始，以贸易和投资结算起步，"十一五"开始以后我国已与 6 个国家签署了 6500 亿元本币互换协议，"十一五"期间已在云南开展边境贸易人民币结算退税试点，"十二五"期间跨境人民币结算应全面启动，在全国所有边境省份推广。"十二五"期间我们还应探索和迅速推进其他新的人民币区域化方式，以人民币对外投资，以人民币对外贷款（不仅限于援外优惠贷款），主要是向进口商提供人民币贷款和向海外工程的业主进行人民币融资。进一步拓宽海外人民币的资金运用渠道，允许对我顺差国以人民币偿还债务。在人民币区域化的基础上，进而推动人民币的国际化。人民币国际化是贸易投资便利化的重要内容，也是深化对外开放的重要保障。"十二五"期间是提升人民币影响力，推进人民币国际化的有利时机。

2. 要着眼于国际竞争的长期需要，灵活运用外汇储备。当前全球流动性紧缩，其他国家有着对流动性的强烈需求，国际间贸易融资困难日益突出，有利于解决我国贸易伙伴的资金短缺问题，从而扩大我国出口。在"十二五"期间我国的外汇储备不仅要购买美国国债等金融产品，获取财务利益，还要进行必要的黄金储备、贵金融储备以及石油等能源资源的战略储备，同时，也要考虑逐步增加对海外资源性实业或企业的股权投资，获取长期战略价值。海外投资要着眼于国际竞争的长期需要，要着眼于国家利益的长期维护，稳步推进，初期不求主导，不惧失败，也不应畏惧短期的财务损失。

（九）实施国家全球战略，在国际经济体系重构中有所作为

在对外开放中把握国际竞争的主导权，在国际经济体系重构

中把握先机。国际金融危机的冲击，国际经贸规则体系和国际货币体系必定面临一系列的改革，中国应在国际经贸规则体系 WTO 和 FTA 标准的制订及全球宏观经济政策的制定上积极发挥作用，在国际货币体系方面，如世界银行，中国应积极主动发挥更重要的作用，努力在世界银行增加股权，在国际清算体系的建立上，我国应争取有更大的发言权，人民币在一定时候在一定范围内应积极成为主权货币。从对外开放的方式讲，"十二五"期间应把"引进来"和"走出去"更好地结合起来。

1. 要继续积极有效利用外资。加强对外资的产业和区域投向引导，提高利用外资的质量，包括继续限制"两高一资"产品的生产和出口，但是，在限制政策时不宜采取简单化的做法，应对欠发达的中西部地区给予差别待遇，如在税收、用地等方面予以政策倾斜，这既符合我国区域协调发展、产业结构调整和梯队转移的要求，也为内外资企业留下一些到中西部发展的空间。同时，要创新利用外资方式，包括境外上市，发行境外债券、转让基础设施经营管理权、鼓励国际风险投资公司投资中国等多种利用外资方式。

2. 推动中国企业"走出去"到境外投资。包括建立境外经济合作区和开展经营，帮助它们熟悉国际经济贸易和投资环境，按照国际惯例办事，培育中国的跨国公司和世界品牌。在国际产业分工体系中，我国在"十二五"期间应在新能源、新材料、生物医药等新兴产业领域占领制高点，提升传统产业价值链的国际分工地位。

3. 发挥不同区域在对外开放中的比较优势。要形成东部地区为依托科技等高端要素优势，提升对外开放层次，成为全球高端制造业中心，物流、贸易、金融和信息中心。中部地区为利用土地和劳动力要素优势，内引外联，形成制造业加工中心。沿边地区为利用区位优势，加快沿边开放战略。

（十）深入研究借鉴国际经验，维护国家经济安全

一国的国家经济安全程度，取决于该国的经济发展和综合实力。各国对外开放实践表明，经济上紧密的相互依存有利于国家经济安全。例如美国经济在一定程度上为外资所控制，美国既是对外直接投资大国，更是吸纳直接投资大国。据统计，长期以来全球80%的国际直接投资是在发达国家之间进行的，正是发达国家之间这种双向投资及由此形成的双向控制，制造了发达国家经济迅速发展的良好环境。我们认为，"十二五"期间应重点抓好以下工作：

1. 树立"积极参与国际分工，通过参与国际分工逐步获得控制力"的经济安全观。20世纪90年代以来，随着对国有经济认识上的深化和对非公有制经济认识上的升华，国内企业与跨国公司合作日益广泛，通过给跨国公司打工，可以融入全球经济体系，取得入围资格。打工能够为逐步获得竞争力奠定基础，而且，在某一产业内如果为跨国公司配套的企业越来越多，达到一定规模，这些配套企业将反过来影响跨国公司的发展，形成一定程度的控制力。

2. 树立"走出去与引进来并重"的经济安全观。实践表明，一国外经贸在全球经济中的份额越大，其对全球经济的影响也就越大；相反，它受外部冲击的程度相对减少。因此，只有加大外经贸在全球经济中的份额，我国才能对全球经济具有一定的影响力，减缓全球经济冲击，我国才能对全球经济具有一定的发言权，参与游戏规则的制订。"十二五"期间要特别突出"走出去"，只有真正"走出去"，形成国内、国外两个战场，互相配合，互相促进，我国的经济发展才能够更安全。在继续扩大开放即"引进来"的同时，

加速扩大外扩型开放即"走出去"的比重，使内吸型开放和外扩型开放之间在数量上保持一个适度的比例关系。

3. 树立"按照国际惯例运作和维护国家利益相协调"的经济安全观。经济全球化使中国经济全面融入世界经济体系之中，按照国际惯例运行成为保障国家经济安全的制度基础。越是较早适应国际惯例，越是较早处于主动地位。制度对接，是导致我国经济发展中不安全问题的根源所在，也是从根本上保障我国经济发展中经济安全的制度基础。"十二五"期间，随着中国经济国际化的不断提升，需要妥善处理中国特色与国际惯例的关系，把按照国际惯例运作和维护国家利益协调起来。

（原载国家行政学院《"十二五"规划基本思路研究》课题报告，
2009 年 10 月）

简政放权、激发市场经济新活力

　　5月13日上午，李克强总理在国务院机构职能转变动员电视电话会议上发表讲话，要求深化行政审批制度改革，加快减少和下放审批事项，通过简政放权，激发市场新活力。此前的5月6日，国务院常务会议部署今年深化经济体制改革九项重点工作，第一项便是抓紧清理、分批取消和下放投资项目审批、生产经营活动和资质资格许可等事项。这充分彰显出深化行政审批制度改革在我国改革全局中的重要性，也充分显示出新一届政府班子推进改革的勇气和决心。

　　深化行政审批制度改革，简政放权，厘清和理顺政府和市场的关系，是经济体制改革的核心问题，也是行政体制改革的重要抓手。其根本目的是通过减少和下放审批事项，解放和发展社会生产力，激发市场和社会活力，释放改革红利。

　　从当前看，深化行政审批制度改革有利于激发经济社会活力，促进经济平稳发展。现阶段，我国经济社会发展总体态势良好，但面临的国内外环境十分复杂，平稳运行与隐忧风险并存，制约发展的矛盾不断显现。特别是今年一季度工业、消费等指标增速放缓，4月份的数据也未见趋势性好转，经济下行压力加大。这些问题的存在，原因是多方面的，但深层的原因是体制机制不合理，很多问题更是与行政审批制度改革不到位直接相关，众多的行政审批项目像网一样捆住了市场的"手"，抑制了经济社会的活力。今年是本届政府的开局之年，要通过深化行政审批制度改革，取消和下放行政审批权，破除发展障碍，用政府权力的"减法"换取企业和市场活力的"加法"，用更大气力释放改革红利，确保当前稳增长、防通胀、控风险任务的完成。

从中期看，深化行政审批制度改革有利于促进我国经济转型升级，转变经济发展方式。当前我国正处于工业化、城镇化的重要阶段，经济转型升级处于关键时期。政府在经济调节中存在对经济干预过多、抓得过死的现象，越位现象比较严重。政府干预过多，会导致不良投资增长，影响经济发展方式转变，影响经济转型升级，容易回到过去过多依赖政府主导、投资拉动的发展模式。深化行政审批制度改革，减少政府对企业生产经营活动的直接干预，有利于发挥市场机制的作用，打破市场分割和垄断，消除制约经济转型升级的体制机制障碍，调动经济内生动力，促进经济持续健康发展。

从长远看，深化行政审批制度改革有利于发挥市场在资源配置中的基础性作用，完善社会主义市场经济体制。

行政审批制度改革目前也面临许多问题与难题，有些还尤为突出。

一是审批事项仍然过多。自国务院成立行政审批改革领导小组至今，国务院分八批共取消和调整行政审批项目 2630 项，占原有总数的 70% 多，各地区取消和调整的行政审批事项占原有总数的七成以上。

但目前国务院部门仍有 1700 多项审批项目，地方政府层面的审批项目则多达 1.7 万项。众多的审批项目，把整个经济社会活动预先框住了，管得过死，怎么走都没办法快走。上个企业项目，要跑十几个、几十个部门，盖几十个甚至上百个公章。甚至投资一个几十万元的小项目，也得从几千里外跑到北京来审批。这种时间浪费、成本增加的现象，严重挫伤了主体创业的积极性。

二是剩下的需要取消、调整的审批项目都是"难啃的骨头"。行政审批制度改革是"政府革自己的命"，每减少一项审批就减少了一项权力，每一次改革都是权力格局的再调整和利益的再分配。在权力部门化、部门利益化存在的情况下，调整、协调部门之间的利益关系是非常困难的，很容易引起部门的抵触。因此，仅从数量看，此前的行政审批改革好像取得了不小的成就；但就实质而言，改革在一定程度上是一个先易后难的过程，首先让出去的权力一般不是核心权力，很多还是细枝末节，甚至是不太常用的项目，"硬骨头"不多。剩下的这些是相对含金量更高的权力，最本质的权力还在手中。改革越到后面越难改，都是难啃的"骨头"，要真正实现自我革命，还须壮士断腕。

三是行政审批自由裁量权过大。自由裁量权，又称酌情权，是指行政机关就行政相对人申请，在其职权范围内，按照自己的理解，自由斟酌、自由选择而做出的公正而适当的具体行政行为之权力。法律条文中有"可以、或、最少、最高、处几年至多少年"等字眼的，都是立法者给予执法者自由裁量权空间。自由裁量权使审批机关具有选择决定权。对一个项目，即使完全符合规定的条件，可以批给张三，也可以批给李四；即使批准，可以马上批准，也可以过一段时间批准。自由裁量权过大，又欠缺有效的监察机制，一方面会导致大量不当使用行政审批自由裁量权的现象，动摇政府的管理及制度；另一方面会为个别官员翻手为云、覆手为雨，进行寻租提供了极大的空间，严重影响政府的形象和公信力。

深化行政审批制度改革重点是放权，向市场放权，向社会放权，向地方政府放权。通过放权，着力解决政府与市场、政府与社会、中央政府与地方政府的关系问题，充分发挥市场在资源配置中的基础性作用，更好地发挥社会力量在管理社会事务中的作用，充分发挥中央和地方两个积极性。

深化行政审批制度改革，涉及到国务院多部门及地方权力和利益关系的再调整，阻力之大可以想象。李克强总理形象地说："这是削权，是自我革命，会很痛，甚至有割腕的感觉。"为确保改革顺利推进，迫切需要加强改革顶层设计和统筹规划，明确改革优先排序和重点任务。既要有明确的近期目标，也要考虑到与经济体制、行政体制、社会治理等改革相配套的中长期目标。要加强改革综合协调，统筹规划、协调和推进改革。要积极推进行政审批规范化建设。要建立严密、系统的行政审批监督制约机制。

（原载《经济参考报》，2013 年 5 月 14 日）

加强和完善非公有制经济组织和社会组织管理

我国改革开放以来，伴随着冲破计划经济体制的束缚、建立和完善社会主义市场经济体制，非公有制经济组织、社会组织获得了巨大的空间和发展，在经济社会发展中越来越发挥着重要作用。2011年2月，胡锦涛同志在省部级主要领导干部社会管理及其创新专题研讨班开班式上发表重要讲话时强调，要进一步加强和完善非公有制经济组织、社会组织管理，明确非公有制经济组织管理和服务员工的社会责任，推动社会组织健康有序发展。我们要充分认识加强和创新非公有制经济组织和社会组织管理的重要性、紧迫性，以中国特色社会主义理论为指导，按照科学发展观的要求，不断丰富和完善中国特色的社会管理体制，努力构建和谐社会。

一、非公有制经济组织和社会组织的重要性

（一）非公有制经济组织已成为我国经济和社会发展的重要力量

我们这里讲的非公有制经济组织，主要是指改革开放后迅速成

长起来的、从事商品生产和市场服务的民私营企业群体，它是适应社会主义初级阶段发展要求的农民进入城镇的"大学校"、城乡统筹的"大平台"、基层党建的"大熔炉"、最具活力的新兴生产力。

非公有制经济组织为建设中国特色社会主义作出了重大贡献。改革开放改变了我国所有制结构，非公有制经济迅速兴起、蓬勃发展。我国由一个国民经济一度濒于崩溃边缘、农村 2.5 亿人生活在温饱线下的国家，一跃成为全球经济最具活力和潜力的世界第二大经济体，人民生活从温饱不足发展到总体小康，非公有制经济贡献突出。当前，非公有制经济已成为我国最大的企业群体，对国民经济的贡献日益增加，正加速进入国有企业占优势的重化工业领域，非公有制经济已成为社会主义现代化建设的重要推动力量。党的十六大作出了"新的社会阶层都是中国特色社会主义事业建设者"的论断，进一步调动了非公有制经济人士的积极性、创造性。非公有制经济的发展实践，推动了改革开放的进程和市场经济体制的建立与完善；推动了生产要素的充分流动和全社会劳动生产效率的不断提高；有效配合了国有企业、集体经济改革，促进了中国特色社会主义基本经济制度的建立，为丰富中国特色社会主义理论和中国特色的社会主义发展道路作出了贡献。

非公有制经济组织为保障和改善民生作出了重要贡献。多年来，我国非公有制企业在保障和改善民生上发挥了重要作用。非公有制经济积极地开拓市场，为广大消费者提供了许多好的产品和服务，极大地改善和丰富了人们的生活。非公有制经济积极参与社会事业建设，积极弘扬中华民族扶危济困的传统美德，为困难群众提供更多帮助。从 20 世纪 90 年代中期以来，城镇 70% 以上新增就业岗位是由非公有制经济提供的，70% 以上从农村转移出去的劳动力在非公有制企业中就业，非公有制经济已成为社会就业的主渠道。从一定程度上说，大多数农民工在城镇谋生、就业和发展的过程，就是在非公有制经济组织中由农民变市民的过程。1998 年以来，我国国有经济从中小企业层面全部退出，大量困难企业退出了市场，非公有制经济吸纳了大部分下岗职工，这不仅仅是保障民生的问题，而是帮助国家渡过了难关。

非公有制经济组织成为城乡统筹发展的重要力量。从城乡统筹发展来看，非公有制经济是推动工业化、城镇化的主力军。其重要作用表现在三个方面：一是非公有制经济已成为国民经济的重要支柱，为城乡统筹发展奠定了经济基础。当前，非公有制经济创造的国内生产总值已超过一半以上，上缴国家的税收比重不断增加，非公有制经济已成为城乡统筹发展的重要推动力量。二是非公有制经济发展加快了工业化、城市化步伐，为工业反哺农业、城市反哺农村创造了条件。东部的一些省份，经过非公有制经济的充分发展，已基本实现工业化。同时，非公有制经济的发展也有力地推动了人口、资金等要素向城镇流动和集聚，促进了城市的发展。一大批专业市场建立起来，加快了工业化和城市化进程。三是发展非公有制经济成为缩小城乡差距、实现统筹发展的主要途径。我国县域的非公有制经济大多是在"一村一品"、"一乡一业"的基础上发展起来的，逐渐形成了小商品、大市场的格局，而市场的形成又推动了农村的城镇化进程。

（二）社会组织在社会管理中担当非常重要的角色

社会组织是指能够依法登记注册，在国家经济和社会发展中发挥服务、沟通、监督、维权、自律等作用的社会团体、基金会、民办非企业单位及中介组织等。社会组织是党和政府联系人民群众的特殊纽带和桥梁，在社会管理中发挥着重要的作用。

社会组织在经济社会转型中发挥了协同管理作用。改革开放以来，在经济和社会转型过程中，社会在不断发生裂变和分化，这就需要有新的社会整合形式来对社会成员和社会群体进行有效整合，以理性、合法的方式，满足他们经济、政治、文化和社会的多方面需求。近十多年来社会组织的发展适应性逐渐增强，成为增强社会自治的重要载体和促进社会和谐的生力军。2003年十六届三中全会着眼完善社会主义市场经济体制，提出"按照市场化原则规范和发展各类行业协会、商会等自律性组织"；2005年十六届五中全会围绕国家"十一五"规划纲要，明确"规范引导民间组织有序发展"，"完善民间组织自律机制，加强和改进对民间组织的监管"；十六届六中全会围绕构建社会主义和谐社会，明确提出要"健全社会组织，增强服务社会功能。坚持培育发展和管理监督并重，完善培育扶持和依法管理社会组织的政策"；2007年在党的十七大政治报告中，进一步确认了"社会组织"这一概念，提出"发挥社会组织在扩大群众参与、反映群众诉求方面的积极作用，增强社会自治功能"，强调"健全党委领导、政府负责、社会协同、公众参与的社会管理格局"。这说明，社会组织在社会管理中的协同作用逐步增强。

社会组织是政府职能转移的促进者和承接者。在社会主义市场经济条件下，政府与市场、政府与社会关系不断调整，过去包揽一切的"无限政府"，逐步向公共服务型的"有限政府"转变。广大人民群众的多样性、多层次和不断变化的社会需求也不可能完全由政府直接提供，必须积极引导和支持社会组织参与社会管理和公共服务，建立公共服务供给的社会参与机制。因此适时把不应承担、也无能力承担，把管不了、也管不好的管理社会的权力交给社会，把众多群众性、社会性、公益性、服务性的职能向社会剥离和转移，就成为社会建设的必须。而伴随着改革开放不断深入和经济社会不断发展成长起来的社会组织，无疑成为政府社会职能转移的促进者和主要承担者，为社会成员提供政府不便和市场不愿或不能提供的服务，扩大群众对公共服务的选择空间，降低服务成本，提高服务效率和质量。如社会组织发挥整合资源的优势，参与兴办教育、科技、文化、卫生、体育、福利等社会事业，积极开展就业援助、减贫济困、助学助医、安老抚幼、救灾防害、增进福利等公益活动，促进了一些地方就业难、看病难、住房难等问题的解决，既扩大了公共服务的供给，又推进了公共服务的均等化。这些工作的开展，既促使政府职能得以规范、健全和完善，社会组织也能够发展壮大，并在社会管理和服务中发挥满足社会多种需要的积极作用。

社会组织在帮助社会成员利益诉求疏导方面发挥了作用。处于不同利益区位上的人们会表现出不同的价值诉求和价值选择，人们对现行政府的评判、对社会前途的关注，往往更多地与自身利益能否得到实现联系在一起，某些突出矛盾和突发事件，其深层原因也与人们的利益诉求有着密切联系。民主的管理机制是一个政府政治文明的价值取向，是一个国家走向现代化的重要标志。社会组织在日常工作中，能够深入基层，了解社会各阶层的不同需求，并将来自民间单个的资源与能量汇聚起来，成为一种团体的诉求：一方面，它可以有组织、有目的地进行社会动员，整合和影响组织成员的价值观及利益表达方式，维护自身的合法权益，实现有序的政治参与；另一方面，为组织成员的利益表达提供了形式与渠道的多样性，保障公民利益表达的畅通。社会组织还可以通过自己的制度化功能，培养公民的民主意识、民主文化从而推进社会主义民主政治建设的进程。

二、客观看待非公有制经济组织发展中存在的问题

正确认识非公有制经济组织成长的阶段性。广大非公有制经济人士是党的改革开放伟大事业的实践者，是敢为人先的创业者和中国特色社会事业的建设者，为国家的经济社会发展作出了重大贡献，应该得到全社会的充分肯定与尊重。同时对非公有制经济人士的教育引导也面临许多新课题。在新的历史条件下，我国社会各方面成员的根本利益一致性不断增强，同时也呈现出不同的思想观念、价值取向、行为方式和利益要求。人们的选择性、自主性、差异性日益增大，这种状况必然反映到非公有制人士的思想中来。非公有制经济组织总体上是健康向上的，但构成比较多样、素质参差不齐。他们中的少数人还存在着一些不适应、不符合科学发展观要求的问题，以及与社会主义核心价值体系存在偏差的问题。我们要正确认识非公有制经济组织成长的阶段性，要热情帮助、积极引导他们全面提高自身素质，爱国、敬业、诚信、守法、贡献，把组织的发展与国家的发展结合起来，把个人的富裕与全体人民的富裕结合起来，把遵循市场法则与发挥社会主义道德结合起来，自觉承担社会责任，坚定不移走社会主义道路，当好中国特色社会主义事业的建设者。

非公有制经济组织在构建和谐劳动关系上有待加强。非公有制经济组织由于成长阶段的原因，现实中劳动关系存在不和谐的因素。一是不尊重、不维护劳动者的合法权益。在非公有制经济组织中，有相当一些部门经济单位受利润最大化目标的驱使，无视国家法律，

采用压低职工工资，延长工作时间等资本原始积累的方式，严重侵犯劳动者的合法权益，因而存在着尖锐的劳资矛盾；有的企业没有制定安全生产责任制及安全生产检查制度，安全生产条件差，已经造成了严重的职业病危害。二是企业不履行劳动合同。劳动合同是建立稳定协调劳动关系的基础，也是处理劳动争议的主要依据。一些非公有制经济组织出于规避责任不与员工签订劳动合同，或不按《劳动合同法》的要求，在合法、公平、平等自愿、协商一致、诚实信用的原则下与员工签订劳动合同；一些企业即使与员工签订了劳动合同，也不按劳动合同执行工作时间和休息休假、劳动报酬、社会保险、劳动保护。三是对农民工的歧视。当前存在的主要问题是不依法与农民工签订劳动合同，不承担或少承担企业对农民工的义务，同时在非公有制经济组织中存在同工不同酬、同工不同权问题。

非公有制经济组织在承担社会责任上的不足。企业的社会责任就是企业的价值观。企业除了肩负盈利这一基本的经济责任外，还要承担法律和道义责任。非公有制经济组织在承担社会责任上的不足主要表现为自觉不够、认识欠缺。一是认为社会责任是政府的事。在政府的职责和企业的社会责任之间固然应该有一条清晰的界限，但不应该认为只有政府或行政部门才需要承担社会责任。二是认为社会责任是国有企业的事。一些非公有制企业认为国有企业占有太多的资源赚取巨额利润，国有企业应承担社会责任。企业社会责任不单单是国企的事情，因为企业社会责任并不是一种"补偿"或者"赎罪"，而是企业立足于社会的根本需要，也是企业发展的动力。三是认为社会责任是大企业的事。企业的社会责任作为企业的一种定位和一种社会担当的意识，是内在于企业的发展之中的。只是由于企业的规模、性质和实力的不同，企业履行社会责任的方式会存在区别。

非公有制企业在转变经济发展方式上任务更加繁重。转变经济发展方式，是我国经济领域的一场深刻变革，是贯彻落实科学发展观的重要目标和战略举措，关系到改革开放和社会主义现代化建设全局。目前我国经济增长主要依靠投资、出口、需求拉动，主要依靠第二产业带动，主要依靠增加物质资源消耗维持。面对国内外经济形势的深刻变化，面对日益突出的资源环境约束，面对产业规模的扩大和日益激烈的市场竞争格局，只有加快转变经济发展方式，才能为经济平稳较快增长奠定坚实基础。目前，我国各类企业超过1000万家，其中仅私营企业就已达到740多万家，占企业总数的70%以上。总体来看，非公有制企业的高耗能、高污染、低技术、低水平产能比较集中，转变发展方式的任务更加繁重、更加迫切。

三、客观看待社会组织发展中存在的问题

在我国，社会组织的兴起是改革开放的直接结果。改革开放前，政府单一承担了组织社会生产、管理社会生活的功能，社会组织几乎没有任何自我生存和发展的空间与环境。改革开放后，随着市场经济的发展，政府包办的一切的社会管理模式已不能适应社会发展的需要，这使社会组织有了生存发展的空间和发挥作用的舞台。具体表现在以下三个方面：

一是社会组织数量大幅扩大。截至2008年底，登记注册的社会组织总量已超40万个，其中社会团体22万个，民办非企业单位17.8万个，基金会1390个。实际上，除了上述经民政部门正式登记注册的社会组织之外，我国社会组织还存在更多其他的类型，数

量更大。

二是社会组织类型多范围广。改革开放三十多年来，中国社会组织的类型也经历了从"一类"到"三类"的演变过程。1999 年以前，所有的社会组织被统称为"社会团体"，到 1999 年，新增了"民办非企业单位"，到 2003 年，"基金会"从社会团体类中独立出来，成为社会组织中的第三类。业务范围涉及教育、科技、文化、卫生、劳动、民政、体育、社区、环保、公益、慈善事业等方方面面。

三是社会组织的作用有所提高。社会组织在促进社会福利和公益事业发展，繁荣科技、文化、教育事业，增加社会就业，推进民主化进程等方面发挥了作用。从各地近年改革探索的实践看，行业协会改革发展不断取得新突破，新型政社关系实践不断取得新进展，转制民办非企业单位登记管理工作不断进行新探索，城乡基层社会组织培育发展不断推出新举措，基金会的管理方式和监督机制不断完善，社会组织依法监管不断改进，社会组织评估体系建设不断取得进展，登记机关自身建设不断加强，社会组织发展呈现平稳健康的良好态势。

在我国，社会组织在市场经济条件下发展迅速，但由于法律法规的不健全甚至立法的空白，监督制约机制的欠缺以及政府权力介入等方面的原因，社会组织进一步持续、健康地发展还存在着一些问题。主要表现在以下几个方面：

社会组织发展法律制度的不健全，政策不配套。社会组织的法律法规还不健全，目前只有国务院颁布的《社会团体登记管理条例》和《民办非企业单位登记管理暂行条例》，民政部出台的《取缔非法民间组织暂行办法》《民办非企业单位登记暂行办法》和民政部与其他部门联合下发的规范性文件等，总体上存在三个方面的问题：一是立法的层次不高，缺少全国人大制定的基本法律；二是不仅数量少，内容也不完善；三是政策不配套，可操作性不强。

社会组织设立的门槛过高，政府监管不到位。在我国，由于对社会组织的设立采取双重的管理体制，使社会组织在通过登记注册成为合法组织之前，必须先找到一个党政部门作为其主管单位，同时必须具有一定的资金条件。另外，登记注册的手续复杂、程序严格，这就使得很大一部分社会组织因达不到要求而不能登记在册，使其游离于体制之外，无法形成有效的监管。

"准政府"官办色彩过浓，过度追求经济利益。有些社会组织政社不分，党政干部兼任主要负责人的情况比较多，甚至还追求或套用行政级别，官方色彩强烈。即使没有官办色彩的，也受到行政权力的过多干预，使社会组织的民间性和自治性减弱，失去其独立发展的条件。有些社会组织为了获取经济利益，在重大基建项目审批、行政许可备案、专项资金配置等事项中，不同程度地参与了腐败行为。而在政府采购、工程建设、地价评估、产权交易、资源开发等领域中，更是腐败频出。少数社会组织参与腐败还有另一种方式，那就是提供技术支持。为了利益，他们不惜违反职业道德，甚至违法，为错误决策或者不当竞争提供帮助。

社会组织国际化程度不高，国际影响力不足。进入新世纪以来，全球化过程对国内和国际层次上的公民社会和社会组织都产生了影响。这种影响是多方面的，其中最典型的表现就是社会组织国际化的程度越来越高，大量跨国社会组织开始关注国际性的社会事务。例如现在许多国际性的会议通常都会吸引大量社会组织参加。在全球领域，社会组织还帮助"建立国际价值体系和规范"，以"指导未来的国际政策和实践"。显然，这些情况表明，社会组织全球化的趋势已经非常明显。然而，中国的社会组织在这方面还做得很不够。一方面，中国具有国际影响力的社会组织非常少；另一方面，我们的社会组织在响应国际社会方面也往往十分欠缺。更主要的是，我们的社会组织基本上缺乏全球化、国际化意识，甚至把国际化、全球化仅仅看成是经济领域的对外开放，让外国产品进入国内等等，参与国际性公民社会活动多半是响应性的参与，在国际舞台上缺乏主动性。这些都限制了中国社会组织的发展。

四、认真回应非公有制经济组织和社会组织的合理要求

经济分层导致新的群体有了新的需求。一是政治上的要求。一些非公有制人士拥护改革开放，拥护社会主义制度，他们希望能够参与国家管理，为国家发展作贡献，这是非公有制人士积极的政治表现。也有些非公有制人士出于怕党的政策落实不到位，怕社会歧视，怕受不公正待遇，由此产生自我保护性的反应，希望进入人大、政协、工商联等组织中任职，参加社会政治活动，通过政治身份地位来维护自身经济权益。党的现行政策鼓励和引导非公有制经济健康发展，提高新的社会阶层的政治地位，使其对国家、社会产生归属感。二是经济上的要求。在获得资源、平等竞争等方面不能实现与国有企业相同的"国民待遇"，这是当前非公有经济最希望改变的地方。长期以来，以非公有制为主的中小企业的融资难问题在"非公36条"颁布实施后仍然没有明显缓解，即便是规模较大的民营企业，也不同程度地存在融资难问题。

非公有制经济组织对司法的需求。司法是社会管理的重要组成

部分，在加强和创新非公有制经济组织管理中具有特殊功能。非公有制经济在法律上与国有经济具有平等的市场地位，其合法的私有财产受法律保护。但是，在司法实践中，非公有制经济往往遭受执法不公。面对同样违规行为，若发生在国有和三资企业身上，可能不算问题，但若发生在私营企业身上，则往往被视为经济犯罪而诉诸于法律。因此，要促进非公有制经济健康发展，就必须加强对非公有制经济合法权益的司法保护。一是非公有制经济司法保护必须遵循平等原则，人民法院必须充分尊重其主体地位，依法保护其合法权益，特别是在非公有制经济主体与公有制经济主体发生经济纠纷时，不得存有偏见、不得歧视非公有制经济主体；二是非公制经济司法保护必须遵循保护与规范并重的原则；三是非公有制经济司法保护必须遵循效率原则。近几年司法实践明确了非公有制经济司法保护的三个原则，对非公有制经济发展极有帮助。

政府要为社会组织发展创造良好的环境。社会组织的发展离不开政府的大力支持，其发展所需的良好环境更是由政府提供。一方面政府要通过对社会组织的管理，促使其提高非营利服务的水平，加强社会组织专业化队伍的建设，并通过资格认定等，不断加强管理；另一方面还要为社会组织的生存与发展，营造良好的外部环境，使其健康有序地发展。从目前我国的实际状况看，在上述两方面都程度不同地存在一些问题。从政府方面看，既有对社会组织监督不力、管理不善的问题，也有对社会组织的健康发展扶持不够、干预过多的问题。比如，一些从政府分离出来的行业性自律组织，其行业自律功能之所以发挥不好，其中一个重要原因，就是政府主管部门干预过多，而对大多数应该加强监督和管理的社会组织，政府则显得软弱无力。从社会组织自身来看，也存在很多问题，比如组织机构不健全、内部管理混乱、制度不配套、财务不透明、活动不规范、社会责任不足等。

五、创新非公有制经济组织和社会组织管理

引导非公有制经济组织走科学发展道路。当前，我国非公有制经济发展已经进入一个新的历史阶段，但还存在诸多不适应科学发展要求的问题。实践证明，我国非公有制经济已经进入一个必须依靠提升自身素质来增添内在发展动力的阶段。非公有制企业如果继续依靠廉价劳动力、依靠大量消耗能源资源来实现发展，代价就会越来越大，道路就会越走越艰难。只有增强自主创新能力，更多地依靠资源节约、技术进步、劳动者素质提高和管理创新，发展的内在动力才会充足。实践证明，我国非公有制经济已经进入一个必须把企业利益与社会利益统一起来、把履行社会责任与保障和改善民生结合起来的阶段。非公有制经济企业只有既追求经济效益又自觉承担社会责任，既积极发展企业又努力造福社会，才能为社会所接受，才能使企业的生命更长久。在非公有制经济组织中开展学习实践活动，积极引导非公有制经济组织加快解决企业自身存在的问题，推动树立科学发展理念、转变发展方式、提升发展水平方面有更大的作为；积极引导非公有制经济组织努力推进构建和谐的劳动关系，规范企业用工、减少劳动争议、维护职工权益、开展职业培训、建立劳动保障制度，在保障和改善民生方面有更大的作为。

在非公有制经济组织中开展好党建工作。党的十七大提出，要落实党建工作责任制，全面推进农村、企业、城市社区和机关、学校、新社会组织等的基层党组织建设。这是加强党建工作的一项重

大战略决策，是扩大党执政的群众基础和社会基础的有效途径。不断扩大非公有制经济组织党的组织和党的工作的覆盖面，有助于继续巩固党在非公有制经济领域的执政基础。非公有制经济组织是新形式下党建工作新的着力点和增长点，是党的群众工作的新领域，是党的基层组织建设的薄弱环节。加强对非公有制经济组织党建工作的指导，是新形势下充分发挥非公有制经济组织中党组织和党员积极作用、提升非公有制企业自身素质的重要手段，是党和政府加强和改善社会管理一个重要举措。要围绕服务企业发展开展党建活动，充分发挥党员的模范带头作用，做好员工的思想政治工作，建设一支有理想、有纪律、有道德、有文化的员工队伍，不断增强党组织的凝聚力和吸引力。

引导非公有制经济带头人自觉承担社会责任。从总体上看，由于改革开放以来非公有制经济还处在刚刚兴起的发展阶段，绝大多数还处在财富创造和积累的过程中，所以整个社会对其要求更多的是发展经济、扩大就业、遵纪守法方面。在过去的发展中，非公有制经济也涌现出了一批自觉承担社会责任的带头人，特别是在应对国内特大自然灾害和国际金融危机冲击的时刻，不少企业积极捐款捐物，心系国家、情牵人民，讲大局、讲贡献，在全社会产生了良好的影响。党和各级政府也对他们的贡献给予了很多的鼓励和荣誉，希望能够有更多非公有制经济的带头人自觉承担社会责任。现在看，随着我国经济的发展和非公有制经济的不断壮大，全社会对非公有制经济带头人也提出了更高的要求。我们要引导非公有制经济带头人培育"爱国、敬业、诚信、守法、贡献"为核心的"优秀建设者"精神，引导他们做民族振兴的推动者、敢为人先的开拓者、依法经营的自律者、义利兼顾的实践者、共同富裕的促进者，在建设中国特色社会主义历史进程中建功立业。

加强对社会组织的培育和扶持。社会组织是社会服务和社会管理的重要力量，对解决社会矛盾、发扬群众诉求、维护社会稳定具有"调节器"和"缓冲器"的作用，是健全党委领导、政府负责、社会协同、公众参与社会管理格局、推动社会管理体制创新的重要方面。在新形势下，我们要站在经济发展、社会进步和国际竞争的高度来看待社会组织的积极贡献，要更加准确地理解和把握加强社会组织建设与管理的着力点，充分发挥社会组织不可替代的重要作用。今后一个时期，要在推动经济发展方式转变、更加保障和改善民生、加强社会管理和增强国际交流的角度来健全各类社会组织，把完善培育扶持社会组织的政策作为重点，创造各类社会组织依法活动的良好空间和环境，推动公共财政建立对社会组织的资助和奖励机制，推动落实非营利组织特别是公益慈善各类组织的税收优惠支持，引导社会组织按照宗旨和业务范围积极开展工作，着力提高资金筹措、项目管理、技术交流等方面的能力，加强与政府、企业、事业单位和其他组织的合作，给社会提供更多的公共服务和公益支持。在社会组织专职工作人员社会保障、职称评定、职业生涯建设等方面解决面临的突出问题，提升社会组织的社会地位和影响力。

加强对社会组织的管理和服务。要改变过去"重登记、轻管理"的倾向，就要健全以规范行为为重点的相关管理制度。为保障社会组织成为党委和政府进行社会管理和公共服务的重要力量，必须不断密切社会组织与政府在社会管理中的合作伙伴关系。坚持一手积极引导发展、一手严格依法管理，建立统一登记、各司其职、协调配合、分级负责、依法监管的管理体制。简言之，建立社会组织分类发展、分类监管机制。同时，要适应全方位对外开放的需要，依法加强对境外非政府组织在华活动的管理和服务，既保护正当交往合作，又依法查处违法违规活动，充分发挥其在促进我国经济社会发展中的积极作用。要借鉴国际经验，从中国实际出发，逐步制定和形成有关基金会及行业协会等经济团体、学术团体、公益慈善团体、公共筹款机构等不同层次的专项法律法规，建立有关社会组织的组织管理、财务及收支管理、募捐与捐助、评价与监督等方面的法律法规，用法律形式对社会组织的性质、宗旨、地位、组织形式、经费来源、权利和义务等予以明确规定，切实为社会组织发展提供法律保障和依据。

发挥社会组织的比较优势和积极作用。充分发挥社会组织的比较优势和积极作用，是我们加强社会组织建设的出发点和落脚点。任何组织，无论宗旨写得如何好，无论是如何自我表扬，都需要经过市场和社会的检验。有为才有位，社会组织只有真正发挥了自身的比较优势和积极作用，才能为社会接受、才能为人民认可，才能替政府分忧。社会组织作为有别于政府、企业的"第三部门"，具有联系面广、跨许多部门、汇聚众多人才、储备资源能量的优势。要引导社会组织围绕党和国家工作大局，自觉承担社会责任，主动参与解决人民群众最关心、最直接、最现实的利益问题，推动社会包容、和谐建设。要引导社会组织结合自身特点，扬长避短，把社会效益放在首位，开展各种形式的会员服务、行业服务、社会服务活动。真正把各类依法活动的社会组织历练成全面小康社会的推动者、建设者，和谐社会的推动者、建设者，民富国强的推动者、建设者。

（原载《加强和创新社会管理》，学习出版社 2011 年版）

创造强大的社会体系需要社会组织的发育

《21世纪》：方案提出从2013年到2015年，要分三个阶段基本实现行业协会商会与行政机关脱钩，为什么要脱钩？

张占斌：这次机构改革很大的特点是要给市场放权，给公民放权，给个人放权，这就需要出现各种各样的行业协会。行业协会以前也大量存在，但大多依附于国家部委，有的还是由部委直接转变来的。因此很多带有准行政机关的特点，相当于一个"二政府"，是靠这种准行政性来维持它在市场中的地位和作用，实际效果并不好，等于变相的行政权力还在市场上发挥作用。长远来看，行业协会商会要想在市场上站住脚，就得为这个行业提供真正的服务。我觉得这样的改革能进一步解放市场，解放生产力。

过去行业协会是与行政机关捆在一起的，等于变相地延伸了行政权力，而且有的行业协会想办法用传统的办法，居高临下地管制行业和企业。比如有一些行政机关的审批权被下放到了行业协会，这样它可以产生一些利益截流，但给市场带来了很多问题。只有靠给行业带来的引领性、贡献性，行业协会才能在市场中更好地发展。

改革总的来说是贴近市场，放权竞争，让行业协会在市场上代表企业利益，否则就是官僚机构。在行业协会的"市场"里也应该有竞争，不能一家独大，不能搞垄断，要有新的行业协会来替代不能适应市场需要的那些。

《21世纪》：是不是只要脱钩以后，行业协会商会就能做到方案中希望的"提供服务、反映诉求、规范行为的主体"？

张占斌：从理论上讲，如果一个行业协会做得好的话，有影响力，能够代表整个行业的利益，那么会有企业愿意给它提供经费，国外也有这样的例子。市场确实存在这样的需求，毕竟让单个的企业去收集行业信息、维权、做前瞻性调研，它没有这样的能力。过去很多行业协会是半行政性，收了钱也没给企业办事。

如果行业协会不改革，它就是一个"二政府"，只能靠变相地搞评比、颁奖来"搞钱"，现在让行业协会进入市场，它至少能代表市场要求的方向，至于能否起到那样的作用，就好比一个孩子以前是靠家长抚养，现在家长不管了，让他自己闯荡，如果他不适应闯不出来，就会有新的行业协会来代替它。

《21世纪》：方案中提到，对行业协会商会类、科技类、公益慈善类、城乡社区服务类社会组织实行民政部门直接登记制度。这是不是推动行业协会商会与行政机关脱钩的一个步骤？

张占斌：过去社会组织要想登记，必须要有主管单位的批准。有的挂靠部门不感兴趣，就不同意成立这样的社会组织。现在这四类社会组织登记，不再需要主管单位审批，至于放开后会不会出问题，我觉得加强事后监管就可以了。这些组织如果发展得好，可以活跃市场，可以承接政府的社会服务职能。

《**21世纪**》：方案中称2014年取消国务院部门对企业事业单位和个人进行水平评价的事项，改由有关行业协会、学会具体认定。但有些行业协会、学会以前的主管单位就是事业单位，现在让下级评价上级，会否受到歪曲？

张占斌：这个改革的初衷是对于这些水平评价的事项，政府不值得花很大精力去搞，莫不如放到社会上。这个评价将来还需要配套制度，这就类似于运动员和裁判员的关系，要适当分开，发挥社会的力量，打破过去什么都是政府说了算的局面。

《**21世纪**》：方案中提到2017年基本形成政社分开、权责明确、依法自治的现代社会组织体制，其中"依法自治"的提出如何才能落到实处？

张占斌：社会组织完全应该依法自治，这是宪法赋予的权利，政府不应过分担心风险。而且那些依法自治实现得好的社会组织，实际上恰恰是因为党和政府领导得好。越担心社会组织不行，政府越去管它，可能会管得更不好。从道理上，大家对依法自治都想得通，但在实际中，尤其是地方政府，对社会组织依法自治有点叶公好龙，甚至有的社会组织都不适应，这是需要改革的。毕竟社会组织是代表行业利益的，只有自己把自己管好，在社会上才有尊严和地位。

（原载《21世纪经济报道》，2013年4月1日）

第四部分

建设人民满意的现代政府

以职能转变为核心推进行政体制改革 [*]

行政体制改革具有带动各方、影响全局的作用。这次全国人民代表大会通过的《国务院机构改革和职能转变方案》（以下简称《方案》），是按照党的十八大精神，从国家公共治理层面展开的重大改革，以政府职能转变为核心推进行政体制改革，抓住了问题的关键和要害，体现了新一届政府的务实思想，这是国家对服务型政府建设的再推进，具有重大的理论意义和实践意义。

一、政府职能转变必须牢牢抓住"四个分开"这个龙头

（一）推动政府职能转变需要认识和实践继续深化。经过多年努力，政府职能转变取得一定成效。但总的看，进展还比较缓慢。其原因主要有两方面：一是政府职能转变是行政体制改革的核心和关键，是政治体制改革的重要组成部分，之所以步履艰难，很大程度

---

 *　本研究报告系国家行政学院课题组为中央有关领导和部门提供的内部参考报告。

上取决于政治体制改革很多内容还需要继续深化。二是我国政府职能转变是在缺乏足够的理论和丰富的实践积累条件下，在向市场经济转型过程中推动的，在政企分开、政资分开、政事分开、政社分开方面，进展程度差异很大，还需要认识和实践继续深化。

（二）政府职能转变要适应经济社会发展水平。以往我国理论界比较流行"小政府、大社会"的观点，相当一部分人希望转型时期的政府从经济、社会领域全面收缩，依靠社会的自我管理实现有序、高效的发展。从长远来看，这个目标是对头的，政府应当下大功夫推进民间自治力量的成长，改变政府承担无限责任的弊端。但过去欠账很多，民间自治力量发育不足，短期内，我们又很难把解决中国问题的希望寄托在大规模的社会自治和第三部门的发展上。从现实看，需要有比较现实的过渡路径。我国是人口和经济大国，正处在跨越"中等收入陷阱"挑战的经济社会发展转型阶段，政府在保持经济健康持续发展、努力改善民生、维护社会公平公正、努力推动改革攻坚方面，任务繁重、责任重大。加之我国区域不平衡会较长时间存在，又是个自然灾害频发的国家，跨省、跨区域的工程建设和民生事项很多，特别是当前经济社会发展中"一条腿长、一条腿短"，这都特别需要政府有足够的能力和效率处理一系列重大问题。

（三）深入推进政企分开、政资分开、政事分开、政社分开。按照十八大的要求，应当把深入推进这"四个分开"作为转变职能的根本途径，当做龙头抓好。这方面，我们已进行了很多探索。政企分开、政资分开主要是经营性国有资产政资分开，走在最前面，成效也最显著。国有企业能取得今天的成就，从改革上讲就是因为推进了政企分开、政资分开。但是这方面的任务还没有完成，还需要大力推进。一方面，该放开搞活的没有放开搞活，比如，有些要素价格像油价、电价、利率、土地价格改革还没有完全市场化，该放给企业的要放给企业。同时，按政资分开要求，这次改革《方案》只涉及到铁路系统，金融等企业政资分开还没有迈出步伐，中央企业投资和人事权也应按《公司法》进一步放给企业。另一方面，应该管住管好的没有到位，比如，中央企业包括金融企业利润纳入国家预算问题始终没有很好解决，社会一直高度关注。在推进"政事、政社分开"方面，任重道远。对事业单位改革，国务院总体方案已经有了，五个省市的试点也有进展，下一步面上推开，既要体现分类改革的要求，更要在政资、政事分开上下功夫，除了承担行政职能的以外，一定要放权给事业单位，还必须研究配套推进非经营性国有资产，比如文化、教育、卫生等行业政资分开问题。十八大提出了"健全国有文化资产管理体制"的要求，推进非经营性国有资产的政资分开，需要努力探索。至于政社分开，重要的首先是实实在在的给13亿公民个人放权，这是全社会的细胞，具有普遍意义，特别是向农民工群体放权应当充分考虑，政府依法保障和维护公民个人的正当权利。同时，也要给社会组织放权，为其提供发育空间，为政府服务外包创造条件。可以预见，改革《方案》的出台，会为社会组织的发展起到重大推动作用。

（四）深化行政审批制度改革是政府职能转变的抓手。按照十八大要求，总的方向是要大幅度减少政府审批事项，更好地发挥市场配置资源的基础作用，更大程度上调动人民群众的积极性和创造力。简单讲就是加强监管，放松管制。要进一步清理、取消和调整行政审批事项。清理工作要突出投资领域、社会事业领域和非行政许可审批等重点领域，要有一定数量或比例（李克强总理表示要不少于三分之一）的要求，努力向企业、社会、公民放权。《方案》提出一些明确的指向，减少投资项目的审批，减少生产经营活动的审批，改革工商登记制度，将"先证后照"改为"先照后证"，并将注册资本实缴登记制改为认缴登记制，放宽工商登记其他条件。对已经取消的行政审批项目，要做好后续监管，防止一些部门变相审批。对国有企业海外投资，要改变"五龙治水"，实现归口管理，并大幅度减少审批。放开民营企业海外投资，不再进行审批。《方案》提出对行业协会特别是商会，慈善、公益等性质的社会团体，取消主管部门，直接到民政部门登记注册。同时，要积极推进行政审批规范化建设。对目前保留的审批事项，要进一步简化和规范审批程序，优化流程，提高效能。大力推进行政审批监督制约机制建设，坚持审批过程公开、结果公开。

二、实行大部门制改革必须做好"稳步推进"的文章

（一）从发达国家上世纪 70 年代末开始的实践看，实行大部门制改革关键是把握两点：一是在处理政府与市场、社会的外部关系上，要转变职能，该交给市场、社会的，要交给市场和社会。在职能转变之前，部门简单合并没有太大实质性意义。广东特别是深圳的经验也说明了这一点。顺德的机构改革，理论界还在深入研究，但顺德的放权步子很大，得到了社会好评。二是在理顺各个政府部门内部关系上吸收现代企业制度运转的作法，把决策权、执行权分开。比如，英国大部门制改革，部门仅有 19 个，而部门内部执行局一百多个。把决策与执行分离，部长负责决策，类似于公司董事长，各局负责具体执行，局长类似于公司总经理。执行局相对独立地在

政府确定的目标框架内运作，绩效考核也得到落实，大大提高了行政效率。从这两点看，大部门制改革不是单纯的机构合并，也不是部门规模越大越好，核心是要职能科学、结构优化、提高效能。我国历次机构改革，多次调整和合并部门，其中不少是简单的机构合并，建立起来的部门并不是真正现代意义上的大部门制。上一次机构改革，有了很多新的探索和进步。

（二）要按照十八大"稳步推进"的要求，进一步明确思路。第一，对国务院已经搞了大部门制改革的部门，应在转变职能、理顺部门内部关系这两个方面继续深化改革，使其成为真正提高效率、搞好服务、符合我国国情的大部门制。对职能过于宽泛、权力过于集中的部门进行适当分解。《方案》出台前大家期待的将发展改革部门的行业管理职能权限转移给相关部门，有关机构可分设或者与其他机构重组，以保持部门规模适度和部门关系平衡。这次改革《方案》尚未来得及涉及，但这不表明改革已经完全到位。恰恰说明，改革是个过程，还有继续推进的空间。从我国实际出发，在大部门内部可在某些方面采取决策与执行的相对分离，组建大部门管理但相对独立的执行局，并依此来优化部门内部组织结构。第二，对国务院其他部门，应下决心按"四个分开"的要求转变职能，该下放的权力坚决放给市场和社会，同时为全面履行好政府的四项职能，该加强的要切实加强。有个事例很有启发意义。美国在9·11事件后，整合了20多个部门的职能，新成立了国土安全部。这说明，大部门制改革应从有效政府的履职需要来考虑机构设置。《方案》中提出，稳步推进大部门制改革，实行铁路政企分开，整合加强卫生和计划生育、食品药品、新闻出版和广播电影电视、海洋、能源管理机构。第三，推进大部门制改革应当同十八大提出的"要更加注重改进党的领导方式和执政方式"的要求结合起来，统筹考虑党政部门设置，对一些职能重叠的党政机构可考虑或归党的部门或归政府部门，不宜交叉设置。总之，大部门制改革应稳步推进，条件成熟的就积极地改，不成熟的先放一放，留待以后。

（三）过去我们经常讲的机构改革，现在多被行政体制改革所代替，应当说提出行政体制改革的概念有进步也有退步。从行政体制改革需要政治体制其他部分配套的角度来看，则有进步；但如果像有些人仅仅把行政体制改革片面理解为政府改革或是大部门制改革那样，则是退步。因为以往讲的机构改革，不仅包括了政府机构改革，还包括了党的机构改革。机构改革的关键在于要围绕"职能"来考虑，形象地讲，机构改革需要处理好庙宇、和尚与香火的关系。庙宇好比机构，和尚好比官员，香火好比职能。如果我们总是在庙宇与和尚之间考虑问题，就很难解决真正的问题。而重点需要从香火角度考虑问题，有没有香火、有多少香火，决定了是否需要盖庙宇、是否需要和尚，而香火多少，则决定了盖多大的庙宇以及需要多少和尚。

三、要按照三位一体建设要求大力推进法治政府建设

（一）党的十八大提出了全面建成小康社会需要到 2020 年"法治政府基本建成"的宏伟目标，对依法治国基本方略全面落实作出了进一步的全面部署。这也就意味着，从 2004 年开始的法治政府建设面临着新的形势和新的任务目标。这个目标，与以往目标相比，有新的要求和新的任务。一方面，这个目标是结果目标，而不是过去的过程目标；另一方面，这个目标已不再只是政府系统自身的工

作任务，同时也是执政党的宏伟目标。适应新形势新要求，法治政府建设的制度设计、具体任务和工作部署，都应当统一服从 2020 年基本建成法治政府这个总目标。建设法治政府的主体首先就是执政党，要在执政党的统一领导下进行法治政府建设，党的组织要把法治政府建设纳入自己的工作目标，要在制度设计和工作落实上不断完善。

（二）三位一体建设的新系统。法治政府建设，是一个系统工程，不是也不可能是政府系统自身就可以实现的目标。它与执政党、国家、社会的关系密切联系，共同作用。依法执政、依法治国、依法管理社会是相互联系的。正如习近平总书记在纪念我国宪法公布施行 30 周年大会上讲话指出的那样，要坚持依法治国、依法执政、依法行政共同推进，坚持法治国家、法治政府、法治社会一体建设。可见，法治国家、法治政府、法治社会三者是相互结合、彼此共生、共同推进的。一体建设的新形势告诉我们，执政党的依法执政，国家的依法治国，成为了与法治政府建设息息相关的政治"生态环境"，如果没有相应的政治"生态环境"，法治政府建设也难以"孤军深入"。

（三）党的十八大提出"法治是治国理政的基本方式"，"任何组织或者个人都不得有超越宪法和法律的特权，绝不允许以言代法、以权压法、徇私枉法"。依宪治国，依法执政，就是用法治方式深化改革、推动发展、化解矛盾、维护稳定。我国规范政府权力的法律框架和体系基本形成，"文化大革命"那种无法无天的年代一去不复返了。现在虽然也存在着法律的完善问题，但法律执行方面的弊端更多，需要在执行方面下功夫。靠什么来解决执行方面的问题？靠增加机构并不是办法，广东特别是深圳的政务公开经验值得重视。

当务之急是要把已经制定的法律制度变成实实在在的制度实践、社会实践、法治实践，把好看的法律变成管用的法治实践。比较可行的办法是大力推进政务公开，靠公开透明，强化社会监督的作用。让人民加强对行政权力运行的制约和监督，把行政权力关进制度的笼子里。不受监督的权力，会导致腐败。政务公开下的社会监督，有利于权力行使的及时纠偏，决定着权力运行的正当性和合法性。同时完善责任追究制度，强化责任追究机制，使党委和政府能够及时回应社会需求和群众呼声，使社会监督发挥其积极作用。政府负有严格贯彻实施宪法和法律的重要职责，要规范政府行为，切实做到严格规范公正文明执法。政府必须在宪法和法律允许范围内活动，这既是对政府的最大制约，也是对政府的最大保护。法治政府制约的是政府和官员，维护的是社会和百姓。

（四）与公开透明相配套的事情主要有三件：一是科学立法是基础。当前，行政管理领域的建规立制，往往都是由主管部门主导完成的，即所谓"部门立法"有其先天性缺乏与不足。需要建立多元参与的立法机制，确保立法程序上的公开、参与以及监督审查。提高立法质量，需要强化立法的可操作性，在立法过程更加注重利益的协调平衡，更加注重立法的细化和可执行性。二是严格执法是重点。法律执行的过程，需要相应的配套规定和配套制度，没有细化的、辅助配套规定和配套制度，法律就难以真正贯彻落实。从执法实践看，没有科学合理的体制、机制，再严肃的法律在执行中都会被不合理的体制、机制扭曲。要加强和完善严肃执法严格执法的权力保障和体制保障，反特权，反干扰，遏制随意性执法和选择性执法。法治建设应当更加关注人这个因素，强化责任机制、考核评价机制和激励机制，规范和引导执法机构和执法人员严格执法、公正执法、文明执法。三是公正司法是保障。司法是一国实施法律的最后防线，没有公正的司法就不会是法治国家，也不可能建成法治政府。我们要依法公正对待人民群众的诉求，努力让人民群众在每一个司法案件中都能感受到公平正义，绝不能让不公正的审判伤害人民群众感情、损害人民群众权益。

《方案》对推进法治政府建设没有展开说明，但在提出加强制度建设和依法行政里面有些涉及。要求政府要善于运用法治思维和法治方式深化改革、推动发展、化解矛盾、维护稳定。要以政府带头守法、严格执法，引导、教育、督促公民、法人和其他组织依法经营依法办事。

四、加强对行政体制改革中长期目标的顶层设计

（一）党的十七届二中全会提出到 2020 年建立"比较完善的中国特色社会主义行政体制"目标，党的十八大强调按照这一目标要求，建设职能科学、结构优化、廉洁高效、人民满意的服务型政府。从现在到 2020 年仅有 8 年，时间并不很宽裕。考虑到未来党和国家事业发展的需要，还要有从"比较完善"到"完善"的考虑，要对建立"完善的中国特色社会主义行政体制"加强中长期目标的顶层设计，从更长远的时间来考虑行政体制改革问题。

（二）设计行政体制的中长期目标，深化行政体制改革，必须考虑理顺两个层面的重要关系。第一层面，按照 1981 年《历史决议》关于"党在对国家事务和各项经济、文化、社会工作的领导中，必须正确处理党同其他组织的关系，从各方面保证国家权力机关、行政机关、司法机关和各种经济文化组织有效地行使自己的职权"的

精神，理顺政治体制架构中的三个基本关系：一是党和国家权力机关的关系，主要是更加注重改进党的领导方式和执政方式，理顺党和政府的关系，保证党和政府领导人民有效治理国家；二是国家权力机关、行政机关和司法机关的关系，主要是健全国家权力运行制约和监督体系，理顺国家权力机关、司法机关和政府的关系，确保决策权、执行权、监督权既相互制约又相互协调，确保国家机关按照法定权限和程序行使权力；三是政府系统内部的关系，主要是理顺中央政府与地方政府的关系，发挥中央和地方两个积极性。第二层面，按照党的十八大"推动政府职能向创造良好复杂环境、提供优质公共服务、维护社会公平正义转变"的精神，还要牢牢抓住"四个分开"这个龙头：即政企分开、政资分开、政事分开、政社分开。实现形式就是"有效政府、规范市场、法治社会"，形象地说就是"强政府、好市场、大社会"。

（三）"有效政府、规范市场、法治社会"的核心是要建立人民满意的服务型政府。有效政府必须是有限又有为的政府，而不是大包大揽、权力集中的政府；规范市场是能有效配置资源、竞争有序的市场，而不是市场失灵、权钱交易的市场；公民社会应当是公民个人权利得到保障、在公共事务中发挥更大作用的社会，而不是事事找政府，公民缺少自我组织、自我管理的社会。有效政府的核心内容有三层含义，一是"有限政府"。强调的不是国外有些人讲的那种"全能政府"，政府把该给市场的给市场、该给社会的给社会，进一步放权给企业、事业单位和公民个人，不该管的事情不要管。二是"有为政府"。强调政府全面履行"经济调节、市场监管、社会管理、公共服务"的职能，在重要阶段、核心领域和关键环节发挥重要作用，有所作为。该管的事情必须全面管起来，而且要真正管好。

不单纯以"大"或"小"来评判政府的优劣，而是注重规模适度、绩效优先。我国政府经济调节抓得相对好，1994年的分税制改革后，中央财政收入占比很快从百分之二十几提高到百分之五十多，集中了必要的财力，近十年来我国成功应对国际金融危机，解决了大量基本民生问题，保持了经济社会既总体稳定又较快发展。但也要看到，政府的市场监管、社会管理和公共服务这三项职能远没有到位，需要加强。三是"有责政府"，强调的是政府依法行政和承担相应的责任，要求政府对法律负责，对人民负责，切实提高政府运用法治思维和法治方式深化改革、推动法治、化解矛盾、维护稳定能力。

（四）世界各国行政体制改革的本质都是权力及权力关系的调整和划分，我国也概莫能外。从我国国情来看，行政体制改革能否取得成效，除自身权力及权力关系的调整和划分外，更取决于两个重要因素，一是行政体制改革需要政治体制其他部分的配套改革。行政体制改革是政治体制改革的重要组成部分，但不是政治体制改革的全部内容。因此，行政体制改革能否顺利展开，也取决于政治体制其他部分更紧密、更直接的改革配套程度。如果离开了其他部分改革的协调保障，孤军深入的行政体制改革就会遇到严重掣肘，难有作为。二是政治体制改革也需要经济体制、社会体制、文化体制的配套改革。政治体制改革作为一个整体能够得以深化，离不开经济体制、社会体制、文化体制的配套改革。如果没有配套改革，政治体制改革也走不通。即使取得了一定的成果，但也难以从根本上得以巩固。

（五）深化行政体制改革，既需要明确行政体制改革的近期目标，更需要设计行政体制的中长期目标。为理顺这些复杂关系，迫切需要加强改革顶层设计和总体规划，明确改革优先排序和重点任务。还要加强高质量智库的建设。正如习近平总书记在中央经济工作会议上所强调的那样，"健全决策咨询机制，按照服务决策、适度超前的原则，建设高质量的智库"。智库建设可考虑分类进行，一种是党和政府设置的，完全"官办"的，一种是官民合作办的，再一种是纯民间办的。可以相互合作、相互影响。今后，要特别重视改革思想库的建设并发挥其重要作用。

（原载《行政管理改革》，2013 年第 5 期）

改革中央与地方行政管理体制的政策建议

我国作为世界上最大的发展中国家，既处于前所未有的"黄金发展期"，又处于各种社会问题频发的"矛盾凸显期"，在如此复杂的背景下完善中央与地方行政管理体制，需要借鉴中国历史上和新中国成立以来各个时期国家治理的有益经验，更要吸取现实社会前苏联中央高度集权体制和前南斯拉夫地方过度分权体制（民族差异绝对化）导致国家混乱乃至分裂悲剧的沉痛教训，从多方面汲取智慧，遵循原则，统筹考虑，稳步推进。

完善中央与地方行政管理体制改革，要有利于调动中央与地方两个方面的积极性，要有利于解决当前经济社会发展中的突出问题，要有利于从实际出发解决群众的迫切需求。探索中央与地方行政管理体制改革，需要重点解决以下问题：

其一，制定中央与地方权限调整划分的总体方案，制定《中央与地方关系法》，实现各级政府分权履行职能的法治化。根据改革开放 30 年后国家发展进入新阶段和新起点的实际，为适应全面建设小康社会和科学和谐发展的需要，应当考虑组织专家学者和实际部门的专业人员成立专门机构，围绕中央与地方政府的关系，特别是中央与地方政府权限调整划分进行专门研究讨论，提出中央与地方权限调整划分的总体方案，为建立和完善中央与地方合理分权体制提供政策建议。从长远来看，真正实现中央与地方行政管理体制的规范化与制度化，还应适时修改宪法和组织法，尽快制定相应的《中央与地方关系法》，对中央政府与地方政府的职责权限做出专门规定，具体列举哪些行政事务归属中央，哪些归属地方，哪些既可由中央管理也可由地方管理，将各级政府的权力配置、权力与权力的关系、权力的运行纳入法治体系，并赋予各级政府更多的科学、严格、公正执法的手段，做到行政管理有法可依、有法必依、违反必究、执法必严。彻底走出中国"放权—混乱—收权—僵死"的恶性循环局面，使合理适当的集权与分权具有法定性的保障。《中央与地方关系法》应包括以下主要内容：立法的目的和使用范围，处理中央与地方关系的基本原则，中央与地方权限划分、调整的内容和程序，中央对地方的监控机制，中央与地方权限冲突的法律解决机制等。当然，需要强调的是，不论修改宪法或制定法律调整或改革中央与地方关系，都要严格按照宪法和法律规定的民主程序，建立健全中央与地方的互利合作关系和地方利益的表达和平衡机制。

其二，明确经济调节、市场监管、社会管理和公共服务在各级政府间的权责划分，实现政府管理的彻底转型。一是经济调节（宏观调控）应由中央政府主导。经济调节（宏观调控）具有全局性的影响，必须实现"全国一盘棋"，权力不可分割，需由中央政府负责，省级政府在区域规划、财政政策上予以配合。具体来说，中央政府负责宏观经济管理，制定全国性的产业政策和生产力布局；制定全国的发展和改革政策；制定反垄断政策；调整国民经济结构；

协调地区发展；制定收入分配政策、财税政策、货币政策，负责货币发行、基准利率确定、汇率调节和重要税率的调整；制定涉外的经济政策等。地方政府在经济调节中应发挥辅助作用，落实中央宏观调控政策，保证本地经济健康发展，确保全国统一市场形成。二是市场监管应由中央和省级政府主导。中央政府负责制定市场监管法律法规、市场竞争规则与相关标准。省级政府负责组织协调重大的市场监管活动，市、县（区）政府负责组织监管活动，规范市场行为和运行秩序。三是社会管理政策与监管由中央政府负责，社会管理的具体实施与执行由地方政府负责。中央政府负责制定全国性社会政策，实施全国性的社会管制，建立全国性的社会保障体系，形成能够在全国范围内流转的社会保障网络，为统一劳动力市场和维护社会公平正义提供普遍的制度环境；制定全国义务教育最低质量标准；制定促进公民健康方面的政策等。省级政府负责部分社会性管制，组织落实中央的社会管理政策等。市、县（区）政府具体贯彻落实教育、公共卫生、就业、社保等各项工作。城市管理执法工作应由市、县（区）政府负责。四是公共服务职责根据不同类型分别由中央政府负责、地方政府负责、中央与地方政府共同负责。中央政府的专有职责是提供全国性公共服务。如国防外交、铁路航空邮政、电信、能源、国家级公共基础设施、国家自然资源保护、重大基础科研、社会养老保障、医疗卫生保障等等。这些职责应由中央政府驻地方分支机构履行，或实行垂直管理，中央政府承担全部支出责任。地方政府可受中央委托行使某项职能。地方政府的专有职责是提供地方性公共服务。受益范围地方性、与地方居民利益直接相关的地方性公共服务由地方政府提供。省级政府统筹协调本省公共服务均等化，直接提供社会救助服务。市、县政府具体提供本区域道路、公共住房、公共文化与体育、公共事业、污水处理、环境卫生、消防警察、本地公共基础设施、本地治安等等。属地方自治事务，由地方机构自主管理。在公共服务提供方面，实行市、县分治，根据城乡管理特点不同实施不同的治理模式。跨区域公共服务由中央与地方政府合作提供。如跨地区的交通、邮电、空港、环保等项目。中央负责政策制定、立法、监督与分担支出责任；地方政府具体实施、管理和分担支出责任。社会保障方面，由于养老保障具有强烈的公平性、权利性、外部性，而且参保人员具有在全国自由流动的特征，且养老金资产是一笔庞大的资产，宜作为中央宏观调控的重要手段。因而，我国应确立养老保障为中央政府专属职责，加快建立全国性的社会养老保障体系，实现个人社会保障代码的全国通用。社会救助为地方政府专属职责，城镇与农村居民最低生活保障、灾害救助、社会救济等社会保障的受益性主要是地方性的，应由省级政府统筹管理，市县政府负责实施与管理。医疗保障方面，医疗保险资金是笔庞大的资产，参保人具有在全国自由流动的特征，应作为中央经济社会宏观调控的重要手段。因而，应确立医疗保障为中央政府专属职责，加快建立全国性的医疗保障体系。公共卫生为地方政府专属职责。初级医疗服务主要由基层政府或社区来具体提供和管理。义务教育方面，市县地方政府负责学校建设和管理，中央政府和省级政府负责占教育经费大部分的教师工资。

其三，调整中央和地方的机构设置，逐渐理顺垂直管理与地方政府的关系，调整或减少某些垂直管理部门和机构。在机构设置上，要解决中央和地方机构上下一样粗的问题，同时还要重点解决"垂直管理"存在的问题。地方除了一些必要的，如财政局、公安等机构外，可以根据地方实际情况和发展需要来设置机构。中央管理的事务，机构由中央管理，经费垂直供给，业务条条领导，人事纵向任命，机构归属中央；地方事务，由地方管理，经费属地供给，业务条条指导，人事横向任命，机构归属地方。具体而言，应当对目前的机构设置进行调整：法院和检察院，可考虑直属中央管理；社会保障逐步由中央管理，地方机构为中央派出机构；就是说由中央政府管理的国防、外交、安全、武装警察、宏观调控（主要是货币、金融监管）、海关及关税、社保、全国性交通，必须由中央直接管理，其他的都可以逐渐下放地方管理。地方政府在自身管理上要以"大部门体制"为基础，逐渐向"决策、执行、监察"体制靠近。从全国统一市场来看，我们既存在着市场监管不力的问题，但也存在着某个问题不同层次重复监管或者不同部门多头监管的问题。解决"垂直管理"的存在问题，既要遵循市场经济的一般规律，又要考虑现阶段我国的发展水平。一是要明确界定垂直管理部门的职能和权限。垂直管理部门内部各层级机构之间的职责权限也要通过法律予以界定，防止各层级间的缺位、越位和错位现象，避免垂直管理部门形成特殊利益共同体。近年来，垂直管理部门腐败窝案频发，必须引起各方的重视。二是要进一步理顺和明确垂直管理部门与地方政府权责关系，建立健全协调配合机制，探寻垂直管理与分级管理的契合点。通过法律界定清楚垂直管理部门与地方政府各自的权责范围和职责分工，使两者分别就其法定职能向民众提供服务并承担相应责任。三是现有的"垂直管理"部门也涉及到改革问题，不宜再增多"垂直管理"部门。要根据我国市场经济逐步完善与成熟状况，对原来市场经济不完善时期实施的垂直管理部门应当逐渐调整或减少，特别是省垂直管理部门和机构如工商行政、质量技术监督、食品药品监督等可以考虑下放给地方政府，让地方政府能够整合行政资源，增强地方政府管理、协调和处理地方事务的有效性，在地方治理中发挥更大的作用。

其四，加快推进省直管县体制改革，逐渐减少行政层级，下放和扩大地方经济发展和社会管理的自主权。省直管县体制改革不仅限于在原有体制内部考虑行政体制改革问题，而是更关注从行政架构和层级上寻找新的突破，影响意义深远。地方同志反映，可以考虑推进力度更大些，经过几年试点，各方面基本能够理解和接受。从改革时间来看，可以分三步走：其一，从现在到"十二五"中期（2012年），除民族地区外，全面实现财政体制省直管县，同时继续探索和推广乡财县管。在浙江等经济发达省份或矛盾特别突出的地方，把一部分有条件的县（市）由财政体制省直管县改为行政体制省直管县。其二，到"十二五"末期（2015年）把地方省、市、县（市）、乡镇四级财政先扁平化为省、市（县）、乡镇三级。东部、中部和东北地区，条件基本成熟的地方，实现由财政体制省直管县改为行政体制省直管县，部分乡镇政府改为县政府的派出机构。西部地方也实行财政体制省直管县，乡镇政府可以维持现状。其三，到"十三五"末（2020年），即十年多点的时间，把省、市（县）、乡镇三级财政彻底简化为省、市（县）二级财政。东部、中部和东北地区，基本实现由财政体制省直管县改为行政体制省直管县，西部部分县（市）实现行政体制省直管县，部分实行财政体制省直管县，部分地方乡镇政府改为县政府的派出机构。总的方向应当是，地级市不再管县，市和县分治，相互是平行的"兄弟"关系，省既直管市又直管县。改革后，市的主要工作是强化城市管理，加快城市发展；县的主要工作是发展县域经济，服务三农；市与县的经济合作联系要以市场推动为主，政府协调配合为辅，逐步形成区域经济发展的共同体，区域协调向复合行政方向发展。就全国而言，改革类型可能有三种：一是在已经形成区域经济中心和积极构建区域经济中心的发达地区，如北京、上海、天津、重庆四个中央直辖市和广州、深圳、南京、武汉、青岛、大连、宁波、厦门等城市化比较高的副省级城市，可重点加大推进邻县"撤县建区"的力度。为构建区域经济中心，较发达的地级市也适当可扩大管辖范围，改近郊县、镇乡全部或部分为市辖区，或将几个近郊县部分区域划归市辖，以开拓新的发展空间。但这项工作特别需要实事求是，不能简单依靠行政权力趁机搞刮风式的跑马圈地，不能搞成虚假的城市化。二是在西部面积比较大的欠发达地区，如新疆、西藏、青海、内蒙古等省区，在国家区划没有进行调整的情况下，可以考虑仍维持目前的行政管理格局，但可向县级单位下放一些权力，选择部分县进行直管试点，扩大自主权，搞活县域经济，并积极形成区域中心，争取把发展比较好、有潜力、地理位置比较重要的县域升格为地级市，带动西部经济发展。三是在上述两种情况外的大部分区域，特别是区域面积相对小的省份，特别是沿海的东部省份和东北的三个省份，积极探索省管县的改革，对符合地级市标准的强县可以考虑加快升格为地级市，形成区域经济带动中心。有条件的地方（经济比较发达，或矛盾比较突出），如江苏昆山、浙江义乌、山东滕州等，应在中央政府和省政府的支持下，率先从财政体制过渡到行政体制的省直管县。其他具备条件的地方应当积极推进这种过渡。对中部省份，既需要扩权强县，也需要在适当的时候，探索要素的积聚，对过小的县进行试点性的整合设市，减少县域数量。

其五，逐步完善行政权限冲突的"协商民主"解决方式，建立中央与地方良性的法定统筹协调机制。我国正处在发展的"黄金机遇期"和"矛盾凸显期",由于各种利益的驱动,中央与地方政府之间、各级地方政府之间各类矛盾、纠纷增多,并引发各种冲突。深化中央与地方行政管理体制改革,就要在承认公共利益、国家利益、地方利益合理性的基础上,逐步形成"协商对话"和"平等沟通"的渠道,完善和确立一套行政权限冲突的"协商民主"解决方式,建立中央与地方政府之间良性的利益表达和利益统筹协调机制,通过有效的制度建设减少和消除暗箱操作、推诿扯皮等现象发生。比如,在社会管理方面,可以考虑在对社会管理事务进行分类的基础上,设置不同的社会管理事务协调委员会,按照一定的利益协调程序来处理中央与地方各级政府之间的利益关系。又如,如果没有良性的法定协调机制,地方利益就可能会通过隐蔽的、非正常的途径来表达,既容易损害其他地区的正当利益,造成区域之间发展的差距拉大,也容易导致权力寻租,滋生腐败,其带来的不良后果将是多方面的。因此,建立中央与地方关系运行的法律程序,形成良性的法定协调机制,依法维护中央与地方关系的基本结构和秩序,是中央与地方行政管理体制改革不可或缺的要件。对于违反者,无论是中央政府还是地方政府,都要承担一定的责任。

其六,提高中央监督机构的权威性和独立性,完善中央政府对地方政府的监督机制。中央对地方政府的监督是为保证地方政府行为的合法性、与既定目标的一致性而对地方政府实施的检查控制活动,是保障中央政府政令统一的重要方式和手段。自古以来,这个问题就是治国理政的核心内容,既是防止地方主义泛滥的重要制度保证,也是遏制分裂主义倾向发展的有力武器。实行省垂直管理和推行省直管县无疑也加大了省级政府的权力,因此也要考虑解决省级政府权力过大和过于集中带来的问题,以免对中央政府"构成威胁"。总的来看，完善中央政府对地方政府的监督机制，要重点解决如下问题：一是应提高中央监督机构的权威性和独立性，使其能独立开展工作，从而保证监督效果的有效性。二是应改变以行政监督为主的传统监督方式转向法律、司法、行政、财政及新闻舆论等社会监督相结合的监督方式，确保地方政府在法律规定的范围内履行职能。三是建立和完善监督程序，使中央对地方的监督程序化、规范化和制度化。四是在对中央与地方政府职能的严格界定的基础上，建立健全各自公共服务的标准体系，以及中央对地方政府的监管机制和评价机制。

（原载国家行政学院《关于进一步理顺中央和地方关系的
行政管理体制研究》课题报告，2009 年 7 月）

中国特色社会主义行政管理体制特征初探 [*]

　　党的十七大报告提出了加快行政管理体制改革和建设服务型政府的要求，党的十七届二中全会通过的《关于深化行政管理体制改革的意见》郑重提出："到 2020 年建立起比较完善的中国特色社会主义行政管理体制的总目标。"这是在党中央重要文献中首次就实现行政管理体制改革总目标提出了时间安排和标准要求，也是党中央重要文献中首次出现"中国特色社会主义行政管理体制"这样的提法和概括，旗帜鲜明，让人耳目一新。那么，什么是比较完善的"中国特色社会主义行政管理体制"？它到底应该有什么样的"特征"？本文对此进行初步探讨。

---

　　* 本文系中国机构编制研究会课题——"中国特色行政管理体制的内涵、基本框架和特征研究"阶段性成果之一。

一、中国特色社会主义行政管理体制的一般特征

研究当代中国问题，必须了解和把握中国各种问题所贯穿于其中的主题。当代中国的主题就是建设中国特色社会主义，而中国特色社会主义行政管理体制这一概念是由中国特色社会主义和行政管理体制两个概念相加而成，因此，特征也应是由这两个概念"重组"相互支撑并限定而成，必须界定在中国特色社会主义实践之中。

特征是一事物区别于他事物的显著征象或标志。"中国特色社会主义行政管理体制"的特征，首先是与资本主义或其他非社会主义国家的体制比较而言，其次是与其他社会主义国家比较而言，最后也包含与我国原来传统僵化的计划经济时期体制的比较。中国特色社会主义行政管理体制的一般特征是由我国所从事的事业、所处的特定历史阶段、特殊的国情和社会环境决定的，它表现出"五个结合"：

第一，它体现了实践性和理论性的结合。中国特色社会主义本质上是一种独创的事业，在无任何先例可循的情况下，创新是第一位的。而创新就要从实际问题出发，大胆解放思想，不断地摸索、试探、实践、再实践。但我们又有基本的目标，有基本的原则要求，有基本的理论指导。最后，我们在总结实践经验基础上，还要从中提炼出新的理论。这种实践性和理论性的结合，党的十七大已通过"一个旗帜，一条道路，一个理论体系"总结出来，表现在中国特色社会主义行政管理体制上也同样如此。我们所要建设的中国特色社会主义行政管理体制在全面建设小康社会的伟大事业中有着深厚的实践基础，既在实践中显示出蓬勃的生机与活力，同时又显示出理论创新的无限光芒。

第二，它体现了革命性和继承性的结合。中国的行政管理体制改革是一场革命，这一点，邓小平早就强调过，并早已为我国的改革实践所证明。现在，在建立比较完善的中国特色社会主义行政管理体制的过程中，政府自身的更多改革和创新，要实现的现代化意义上的"善政"和社会主义的"仁政"，将要建成的服务政府、责任政府、法治政府、廉洁政府的目标，都体现着革命性的内容。但其继承性的一面也是明显的。科学发展观中"以人为本"所体现出的人民主人地位，生产资料所有制中的以公有制为主体，分配制度中的以按劳分配为主体，对民生的更加关注和让人民共享改革发展的成果，这些无不是体现着继承性的内容。

第三，它体现了参照性和独创性的结合。就中国社会生产力发展水平而言，我们现在和今后相当长时间都是发展中国家。国家的管理体制要适应和服务于生产力发展，从这个意义上说，发达国家的政府管理体制，有许多值得我们借鉴之处。特别是我们确立了社会主义市场经济体制之后，资本主义管理经济的许多特点，在适应和服务于"市场经济"的角度无疑有更多可引进之处。但我们毕竟是建设社会主义，这又决定了，它不是西方资本主义国家三权分立制度下的行政管理体制和市场绝对强大、政府相对弱小的"小政府"体制。而是体现社会主义精神的、积极负责的、坚强有力的服务型政府体制，适应中国社会主义初级阶段经济社会发展要求的体制。这需要中国的独创。

第四，它体现了生长性和成熟性的结合。改革开放以来，经过30年的探索，中国特色社会主义行政管理体制已经展示出基本框架，一些基本特征已经初步形成。特别是下一步行政改革的总思路已经提出，按照到2020年实现的目标要求，坚持十几年的努力，我们能够建立一个更加成熟的管理体制。但我们还有更长远的考虑，就是到 2050 年时要基本实现现代化，建成一个富强、民主、文明、和谐的社会主义现代化国家。相对于那时候的行政体制，我们小康社会建成时的体制肯定还只是"比较完善"的，还处在"生长中"而不够丰满和成熟。这意味着它仍要与时俱进，还需要进一步改革和完善。

第五，它体现了绝对性和相对性的结合。中国特色社会主义行政管理体制具有绝对的中国特色，非常鲜明的个性特征，纯粹是中国自己的东西，土生土长，在其他国家很难找到相同的个体；同时，从成长的角度说，也包含中国发展特殊阶段的特殊要求。但另一方面，又不能说与其他国家没有互通性和可交流性。现在世界经济全球化进一步加深，各国之间的兼容性和相通性肯定在加强。特别是中国处理政府与市场、政府与社会关系方面的经验，不能说对其他国家尤其是发展中国家没有借鉴意义。这从近几年世界对中国模式的讨论中可以看到，从这次金融危机中世界各国所采取的措施中更可以看到。反映到体制上，它使中国体制有了绝对性与相对性相结合的特质。

二、中国特色社会主义行政管理体制的基本特征

与一般特征相比，基本特征是更本质、更深刻、更有决定性、表现也更鲜明的东西。这里的"基本特征"，当然包括现在的成长态势，同时，也涵盖了将来希望达到的前景。我们认为，比较完善的中国特色社会主义行政管理体制的基本特征可概括为：

第一，它是在中国特色社会主义制度下，立足社会主义初级阶

段这个最大实际，在中国特色社会主义理论体系指导下建设的公共行政体制。中国特色社会主义理论体系是包括邓小平理论、"三个代表"重要思想和科学发展观在内的科学理论体系，是中国共产党对社会主义现代化建设规律认识的升华，是改革开放实践经验的系统总结，是马克思主义中国化的最新成果，是与时俱进的马克思主义。它构成了全国各族人民团结奋斗的共同思想基础，也是深化行政管理体制改革、建立和完善中国特色社会主义行政管理体制的指导思想和理论基础。我们要建立起比较完善的中国特色社会主义行政管理体制，就需要在中国特色社会主义理论体系指导下，更加自觉地去实践和探索。近些年来关于"中国模式""、中国道路""、中国经验"和"北京共识"的各种讨论，都表明了我们这种探索的价值。而这些"光荣"的取得，自然也有不断改革和完善行政管理体制发挥的功效。

第二，它是把坚持中国共产党领导、人民当家作主和依法行政有机结合起来，推动社会主义法治国家建设的公共行政体制。近现代历史表明，中国共产党的领导作用和执政地位是中国人民历史选择的结果。新中国成立后，共产党的领导地位是靠党领导人民制订宪法和法律，把党的意志通过人大变成法律和政府决策，党员在政府中模范带头执行党的政策来体现的。党要求全社会遵守宪法和法律，维护宪法和法律的尊严，党也在宪法和法律的范围内活动。但由于复杂的原因，我们国家曾出现过"文化大革命"这样的历史悲剧，法制建设曾受到严重践踏。经历了巨大挫折后，中国共产党和人民都警醒起来。在拨乱反正和改革开放的历史进程中，中国共产党加强了思想建设、组织建设、作风建设，推动了党和国家领导制度的完善，并提出进行政治体制改革、建设政治文明和社会主义法治国家的伟大任务。政治文明和法治国家的核心是制度文明，它的实质是要保证公民当家作主的权利。我们在一系列政治体制改革的措施中，进一步强化了人民代表大会制度，发展了政治协商制度，完善了民族区域自治制度，建立了基层群众自治制度，扩展了群众参与制度，在依法治国的道路上正在加速前进。

　　第三，它是推动我国基本政治制度与市场经济深度结合，形成国家主导型市场经济模式的公共行政体制。中国特色社会主义行政管理体制与西方发达市场经济国家的行政管理体制既有区别又有联系。从区别的方面来看，由于社会性质不同、政治制度不同，我们要建立的行政管理体制是与社会主义基本制度结合在一起的。我们在政治上，坚持四项基本原则，坚持共产党的领导，不搞多党制；我们坚持人民代表大会制度、中国共产党领导的多党合作和政治协商制度、民族区域自治制度，不照搬照抄西方国家的政治制度模式；我们在经济上，坚持公有制为主体的多种形式的所有制结构，不搞彻底的私有化；坚持按劳分配为主体的多种分配形式，通过一部分人一部分地区先富起来，先富带后富，最终实现共同富裕；坚持发挥政府宏观调控的作用，政府对经济管理始终发挥积极主导性作用，保持国民经济又好又快发展。这些基本的制度和政策，体现了中国特色社会主义的本质特征。从联系的方面来看，中国特色社会主义行政管理体制始终注意借鉴和吸纳西方发达市场经济国家行政管理体制的有益经验，具有开放胸怀和学习创新的品质。特别是我们把市场经济体制引入我国的改革实践，打破了"市场经济"资本主义独有独享的神话，也打破了社会主义只能实行计划经济的僵化逻辑。我国推行"市场经济＋社会主义"模式，一是通过坚定的渐进式改革引入市场机制，强化市场对生产要素配置的基础性作用，逐步破除计划体制的弊端。同时对私有化的局限性有清醒认识，不迷信不采用"休克疗法"，不搞全面私有化。二是在不断改革中坚持社会主义，努力发挥政府对社会的调控功能，追求社会公平和共同富裕，在保持强有力的政治系统和社会公平的统筹机制基础上推进改革开放，使改革开放带来的利益关系调整约束在社会和公众可承受的范围内，共建和谐社会；三是在实践中创造性地推动市场经济与社会主义的有机结合，最大程度地提升和发挥市场经济和社会主义各自的比较优势，发挥 1+1 > 2 的组合效应。正是因为有了"社会主义"与似乎是资本主义独有的"市场经济"的结合，我国的行政管理体制也得以在发展中不断创新，形成了国家主导型市场经济模式的公共行政管理体制。

第四，它是在统一思想指导和单一制框架下，决策权相对集中而执行权相对分开，能够使国家集中力量办大事优势得以发挥又较有活力的公共行政体制。与西方自由市场经济国家推崇的"小政府"和有些发展中国家实行的那种"弱政府"相比，我国的政府更带有"强政府"的色彩。这种"强"，既表现在对社会的关系上，也表现在政府内部的层级关系上，同时在权力行使方式上，既强调决策权、执行权、监督权的相互制约，又强调决策权、执行权、监督权的相互协调，不搞西方那种相互制约而导致效率缺失的三权分立体制。在具体实践上，它本着"三个有利于"的原则，着力转变职能、理顺关系、优化结构，一方面解决部门过多互相扯皮的问题，一方面又防止过分集权和权力滥用，努力做到权责一致、分工合理、决策科学、执行顺畅、监督有力。这种权力相对集中的政府权威使得决策和执行的效率都比较高，特别是对重大公共灾难突发事件的危机管理反应迅速，同时能够把有限的社会资源在较低的交易成本下集聚起来，用于重大公共发展项目，具有集中力量办大事的优势。这种"强政府"体制，在我国现在所处的历史阶段和发展水平上，可能更显其适应性。我们是发展中国家，经济水平与西方发达国家相比还有很大的差距。我们在国际化、市场化背景下的竞争图强，本质上实行的是"追赶型"发展战略。鉴于我们面临着比较复杂的国际国内环境，客观上就需要有一个强力政府，在"追赶型"的发展中对经济有较强的宏观调节作用，对市场有较强的监管职能，对社会起一定的引导、组合和规范作用。

第五，它是确立科学发展和正确管理理念，坚持"发展是第一要务"，努力为经济体制改革和市场经济发展开辟道路的公共行政体制。政府管理理念的端正是经济社会发展的前提。过去我们认为政府是阶级斗争的工具，一切为政治服务，"天天讲，月月讲，年年讲"，弄得经济几乎到崩溃的边沿。改革开放之初，我们首先端正了政府管理理念，树立了发展是硬道理的指导思想，把党和政府的中心工作转移到了经济建设上来。经过多年努力，政府定位和管理理念有许多变化，由政治为中心到以经济为中心，由计划经济管理思路到社会主义市场经济管理思路，改变了国有经济是公有制唯一形式和社会主义正宗经济成分的观念，政府从单纯服务于国有经济转向服务于一切有利于生产力发展的经济成分；改变了发展观念，从单一抓经济发展、抓 GDP 转向抓经济质量和经济社会的全面协调发展。同时，在政府职能转变基础上，通过政企分开、国有资产管理改革和国有经济布局调整等，把政府职能主要界定为经济调节、市场监管、社会管理和公共服务，从直接从事和干预微观经济活动转变到有效实施宏观调控、创造市场环境和条件上来，从单纯追求经济的高速增长转变到推动经济社会协调发展、人与自然和谐相处上来。可以预期，在今后的改革中，政府将进一步用新的视野和实践来处理政府与市场的关系，更加注重完善行政管理方式，为市场经济发展开辟道路。

第六，它是推动政治体制改革和民主政治发展，使公民能在政务公开的氛围里有序参与国家和社会管理事务的公共行政体制。它包含了群众有序、有效参加国家和社会事务管理的制度安排，并把它作为推进中国特色政治体制改革和民主政治建设的重要内容。事实上，广纳群言、集中民智，是政府做出正确决策的前提和基础。防止决策的随意性、主观性，离不开一套行之有效的决策机制。当前，我国政府系统现行决策体制机制处在特殊的转型发展阶段，政府系统在大力推进决策科学化、民主化、法制化进程。特别是近年来，在贯彻落实科学发展观，建设中国特色社会主义市场经济、民主政治、先进文化与和谐社会的大背景下，政府对实行科学民主决策的认识很明确，工作力度较大，成绩也很突出。建立一套公民有序、有效参与的制度，完善政务公开制度，提高政府工作透明度，切实保障人民群众的知情权、参与权、表达权、监督权以及选举权、被选举权等，将在我们未来的行政体制中得以实现。

第七，它是坚持"以人为本"的服务理念，致力于维护社会公平正义和追求社会和谐的公共行政体制。坚持"以人为本"的服务理念，构建和谐社会，总的要求是政府的行为一切从人民的利益出发，把为人民服好务作为各级政府的行为准则。改革开放以来，我国政府不断加大公共服务投入，公共服务总量有较大增长，公共服务体系初步形成，各种社会矛盾能够得到比较有效的化解，各种经济利益冲突也能够得到比较及时的统筹协调。近些年，党和政府明确把构建和谐社会、建设服务型政府作为我们的目标，体现了人民政府的性质和宗旨，体现了新阶段政府职能转变的正确方向，体现了政府管理的根本要求。它关注公平的起点、公平的前提、公平的过程、公平的环境和公平的结果，不断加强经济、政治、文化、社会四位一体建设，在搞好经济调节和市场监管的同时，更加注重社会管理和公共服务职能，更加重视基本民生问题，让发展成果惠及全体人民，努力使全体人民学有所教、劳有所得、病有所医、老有所养、住有所居，不断满足人民群众日益增长的物质文化需要。

第八，它是在全球化背景下努力维护国家经济和社会安全，为13亿人民全面建设小康社会提供保障的公共行政体制。在我国全方位参与全球化竞争的大背景下，影响国家经济和社会安全的内外部因素逐渐复杂起来。近年来我国加强政府的危机管理，建立了公共突发事件的应急机制，提高了政府对公共危机的管理水平。我国有13亿人口，是世界上人口最多的国家，处于全面建设小康社会新的历史起点和改革开放的关键时期，特别需要下大气力化解和防范影响国家经济和社会安全的各种风险因素，树立长久可持续发展的国家安全观。要坚持统筹兼顾、突出重点、积极稳妥、分步实施的原则，坚定不移地把行政管理体制改革推向前进，构建充满活力、富有效率、更加开放、有利于科学发展的体制机制，切实建设一个以人为本、施政为民的服务政府，权责明晰、监督到位的责任政府，法律完备、行为规范的法治政府，清正透明、精干有力的廉洁和高效政府，归根结底建设一个人民满意的政府，为全面建设小康社会提供体制保障。显然，强化危机管理机制，建立能够应对各种内外风险，确保国家经济和社会发展，确保国家稳定和国家安全的行政管理体制，是对我们应建立的体制的重要要求。

三、结语

根据以上讨论，我们可以简要归纳如下：比较完善的中国特色社会主义行政管理体制是以邓小平理论、"三个代表"重要思想、科学发展观等重大战略思想为指导，在中国特色社会主义框架内，适应中国经济、政治、文化、社会全面发展的需要，按照建设服务型政府的总体要求，通过职能转变、结构优化、体制机制建设、方式方法革新等系列措施建立起来的制度体系。它是我们到 2020 年前后行政管理体制改革所要实现的目标，同时又是促进我国未来全面建成的小康社会与和谐社会进一步发展的保证。这为我们描述了美好的前景，但实际上，目前我们距离完善的中国特色社会主义行政管理体制还有很大差距，前进步伐还有些拖沓，还需要通过下一个十年艰辛的、也许是壮士断腕般的改革创新努力，才有可能实现我们的预定目标。

（原载《行政管理改革》，2010 年第 2 期）

放权是为了让把该管的事管好

　　加快转变政府职能，深化行政审批制度改革，是党中央、国务院做出的重大决策。李克强总理强调，"该放的权坚决放到位"、"该管的事必须管好"、"坚决打好职能转变攻坚战"，并"把取消和下放行政审批的情况纳入部门年度考核的主要内容"。通过审批制度改革的自我革命，向市场放权、向社会放权和向地方政府放权，才能激发市场、社会和地方政府活力。当前，一些部门还存在着不愿放、不敢放、不会放的问题，必须以更大的改革精神去推动。

向市场放权，从体制机制上最大限度地给各类市场主体松绑

　　向市场放权，就是要坚持市场化改革方向，把该由市场发挥作用的交给市场，充分发挥市场主体的活力。

　　国务院经过多年行政审批制度改革，审批项目已精简了很多。但目前仍有一千七百多项，涉及近70个部门，其中，审批项目超过50项的就有12个部门，个别部门审批事项甚至超过100项。地方政府层面的审批项目则多达 1.7 万项。众多的审批项目就像一张大网，把整个经济社会活动给预先框住了，怎么走都没办法快走。有些审批项目提起来匪夷所思，比如，建造渔船时，渔船龙骨结构的大小，还需要经过有关部门的审批。有的企业上一个项目往往要跑十几个、几十个部门，盖几十个甚至上百个公章。这无疑会增加企业成本。此外，名目繁多的资质资格认证也大大抬高了就业和创业的门槛。据统计，目前仅国务院部门许可的个人资格就有一百多项，各级政府部门颁发的资质资格证书有二百多种。

今年以来，我国经济发展总体平稳，但发展形势错综复杂，下行压力较大，一些行业产能过剩的矛盾又凸显，财政金融领域还存在多种风险隐忧。就业创业活力不足，经济保持稳定增长，转型升级堪忧。这个时候，更加需要激发企业和个人活力，需要从体制机制上最大限度地给各类市场主体松绑，深化行政审批制度改革。当前，要按照国务院机构改革和职能转变要求，最大限度地缩小审批、核准、备案范围，切实落实企业和个人投资自主权。对确需审批、核准、备案的项目，要简化程序、限时办结。要按照行政审批制度改革原则，最大限度地减少对生产经营活动和产品物品的许可，最大限度地减少对各类机构及其活动的认定等非许可审批。

向社会放权，更好发挥社会力量在管理社会事务中的作用

向社会放权，就是要通过放权理顺政府与社会的关系。现在，政府包揽了过多的社会事务，老百姓什么事情都找政府，政府也疲于奔命。许多社会矛盾和冲突发生后，社会把焦点集中到了政府，导致政府受到不良影响，公信力、权威下降。而许多问题本来是可

以通过社会解决的，向社会下放权力，还权于民，这样不仅能减轻政府负担，还能培养公众的责任意识。

目前，我国社会组织既培育发展不足，又规范管理不够。主要是，成立社会组织的门槛过高，社会组织未经登记开展活动较为普遍，一些社会组织行政化倾向明显，现行管理制度不适应社会组织规范发展需要。因此，要根据党的十八大和政府职能转变精神，改革社会组织管理制度，逐步推进行业协会商会与行政机关脱钩，引入竞争机制，探索一业多会，以改变行业协会商会行政化倾向，增强其自主性和活力。重点培育、优先发展行业协会商会类、科技类、公益慈善类、城乡社区服务类社会组织。成立这些社会组织，直接向民政部门依法申请登记，不再需要业务主管单位审查同意。民政部门要依法加强登记审查和监督管理，切实履行责任。考虑到政治法律类、宗教类等社会组织以及境外非政府组织在华代表机构的情况比较复杂，成立这些社会组织，在申请登记前，仍需要经业务主管单位审查同意。当前，应该建立健全统一登记、各司其职、协调配合、分级负责、依法监管的社会组织管理体制，健全管理制度，推动社会组织完善内部治理结构，促进社会组织健康有序发展。民间社会组织适当放开一点，风险不大。社会组织发育起来，整个社会才能活跃起来。

向地方政府放权，充分发挥中央和地方两个积极性

向地方政府放权，是为了更好地发挥地方的优势，发挥地方的积极性。我国地域辽阔，地区之间经济社会发展不平衡，国务院部门管得过多过细，既管不了又管不好。我国许多问题都是基层问题，

中央部委相离较远，对情况和问题了解不如地方透彻，下放相应权力给地方，可以更好地发挥地方政府贴近基层、就近管理的优势。

经过改革开放三十多年的发展，我国许多省市已经有了很强的经济实力，部分省的实力已经超过了韩国、泰国，甚至一些欧洲中等国家，管得过死不利于地方更好发挥优势。比如投资一些较大项目，就可以下放到省里，这次取消、下放的 133 个项目中的矿山开发、轨道交通等必将进一步激发地方投资的活力。

为更好地发挥地方政府贴近基层、就近管理的优势，要进一步下放投资审批事项，对已列入国家有关规划需要审批的项目，除特定情况和需要总量控制的外，在按行政审批制度改革原则减少审批后，一律由地方政府审批；对国家扶持地方的一些项目，国务院部门只确定投资方向、原则和标准，具体由地方政府安排。地方政府也要按照这一精神，大幅度减少投资项目审批，进一步优化投资环境。

把该放的权力放开放到位，是为了把该管的事务管住管好

政府职能转变不仅仅是要取消和下放权力，把该放的权力放开放到位，还要改善和加强政府管理，把该管的事务管住管好。有所不为才能有所为。只有把那些该放的放了，才能抓大事、议长远、谋全局，少管微观、多管宏观。要在激活市场、社会活力的基础上搞好政府宏观管理，增强政府治理能力，提高政府效能，建设现代政府。

通过放权，使政府有更大的精力把监管的重点放到人民群众反映强烈、对经济社会发展可能造成大的危害的领域上来，为各类市

场主体营造公平竞争的发展环境，实现公平的竞争；通过放权，创新公共服务提供方式，为人民群众提供更多更有效的优质公共服务；通过放权，优化必要的行政审批程序，减少寻租，防止腐败，建立现代、科学的管理制度。

（原载《北京日报》，2013 年 9 月 21 日）

新发展阶段广东行政体制改革创新研究

改革开放以来，广东经济社会发展一直走在全国前列，其披荆斩棘、奋勇争先的经验曾经对内地产生过重要影响，广东也成为我国改革、开放、创新的领头羊。进入新世纪，我国传统的发展模式遇到挑战，广东也率先遭受体制上的掣肘。为推动经济发展方式转变和应对国际金融危机冲击，广东坚决贯彻党中央和国务院的战略部署，自觉担负起"探索科学发展模式试验区"的重要使命。近年来，我们多次到广东进行考察调研，感受很深。广东先行先试、果敢坚定推进行政管理体制改革并取得了重点突破，为率先实现科学发展提供了坚强的体制保障，对完善中国特色社会主义行政管理体制作出了开拓性贡献，为拓宽中国特色社会主义政治发展道路积累了宝贵经验，对各地深化行政管理体制改革也有重要的示范作用和借鉴价值。

一、自觉承担起为科学发展探索新体制的时代使命

多年来，广东致力于用改革的手段赢得更好更快的发展，对改

革既充满浓厚的感情，也寄予深切的希望。中央政治局委员、广东省委书记汪洋指出，"要想以较小的成本来赢得更好更快的发展，就要用好改革这个手段，这是我们广东起家的本领和看家的本事。"

（一）广东担当推动科学发展、促进社会和谐的排头兵，要求在深化行政管理体制改革方面有所作为。2009年末胡锦涛总书记视察广东时勉励广东努力当好推动科学发展、促进社会和谐的排头兵。广东省委省政府认为，要落实好中央的重要指示精神，就要在改革方面特别是在深化行政管理体制改革方面有所作为。从广东的实际情况来看，正是因为广东站在改革开放的最前沿阵地，它能够率先遇到和感受传统发展方式长期积累下来的深层次矛盾；它能够率先发现和认识到这些深层次矛盾之根源在于旧的行政体制和治理模式；它能够率先理解和运用马克思主义中国化的最新理论成果科学发展观探索新的行政体制和新的治理方式。

（二）广东加快经济发展方式转变的"二次创业"新战略，需要在行政管理体制改革方面有重要突破。为了推动产业结构优化升级、促进区域统筹协调发展、加快经济发展方式转变，更好地应对国际金融危机冲击和国际国内经济发展新形势的要求，广东省提出了"双提升"和"双转移"的"二次创业"新战略。随着新战略的全面、快速推进，行政管理体制不适应的矛盾也随之越来越突出。如果没有行政管理体制改革的支撑，"二次创业"新战略的目标就难以实现。因此，更迫切地需要行政管理体制改革能够在重要领域有所突破。比如，建立完善有利于经济发展方式转变和"二次创业"新战略实施的行政管理体制机制与政策，以及更加符合实际的政府绩效考核指标体系等。

（三）广东在扩大开放中战略区位重要性明显提升，对政府管理体制改革提出了更高的要求。广东是我国对外开放的前沿，一方面，毗邻香港、澳门。《珠江三角洲地区改革发展规划纲要（2008—2020年）》对珠三角地区的战略定位之一是"扩大开放的重要国际门户"。推进粤港澳紧密合作、融合发展是必然趋势。在不同于港澳的政制下，为优化行政管理绩效，可以结合广东需要实际，借鉴港澳地区好的行政管理体制、机制、方式、手段和具体做法。另一方面，改革开放特别是应对国际金融危机以来，我国国际地位明显提升，广东作为外向型特别突出的沿海经济大省，在行政管理体制方面与国际接轨既有其"得风气之先"的优势，也有其顺应时代发展潮流的要求。

（四）广东致力于以行政体制改革引领各项改革，推动改革全面开展。改革开放三十多年来，广东不断为生产力发展开辟道路，先后经历了五次大的行政管理体制改革，极大地促进了经济社会的发展。党的十七大和党的十七届二中全会提出了建设服务型政府和到2020年建立起比较完善的中国特色社会主义行政管理体制的新要求。2009年广东省人均GDP接近6000美元，2011年人均GDP接近8000美元，人民物质文化生活水平的提高，既对政府服务内容、服务方式和服务质量有新的需求，也对全社会的配套改革提出了更高的要求。行政体制与各方面体制密切相连，在整个体制中处于枢纽地位，是破解矛盾和深化改革的关键环节。在新的发展阶段，进一步深化行政管理体制改革，具有引领带动作用，有助于广东的改革全面配套向前推进。

二、广东行政体制改革的突出亮点和显著成效

政府职能转变是行政管理体制改革的核心，也是判断改革成功

与否的重要标志。近年来，广东省继续充当全国改革的排头兵，勇敢承担起了"探索科学发展模式试验区、深化改革先行区"的历史重任，大刀阔斧地推进行政管理体制改革，积极寻求体制与机制的新突破，亮点纷呈，成效显著。

（一）强力推进大部制改革，切实提高政府的执行力

广东省以建立大部门体制为重要突破口，通过"同类项合并"，追求职能的有机统一和职能的有效转变，实现管理链条的缩短和行政层次的扁平化，构建职能配置科学、机构设置精干、权责明晰的组织体系，此系全国最大力度的机构整合，涌现出"深圳模式"、"顺德模式"、"珠海模式"和"阳江模式"等。深圳市的政府部门由46个精减为31个，精简幅度达三分之一，大大低于中央规定大城市为40个左右的机构限额。同时，在减少15个政府部门的基础上，还减少内设、下设及派出机构151个，相应减少领导职数394名，此外还减少事业单位60个。佛山市顺德区在改革中统筹考虑党委、政府、群团和垂直管理机构，对党政机构进行了全面重组，原41个党政部门被大幅度压缩为16个，精简率达70%。珠海市政府工作部门由36个减为27个，精简25%。阳江市在探索适合经济欠发达地区特点的大部门体制方面进行了积极努力，政府工作部门由原来的37个减少为25个，精简30%。从实际效果看，大部门整合产生了"化学反应"，降低了行政成本，提高了部门的协调性、执行力和工作效率，受到国内外各界的高度评价。

（二）实现党政机构统筹联动，决策和执行扁平化

广东省顺德的改革有个突出的特点，就是党政机构的统筹联动。

在领导决策层面，在区委核心领导下，建立党政领导集体决策、统筹分工的领导体制。全局性重大决策由"四位一体"（党委、人大、政府、政协）的区联席会议负责。在部门层面，将党政部门中相近的职能整合到一个部门，综合设置党政机构，党政大部门首长分别由区委常委、副区长和政务委员兼任，由一个领导来管，统筹联动，责任清楚。6个党委机构全部与政府机构合署办公，如区委办公室与区政府办公室合署办公，区纪律检查委员会机关与区政府监察和审计局合署办公，区委宣传部和区文体旅游局合署办公，区委政法委员会与区司法局合署办公，区委社会工作部与区民政宗教和外事侨务局合署办公。区联席会议的决策一步到位地直接由大部门执行，减少了过去区领导分管和副秘书长协调两个环节，实现了行政层次上的扁平化，提高了效率。

（三）决策执行监督三权各司其职，探索行政运行新机制

广东省在改革中积极探索行政决策权、执行权、监督权三分，建立相互制约相互协调的行政运行机制。深圳市将市政府机构统称为工作部门，并根据部门职能定位做出区分。主要承担制定政策、规划、标准等职能，并监督执行的大部门，称为"委"；主要承担执行和监督职能的机构，称为"局"；主要协助市长办理专门事项，不具有独立行政管理职能的机构，称为"办"。顺德区则通过上移决策权、下移执行权，外移监督权的方式进行改革。区联席会议负责全局性重大决策，大部门集中统一执行，并将执行权尽可能依法委托镇政府（街道办事处）以及其他社会组织行使。区纪委（政务监察和审计局）对每个大部门都派驻监察员或监察组，对各部门实行独立的全程化监督。通过建立决策权、执行权、监督权相互协调与制

约的行政运行机制，加强了对行政行为和权力运行的监督和制约，有利于从体制机制上解决腐败问题和"有法不行"、"人情大于法"等法治难题。

（四）分类推进事业单位改革，创新公共服务供给方式

广东对事业单位进行了清理规范，促进事业单位职能归位。将事业单位承担的行政职能回归机关，将应由市场承担的任务交给市场，将事业单位改革与发展规范社会组织工作有机结合。在改革中，省政府将130余项行业管理与协调性职责、社会事务管理与服务性职责、技术服务性职责交给社会组织或事业单位。同时，着力推动行业体制改革，将关系国计民生、事业单位集中的重要公共服务行业，如科技、教育、文化、卫生、地勘、水管工程等行业体制改革纳入事业单位分类改革整体部署中统筹推进。探索建立理事会等形式的法人治理结构，创新公共服务供给方式。如深圳市开展了法定机构改革试点，依法设立公共服务结构，按事业法人登记，通过约定方式履行法定职责，实行理事会决策、中心主任执行的内部管理体制，同时辅之以配套的财务管理、人事管理和社会保障制度，成功地"去行政化"，有利于实现公益服务绩效的最大化。这种改革在全国尚属首创，需要特别关注。

（五）简政强镇释放活力，探索基层新的治理模式

广东省按照"权责一致、重心下移、减少层次"的原则，依法将部分经济社会管理权限下放给镇，进一步释放基层活力，激发社会活力，解放生产力，发展生产力。佛山市对容桂街道和狮山镇实行简政放权，扩大镇（街）管理权限，赋予其部分县级管理权限，

凡是与老百姓直接相关的审批、管理和服务事项，原则上由镇（街）一级政府完成。东莞市对石龙镇、塘厦镇通过直接放权、委托放权、调整派驻机构管理体制、内部调整放权的方式，下放事权、扩充财权、改革人事权。此外，试点单位还积极推动政府向社会简政，实行政府购买服务等办法，将一些管理和服务事项放权于社会。这些措施，加快了县镇行政管理体制创新，优化了公共服务，促进了县镇经济社会发展。从而比较好地破解了经济发达镇责、权、财匹配方面存在的"人大衣小"、"财大权小"责权不对等的问题。课题组认为，致力于探索基层社会新的治理模式，广东的简政强镇改革经验，对全国经济发达镇改革都具有很强的借鉴价值。

（六）求解社会管理改革，增强社会调节自治功能

广东省以改善民生为旨向，社会管理体制改革率先破题。省政府共增加和加强社会管理与公共服务职责63项，深圳市增加和加强相关职责73项。广州市在整合城市管理职责、重点扶持发展非营利性社会服务机构、建立新型社区管理服务体系、完善社会工作专业岗位设置方式等方面进行了积极探索。珠海市在全国率先设立政府咨询委员会，负责向政府提供政策制定和实施的具体建议。珠海市在现有居民代表会议、社区居委会、协商议事委员会的基础上，建立社区监督委员会，构建议事、决策、执行、协助、监督为一体的社区民主自治体系。同时，积极推进政社分开，将部分原由政府部门承担的职能转移给社会组织。顺德区让社会力量提供专业化、多元化的社会服务，参与社会管理和公共议题的讨论；设立社会发展专项资金和社会创新奖，扶持民间组织的发展，鼓励开展社会创新实验；在社区和村成立市民服务中心，办理政府下派的任

务，村（居）委会做好村（居）民自治工作。这些努力，使广东探索建立了政府调控机制与社会调解机制互联、政府行政功能和社会自治功能互补、政府管理力量和社会调解力量互动的政社合作型公共治理结构。

（七）创建大城管综合执法模式，提升城市管理水平

在广东各地实行的大部门改革中，广州市和顺德区的"大城管"改革是一大亮点。"大城管"体制是一种统筹协调、行业服务、综合执法"三位一体"的城管新模式，变原来的事后管理为事前管理，将源头管理与事后管理相结合，预防与处罚相结合，实现管理与执法并重，创建"捆绑式"综合执法模式，加大了问责与监督力度，提高政府执行力，降低了行政成本。此外，"大城管"借助于现代化设备，不断提高城市综合管理和执法效能，实现了城市管理数字化、日常化、网络化和精细化，切实提高了城市管理的水平。

（八）坚决推进政务公开，努力建设阳光政府

在行政管理体制改革的进程中，广东在推进政务公开，建设阳光政府方面迈出新的步伐。一是以政务决策规范为前提，推进政务决策程序民主化，保障政务决策公开公正。二是以政府公开透明为核心，推进政务公开制化。规定公开原则，明确公开内容，及时公开社会关注热点问题。三是以便民服务为宗旨，推进政府服务平台多元化。如广州市通过建设"窗口"服务平台，提升公共服务水平；充分利用信息化技术手段，创新和完善行政服务中心功能；以服务基层社会群众为目的，建立街道和居委会便民服务中心；以行政问责为手段，建立了政务公开的监督机制等。五是广州市率先公

开政府预算，引领新一轮政府预算公开改革，在社会上引起强烈反响，老百姓好评如潮，称赞为"看得见的政府"。

（九）率先规划，争做全国基本公共服务均等化先锋

广东省按照党的十七大提出的基本公共服务均等化战略目标，于 2009 年 12 月印发了《广东省基本公共服务均等化规划纲要（2009—2020 年）》，在全国率先编制了基本公共服务均等化规划。提出到 2020 年，全省基本建成覆盖城乡、功能完善、分布合理、管理有效、水平适度的基本公共服务体系，实现城乡、区域和不同社会群体间基本公共服务制度的统一、标准的一致和水平的均衡，全省居民平等享有公共教育、公共卫生、公共文化体育、公共交通、生活保障、住房保障、就业保障、医疗保障等基本公共服务，使基本公共服务水平在国内位居前列，在国际上达到中等发达国家水平。成功勾画出了省辖区域基本公共服务均等化的路线图，又一次走在全国前列。

（十）依法开展行政监督，将法治政府建设落到实处

广东省依法推进行政管理体制改革，依法改革贯穿始终，法治政府建设取得显著成效。其一，强化对下放行政权力的监督。在大部门体制改革和富县强镇事权改革中，对基层政府承接上级下放的管理事权，依法承担相应的行政和法律责任，坚持有权必有责，用权必问责，违法必追究。其二，建立和完善以行政首长和工作主管为重点的行政问责制度，明确问责范围，规范问责程序，明确党政主要领导不再直接管理人事、财务等事项，同时通过建立范围更宽更细致的申报制度加强对领导干部近亲属的监督管理。其三，按照

权责一致原则，明确各部门职责权限，健全政府职责体系，划清各部门职责边界，坚持一件事情原则上由一个部门负责。其四，充分发挥监察、审计部门等专门监督作用，由纪检监察部门牵头成立政府绩效监督委员会，除行政部门代表外，还吸纳党代表、人大代表、政协委员、有关专家、社会行业代表等参加，同时加强社会监督的程序化、制度化建设，强化依法行政，做到有权必有责、用权受监督、违法要追究。

三、广东行政管理体制改革的经验与策略分析

广东行政管理体制改革之所以取得了突破性的进展，在于广东党政领导和人民置身于国家改革发展的大背景下，能够把永立潮头的智慧和先行先试的勇气结合起来，创造性地落实中央的决策精神，在解放思想的旗帜指引下，勇敢承担起了"探索科学发展模式试验区、深化改革先行区"的历史重任，采取了坚定不移的改革行动和切实可行的改革策略。

（一）中央领导希望广东担负改革探路任务的高端定位与思想解放的广东靠改革谋发展的自身需求能够实现有机的结合

与经济体制改革一样，广东行政体制改革取得的成效与各级领导重视和高端定位是分不开的。中央领导多次到广东视察，尤其是胡锦涛总书记和温家宝总理对广东改革提出明确要求，为广东省加快改革指明了方向。中央编办和广东省领导对各项改革高度重视、科学谋篇布局是改革成功的关键。思想解放的省委省政府自始至终全程推动行政体制的改革，不断为改革鼓舞斗志，汪洋书记强调

"要想以较小的成本来赢得更好更快的发展，就要用好改革这个手段，这是我们广东起家的本领和看家的本事"。正是由于中央领导的高端定位和省市领导锐意改革的精神，两者形成了合力，本轮广东行政体制改革才得以坚定不移地向前推进。

（二）把全局统筹规划和综合配套结合起来，实现不同层面、不同经济社会发展水平地区的多方联动的整体制度创新

鉴于过去有些单项改革无法深入甚至失败的经验教训，广东省行政改革的重要策略之一就是全局统筹规划，实现综合配套改革，多方联动。广东省行政管理体制绝非单纯的行政改革，而是涉及经济体制、社会体制乃至政治体制的全方位综合改革。为保证改革的顺利推进，广东注重综合配套的功效，同步进行了行政审批制度改革、规范和发展社会组织、事业单位分类改革、综合行政执法改革等。顺德在对政府机构进行改革的同时，还实现了党政群的联动改革、财政管理体制改革、社会管理体制改革、建立完善区级党政机构、镇（街道）效能监督考核体系，完善人员编制的动态调整机制等，保障了改革的系统完整性。在改革区域的选择上，既有副省级市，又有地级市，还有县级区；既有发达地区，也有欠发达地区，较好地形成了不同层面、不同经济社会发展水平地区的改革联动形势，因而改革在广东全省乃至全国都具有一定的可复制性。

（三）以建设人民满意的服务型政府为方向和标杆，加快政府职能的整合重塑和政府间关系的厘清

广东省行政体制改革紧紧围绕建设人民满意的服务型政府而展开，为优化资源配置，促进社会和谐稳定，突出以人为本、注重民

生的价值取向，加强了对社会管理和公共服务部门综合设置。在政府职能的整合重塑中，着力探索理顺三个方面的"关系"。一是理顺部门之间职责关系。二是理顺政府层级之间的关系。三是理顺政府与社会之间的关系。在广东改革中，既有纵向管理链条的"压缩"，省直管县，又有横向管理半径的"收敛"，党政合署办公。大部制改革使基层政府部门成功地由"多龙管水"走向真正的"一龙治水"，使得基层政府成为完全政府，而不是"碎片化"政府。在垂直部门的改革中，其力度亦是前所未有，有效整合了各部门职能，消灭了市场监管的空白地带，逐步走向一级政府负总责的管理模式。纵横结合的改革模式在精简政府机构的同时，理顺了政府间关系，提升政府效能。从改革的设计思路来看，最后减少了多少部门，不是评价改革成功与否的标准，行政效率有没有提高，执行力有没有增强，为人民服务的水平有没有进步，这才是评价标准。

（四）自上而下、由略到详、分工明确的制度安排，有助于保证试点改革的纲举目张和依法推进

　　广东推行的各试点行政管理体制改革，无论是大部门体制、行政"三分"机制、简政强镇、省直管县、公务员分类管理，还是社会管理体制创新、社区治理、社会组织建设、法定机构改革等等，在中央、广东省和试点城市三级政府的文件中都有体现。在时间上，中央规定最先出台，广东省紧随其后，试点城市机构改革方案最后出台。上级首先明确改革导向，为下级确立改革目标，并通过授权方式为下级采取改革措施提供合法性保证。在内容上，有关改革的制度安排越往下越具体，上级侧重于授权和定方向，下级侧重于依授权制订具体方案，这既发挥了上级的领导作用，又体现出对下级法定权限的尊重。这种自上而下、先上后下、由略变详的制度安排，实现了改革精神源于中央，统一部署出自广东省委省政府，具体实践落在深圳等试点城市，有助于保证试点改革的纲举目张和依法推进。

（五）以增量改革与局部改革带动全局改革，把改革的力度、发展的速度和社会可承受程度统一协调起来

广东省在推动行政体制改革过程中坚持增量改革和局部改革的结合并带动全局改革。一是增量改革，即改革政策首先针对增量实施，而针对存量的政策保持不变。二是局部改革，即改革政策首先在局部地区实施，在条件成熟的情况下按照时间表的要求逐步推开。不论是增量改革还是局部改革，都带有试验性质。成功了，可以取得经验，以利改革方案的完善与推广；失败了，影响较小，易于纠正。改革中广东省充分考虑各地区经济社会发展不平衡的实际，对各地改革进行分类指导，各地结合本地实际选择不同的改革模式，不搞"一刀切"。如在实施大部门体制改革中，结合各地的实际情况，涌现出"深圳模式"、"顺德模式"、"珠海模式"和"阳江模式"四种不同特点的大部制。广东省能够将改革的力度、发展的速度和社会可承受程度统一和协调起来，既在一些关键领域大胆突破，又充分考虑改革的复杂性和艰巨性，不搞毕其功于一役。

（六）采取编制不突破、人员不降级、转岗不下岗等以人为本的措施，兼顾各方利益并争取其对改革的支持

广东省在改革中始终坚持以人为本，充分兼顾各方利益，尤其是改革对象的切身利益，采取编制不突破、人员不降级、转岗不下

岗等以人为本措施，暂时不精简人员，不减少干部职数，最大程度地减少改革阻力。如顺德区机构精简力度大，在设计机构改革方案时，制定了完善周密的干部安排配套方案，确保了干部队伍的思想稳定。阳江市虽然机构整合力度较大，但较好地加强沟通疏导，未出现信访事件，实现了改革的平稳过渡。这是保证改革顺利推进的重要因素，也是理顺政府关系，转变职能要付出的成本。体制理顺后，这些问题可以逐步解决。"老人老办法、新人新办法"，就不会影响现有人员的既得利益，因而很容易获得支持，避免犯大的错误。当然，采取编制不突破、人员不降级、转岗不下岗等措施进行改革，也引起了社会各界的议论。有些媒体评论认为，改革还不彻底，还有不少妥协。对此，我们也需要客观看待和评价，千万不能用理想主义的浪漫来评判复杂的改革，千万不能采取"毕其功于一役"的思维对改革求全责备。只要开步走，就比不改革强，就会有办法逐渐解决多年积累的问题。

（原载《经济体制改革》，2012 年第 4 期）

调整垂直管理部门和地方政府的关系

党的十七大提出"规范垂直管理部门和地方政府的关系"。十七届二中全会强调"调整和完善垂直管理体制,进一步理顺和明确权责关系"。根据中央的要求,2008年以来,广东省围绕调整垂直管理部门和地方政府的关系进行了探索,佛山市顺德区将省、市垂直管理部门改为属地化管理,现将其主要做法和建议作一汇报。

一、顺德区改省市垂直管理部门为属地化管理

2008年末,广东省食品药品监督管理部门发布消息称,将现行食品药品监督管理机构省以下垂直管理改为由地方政府分级管理。这一消息引起人们关注,广东的做法是想解决什么问题?这会不会预示着一种趋势,会有更多的垂直管理体制发生改变? 2010年4月,我们到广东进行了调研,重点考察了顺德。

在广东省委省政府的引领和支持下,顺德大部门制改革力度更大、更彻底。一是将原属于省、市垂直管理的工商、地税、质监、

药监、公安、国土、规划、社保等部门改为属地管理。二是组建区市场安全监管局，构建了大监管的工作格局。新组建的市场安全监管局整合了工商、质监、安监、食品、药品等有关部门的职能，把8个"大檐儿帽"合成1个"贝雷帽"。顺德的举动是理顺条块关系的大胆创新，意在解决过去部门分设过细、职能重叠、多头管理、部门间"耍太极"和"踢皮球"的问题，提高执行力和服务效能。这引发了我们对垂直管理部门改革的思考。

一是中央垂直管理单位和中央企业的调整改革。在广东省委省政府对顺德改革的批复中，并未对中央垂直管理单位和中央企业驻顺德区的机构权限做出明确规定，而这些部门和企业又对地方经济社会发展具有实质性作用，若不对其权限进行相应调整，将会造成"短板效应"，影响各项改革目标的顺利实现。故顺德希望省委省政府协调海关、边检等中央垂直管理单位和金融（外汇管理）、保险、电力、通信、石油、邮政等中央企业驻粤单位给予顺德必要支持，按其地级市机构的管理权限对其顺德分支机构配置职能、人员、资产和经费，并直接对省一级单位。

二是省以下垂直管理部门的属地化调整改革。顺德探索将省垂直管理部门改为属地管理，也存在着政策方面的制约。原省垂直管理单位改革后要下放管理工作，需要妥善办理好有关人、财、物的移交手续。顺德希望原省垂直管理单位下放顺德区管理后，省相关主管部门要多理解、支持顺德的相关工作，加强业务指导，减少对顺德机构设置、编制管理和职务配备的直接干预。

我们在调研中多次听到顺德的干部谈到，希望能够上下联动一起改革。他们说——"上改下不改是等死，下改上不改是找死"。看似玩笑话，却有其深刻内涵。基层改了，上面却不改，或者改动很小，工作对接就会出现上面千条线、下面一根针的情况。这些困难，单靠顺德一己之力无法解决。从全国的实际来看，垂直管理部门改革越来越重要。而这项改革均需要中央政府和省政府的推动，如果仅以基层之力推动改革，其难度可想而知。

二、垂直管理体制的现状和存在的主要问题

为了有助于理解顺德改革的思路，我们有必要对垂直管理体制的现状和存在的主要问题进行分析。新中国成立以来，我国多次调整中央和地方的关系。改革开放以后，为调动地方的积极性和创造力，中央从经济领域开始下放权力。权力的赋予激发了地方政府的活力，府际竞争也随之展开，这也是中国经济高速增长的秘诀。地方经济实力的增强，使得地方政府就某些问题与中央政府博弈有了可能。久之，就形成了地方利益和国家宏观秩序根深蒂固的矛盾。中央政令不畅，地方保护主义盛行，这些问题严重影响了中央权威和法律实施，迫使中央重新收回一些行政权力。

中央采取的具体行政手段就是"垂直管理"，包括中央垂直管理、省垂直管理和特殊垂直管理。如海关、国税、外汇、粮食、煤矿安全监察、地震、气象、测绘、出入境检验、烟草、邮政、物资储备、海事、银监、证监、保监、电力等是中央垂直管理；工商、地税、土地管理、质量技术监督、食品药品监督等是省垂直管理；国家土地督察局、审计署驻各地特派办、财政部驻各地财政监察专员办、环保执法监督机构、统计局驻各省调查队等则是特殊垂直管理。据统计，目前中央部门（包括部管局）设有垂直管理的机构，约占中央部门总数的三分之一。

实行垂直管理，改变审批、监管和处罚等权限的主体，可以让地方政府无法牟取私利，利益格局调整见效快，对于打破地方保护、建立统一市场发挥了重要作用。一段时间以来某些行业遇到问题或利益矛盾，总有主张扩大垂直管理的议论和呼声，有些部门至今仍在酝酿和推动实行垂直管理。

但由于缺乏实行垂直管理的法律标准、各方主体的权限范围不清晰、权力监督机制不健全、各方的权利主体地位不明确，久之，"条块"矛盾也随着垂直管理部门的增加而增多，社会上对垂直管理的意见也陆续增多。

其一，垂直管理导致地方政府职能削弱，容易出现各自为政、相互推诿的现象。垂直管理部门凭借自身的优势地位不一定会配合地方政府的工作，一些领域出现了地方政府"看得见但无权管"的现象，地方积极性受到影响。而地方政府也会做出消极回应，推诿其应该配合垂直管理部门的工作。在环保、土地、市场监管等领域，有关垂直部门的执法活动常常得不到地方配合，出现"有权管但看不见"的现象。特别在行政执法综合性越来越强的今天，"条块"紧张关系带来的弊端更加明显。

其二，垂直管理部门的人事权、财政权、管理权都由本系统内的上级机关掌握，人大监督缺位。垂直管理领导部门不受地方政府的领导和指挥，也不向地方人大负责和报告工作。实践中垂直管理部门常常被排除在地方人大的监督之外，成为不受地方人大法律和工作监督的"特留地"，监督的缺位为部门利益和腐败提供了滋生土壤。由于"天高皇帝远"，滥用权力和腐败案件时常发生，出现问题时往往大事化小、小事化了。一旦捂不住了，就出现"窝案"和大面积腐败。

其三，垂直管理部门待遇比较优厚，容易在公务员队伍中形成攀比效应和不公平感。相对地方部门而言，垂直部门经费比较充足，甚至享受中央及地方两方补贴。垂直部门公务员工薪收入要比地方部门高出许多，甚至数倍。而各地部门的办公大楼，装备高档的往往就是垂直管理部门。收入差距和不公平效应，助长了权力寻租和"三乱"现象。追求充足的经费，提高干部收入，成为许多执法部门强烈要求垂直管理的重要原因。

其四，地方政府有地方利益最大化倾向，而垂直管理部门也存在追求本系统利益最大化的倾向。随着垂直管理部门的增多，各自为政、难以协调的问题有增无减。有些事争着管，有些事都不愿管，协调起来困难重重。垂直管理更使部门内部形成强大的共同利益群体，甚至部门利益法律化，使政策制定、基层执法的公正性大打折扣。这些年，无论行政审批改革，还是各项收费的削减，都会触及到部门利益的强大反弹。

其五，垂直管理导致中央的集权越来越大，使地方政府获得了不作为的正当理由。现在的问题是，如果哪条线上出问题，就把哪条线的管理权收回中央实行垂直管理，就会使中央的集权越来越大，地方的责权越来越小。发展的趋势是"地方政府日渐空壳化"，损害了地方政府职权的完整性。看似重视了，实际上是剥夺了地方政府的管理责任，使其管理失去依据，更加放任地方政府的不作为。

三、调整垂直管理部门和地方政府关系的建议

垂直管理部门与地方政府之间的关系，本质上是中央与地方之间权力划分问题，关键是需要找好垂直管理和地方职权的平衡点。

从我国权力逐渐下放的实际来看，既需要建立和强化垂直管理体制，也需要调整和完善垂直管理体制。根据对广东改革的调研，对调整垂直管理部门和地方政府的关系提出建议。

其一，依法划分垂直管理和地方政府的权责关系。从国际经验来看，发达国家政府体制中也都存在着垂直管理机构，但权责比较明确，法制化程度较高。最关键的是权力和责任的匹配。从我国的实际情况来看，我国中央与地方职能划分并不清晰，垂直管理和地方政府的权责关系也甚为模糊，目前存在的问题和争议，从根本上说与此有着直接关系。因此，需要加强政府组织立法，对垂直管理机构的设立、性质、地位、职责、权限以及与地方政府的关系，做出明确的规定，加强相关法律文本的制定和修改，如制定《中央与地方关系法》（或《垂直管理体制法》）、修改《国务院组织法》等，依法规范垂直管理。

其二，在职能界定基础上分类调整垂直管理设置。从改革的实际看，应当在合理界定职能的基础上逐步分类调整垂直管理体制。一是对工商、质监、食品监督、土地、环保、地税等省以下的垂直管理，是破解现有难题的探索和尝试，并不是行政体制改革最终的固定模式，应逐步回归市县级政府管理序列。二是对电力、电信、邮政、银行、保险等央企，应按现在管理方式实行垂直管理，以发挥企业集团的优势，但要研究企业利润驻在地的分层分配机制。三是对人民银行、国税、银监等部门领导体制不发生大的改变。四是对养老社保、义务教育、公共卫生等事务，涉及公民对国家的认同，也涉及改革成果共享、人力资源的全国性迁移流动，需全国平衡，宜由中央政府进行垂直管理。

其三，重点完善垂直管理部门与市县政府的关系。未来一二十年，是我国经济社会发展方式转型的关键时期，发展县域经济、解决三农、维护稳定的任务很重，权力和资源都应适当下移，现有的"垂直管理"部门应当逐渐调整。垂直管理部门与市县政府按照分工，建立起有效的工作配合和衔接机制，应当是未来改革发展的重点。总之，垂直管理部门增减要有现实的依据，更要有长远的设计，不要为了解决一些临时性问题，把地方政府的完整性给肢解了。广东顺德把垂直管理部门实行属地化管理，其做法和经验值得关注，应当在有条件的地方推广。

其四，在共管事务领域完善督办性垂直管理体制。从国际经验来看，单一制国家的政府事务大多数属于共管事务，政府垂直管理也大多是督办性的。我国是单一制国家，中央与地方的共管事务占很大比重，督办性垂直管理有较大的发展空间。近年来环保、土地等部门开始推行督办性垂直管理，就是强化中央监督控制能力的一种有益尝试。因此，优化垂直管理体制的一个思路选择，可考虑逐步完善在共管事务领域强化督办性的垂直管理。从长期看，探索条块体制改革，可扩大督办性垂直管理机构设置。

其五，加强制度建设规范垂直管理与地方的关系。属于中央的垂直管理机构，人、财、物、事均应归中央部门管理，由地方管理的应划转中央部门。垂直管理机构的工资福利待遇，虽由中央部门统一管理，但应参照各地发展水平，与当地部门大体一致，防止悬殊过大。为防止条块分割、相互掣肘、推诿扯皮等情况，应建立公务协助制度、会商制度、上级协调制度。针对垂直管理的特点，内部要加强纵向监督制约，规范工作流程，严格层级监督。外部要增强工作透明度、新闻舆论监督和行政问责。

其六，实行地方人大和党组织的属地化监管。有些地方人大常委会在这方面进行了一些探索和尝试，通过评议、执法检查、办理代表建议和处理来信来访等形式，对工商、国税、地税、质量技术监督、供电部门等其执行法律法规的情况进行了监督，推动了有关法律法规在地方区域的正确实施，也促进了这些垂直管理部门的工作。建议：一是垂直管理部门要接受属地人大的监督，定期与人大进行沟通，向人大通报相关情况。二是接受本地党组织监管。按照中央和省垂直管理部门的党组织应该接受属地管理原则，接受当地党组织的监督，建立全员属地管理制度。

（原载《广东省行政管理体制改革研究》课题报告，2010 年）

顺德大部制改革的突破与面临的难题

我国正处在经济社会新发展阶段的起点上，加快行政管理体制创新，努力建设服务型政府，对推进经济、政治、社会体制改革稳步前行和难点突破具有重要的现实意义。2010年4月中旬，国家行政学院课题组到顺德进行了调研。课题组认为，大部制改革的"顺德经验"体现了"科学发展、先行先试"探索服务型政府建设的努力，是中国共产党执政以来地方党政体制与机制真正最有突破意义的改革；体现了思想解放的创新精神和求真务实的实践气魄，对我国地方行政体制改革特别是县级层面具有特殊的借鉴价值。可考虑扩大试点范围，先在广东省选择部分市县（区）实行，然后在广东全省铺开，待积累经验后在其他具备条件的省域县级层面适当推广。

一、顺德实施大部制的背景情况和改革思路

改革开放以来，顺德一直为广东省乃至全国体制改革"先行先试"。在这块有强烈改革意识的土地上，曾经创造了誉满天下的"顺

德模式"。如今，又创造了被媒体称之为"石破天惊"、"最大胆"的大部制"顺德经验"。1992 年、1999 年，顺德先后被确定为全省综合改革试验县、率先基本实现现代化试点市。在 1992 年机构改革中，顺德就对党政机构实施"撤、并、建"的"手术"，将机构精简了二分之一，实际上这已经是大部制改革。进入新世纪，我国传统的发展模式遇到挑战，顺德也遇到了体制上的掣肘。2008 年 11 月，在新一轮深化地方行政管理体制改革的启动之时，顺德被列为广东省"科学发展、先行先试"的地区，又一次站到了改革开放的前沿。2009 年 6 月和 8 月，中央政治局委员、广东省委书记汪洋两次听取顺德机构改革方案的汇报。他指出，顺德机构改革代表县级城市，深圳则代表大城市，"如果搞成功了，对广东省下一步的改革有推动，对全国都有意义"。

2009 年 9 月 14 日，《佛山市顺德区党政机构改革方案》获广东省委省政府批复，"大部制"正式出台。根据方案，全区原有 41 个党政机构，按照发展规划、城乡建设、社会管理、经济建设、市场监管、群团工作、政务监察等职能"同类项合并"，职能重叠、相近的党政部门合署办公，最终精简为 16 个，其中：设置纪委机关和党委工作部门 6 个，政府工作部门 10 个，精简幅度接近三分之二。3 天后，新鲜出炉的 16 位部门负责人集体亮相。

顺德的大部制改革，以转变政府职能、构建服务型政府为目标，着力探索理顺三个方面的关系。一是理顺部门之间职责关系。通过职能转变与机构改革，明晰部门分工，并强化市场监管、社会管理和公共服务等以往工作中较为薄弱的环节。二是理顺政府层级之间的关系。在区与省、市关系方面，积极承接佛山市先后两批下放的614 项地级市管理权限，一些部门与省相关部门探索数据端口和业务对接。在区、镇方面，通过容桂试点，大力简政放权。三是理顺政府与社会之间的关系。在容桂试点推进社会管理体制改革，探索社会和公民有序参与、合作互动的协同治理模式。研究推进行政审批制度改革和事业单位改革，向事业单位、市场中介和社会组织下放其能办好的职能和事项。

原佛山市委常委、顺德区委书记刘海（现任江门市委副书记、市长）告诉我们，本次改革不是简单把政府部门裁剪的"物理反应"，而是根据新形势、新任务和政府职能转变的需要，按照大部门制的本质要求进行创新，用"化学反应"将职能相近的部门合并，使其减少管理层级，审批手续，使其发挥更大效益。他强调说："我们是基层，核心是要解决问题。不在乎机构的多和少，而是重视它的执行力。在乎的是怎样形成公共服务型政府。"从改革的设计思路来看，最后减少了多少部门，不是评价改革成功与否的标准，行政效率有没有提高，执行力有没有增强，为市民服务的水平有没有进步，这才是评价标准。

二、顺德大部制改革的突出特点和初步成效

顺德大部制改革明确定位于县（区）级层面，服务于县域经济和社会发展，"放权不升格、整合不扩编"，有以下特点和成效：

第一，最大限度的"同类项合并"，建立宽职能的党政组织运行架构，实现党政职能有机整合的"化学反应"。这次顺德的党政机构整合优化，不仅是顺德历史上机构"瘦身"幅度最大的一次，也是全国县级党政机构改革中缩减整合力度最大的。其中政府机构10个，大大低于《广东省市县人民政府机构改革意见》提出的"由县级市改

设的区设 24 个以内"的机构数限额。构建了大规划、大经济、大建设、大监管、大文化、大保障等的工作格局，解决了过去部门分设过细、职能重叠、多头管理、部门间"耍太极"和"踢皮球"的问题，通过部门整合变部门之间协调为部门内部协调，减少了协调工作量，提高了执行力和服务效能。比如整合工商、质监、安监、食品、药品等有关部门的职能，把 8 个"大檐儿帽"合成 1 个"贝雷帽"，组建区市场安全监管局，创新性提出了"网络化管理"的模式。如区委宣传部（区文体旅游局），通过对全区宣传、文化、旅游等资源进行系统管理和有效整合，使之前比较务虚的宣传和精神文明建设工作有了抓手和平台，得以"虚功实做"。大部门制平台更宽阔，分工更清晰，工作更高效，问责也更容易，行政成本也减少了。

第二，建立"四位一体"的区联席会议决策机制，实现党政机构统筹联动，决策和执行扁平化。在领导决策层面，在区委核心领导下，建立党政领导集体决策、统筹分工的领导体制。全局性重大决策由"四位一体"（党委、人大、政府、政协）的区联席会议负责。在部门层面，将党政部门中相近的职能整合到一个部门，综合设置党政机构，党政大部门首长分别由区委常委、副区长和政务委员兼任，由一个领导来管，统筹联动，责任清楚。6 个党委机构全部与政府机构合署办公，如区委办公室与区政府办公室合署办公，区纪律检查委员会机关与区政府监察和审计局合署办公，区委宣传部和区文体旅游局合署办公，区委政法委员会与区司法局合署办公，区委社会工作部与区民政宗教和外事侨务局合署办公。区联席会议的决策一步到位地直接由大部门执行，减少了过去区领导分管和副秘书长协调两个环节，实现了行政层次上的扁平化，提高了效率。

第三，加强社会管理和公共服务综合部门设置，在大部门之间统筹安排人力资源，优化干部队伍结构。为优化资源配置，促进社会和谐稳定，突出以人为本、注重民生的价值取向，综合设置社会管理和公共服务部门。如整合区委统战部、农村工作部、区民政局、外事侨务局以及工、青、妇、工商联、残联等群团组织的职能，组建区委社会工作部和区民政宗教和外事侨务局，合署办公，集中统一处理社会事务。又如整合卫生、人口计生部门的职能，组建区卫生和人口计划生育局，统筹卫生、药品监管、人口和计生方面的公共管理与公共服务，构建大卫生服务体系。按照编制不突破、人员不降级的原则，制定干部职务安排配套方案，大部门副职实行高配，设立局务委员职务。在大部门之间统筹安排人力资源，特别是充实规划研编、政策研究、决策咨询等宏观管理部门和社会管理、公共服务、市场执法任务重的部门和部门一线工作人员的力量，解决以往存在的人员配置不平衡的问题，形成更合理的人力资源结构。

第四，实行简政放权，改省、市垂直管理为地方属地管理，推进配套改革，促进全社会参与公共事务治理。实行简政放权，政府逐步将微观事项下放给基层和外移给社会，减少了直接管理的成本。譬如赋予容桂街道部分县级管理权限，下放第一批316项（方面）经济社会管理权。权限下放后，房地产租赁审批时间从原来的15个工作日缩短为1个工作日，宅基地审批从24个工作日缩短为10个工作日。将原属于省、市垂直管理的工商、地税、质监、药监、公安、国土、规划、社保等部门改为属地管理。减少了较为复杂的沟通与协调环节，也减少了行政成本。推进行政审批制度、事业单位和社会管理体制改革，减少行政审批事项和政府微观管理职能，降低市场准入门槛和企业运作成本。把政府不该管的、管不好的，通过委托、授权和购买服务等方式，依法交由法定机构和社会组织承担。在资源配置上，通过人力、物力、财力和信息等各种资源的共享，开放公共事务，促进全社会参与公共事务治理。

第五，建立起决策权、执行权和监督权既相互制约又相互协调的运行机制，"宽而不包揽、合而有制衡"。大部门既有宽泛的职能但又不包揽，通过定规则、立规矩、做标准，进一步理顺决策、执行、监督关系。全局性重大决策由"四位一体"（党委、人大、政府、政协）的区联席会议负责。执行由16个部门分工负责。通过决策权上移、执行权集中、监督权外移，建立起党政决策权、执行权、监督权既分工清晰又统一协调的高效运行新机制，实现决策相对集中、执行专业高效、监督有力到位。改变以往"同体监督"的单一模式，实行监督权外移，由纪委向各部门派驻纪检监察组或专职监察人员，强化监督实效。由纪委（政务监察和审计局）集中行使纪检、监察、审计、信访等职能，整合监督资源和力量，形成了大监督的工作格局。

三、推动改革展开并取得成效的做法和经验

顺德大部制改革之所以能够顺利推进并取得一定成效，我们认为，主要有以下方面的做法和经验：

第一，改革自上而下推动。顺德大部门制改革体现了中央行政管理体制改革的要求，也是广东省委省政府推动科学发展观实践改革战略部署的重要一环，得到了中央编办和广东省委省政府、佛山市委市政府领导及有关部门的大力支持，省市区三级联动，是一次强力推动、自上而下的改革。汪洋同志多次要求顺德：允许改革失败但不许不改革。这是改革得以顺利推进的关键。

第二，有坚实的改革基础。一是具备良好的思想基础。顺德历来就有较好的改革传统和氛围，思想解放，干部队伍的大局观念和承受能力比较强，对改革都能非常理解和配合。二是具备良好的体制基础。顺德1992年和1999年先后被确定为全省综合改革试验县、率先基本实现现代化试点市，是国内最早的"大部制"探索者和实践者之一，有着深化大部制改革的体制优势。

第三，有整体的改革方案。顺德区党委和政府委托国家行政学院专家，开展《顺德深化行政管理体制改革研究》项目。课题组在全国各地进行了实地调研考察，广泛征询各级领导和专家学者建议，参考吸收了港澳地区和新加坡政府的有益经验。紧密结合顺德实际，形成了机构改革的初步方案。在此基础上，顺德区党委、政府在广东编办和省内专家的帮助指导下，经过研究和设计，形成了正式方案，并报广东省委省政府批准。

第四，妥善处理内部关系。一是突破了以削减机构、精简人员为改革目标的惯性思维。按照"编制不突破、人员不降级"的原则，妥善调整安置干部，没有裁减一个人。二是确保干部既得利益不受损害。虽然干部的身份变化，但其级别和待遇坚持不作调整。三是把一批优秀中青年干部提拔到新的领导岗位上来，这些干部成为顺德改革发展的中坚力量。四是对少部分需要从领导岗位调整下来的人员，也作了适当安排，如改任非领导职务享受相关待遇、符合条件的鼓励提前退休等。

第五，科学合理设置机构。对职能相同、相近和相关的部门职能进行同类项合并，实现有机整合，符合工作性质和习惯，也符合群众愿望和呼声，更符合市场经济特点和规则，还符合国际政府组织设置的惯例和潮流，因此也得到了体制内外、社会各界的肯定和支持。媒体和学界都出现一边倒的评价，有质疑主要限于方案没有公开征询意见、人员没有进行精简、党政不分、大部门容易形成大衙门这四个问题，基本上没对机构设置提出疑问。

第六，注重大部门大融合。搭建起大部制框架仅仅发生物理反应，想要真正实现化学反应，还要有两条保障，一是建章立制工作须跟上。包括全区性的运作机制，包括部门内部乃至科室内部的运作机制等。二是在新组建的大部门内部统筹设置人员岗位，对所有干部，包括领导干部、中层干部乃至基层工作人员进行轮岗，改变部门的简单拼凑局面，避免局中局、小圈子、小利益团体的出现。

第七，有良好的改革资源。广东省委省政府赋予顺德经济、社会、文化等方面事务地级市管理权限，佛山市则向顺德下放了378项行政审批权，地级市管理权限得到逐步落实。广东省专门召集了双管部门开会，协调这些部门与顺德改革的对接问题，垂直管理部门移交工作顺利推进，部分涉法问题得到有效解决。从顺德自身来看，作为全国县域经济的排头兵，具备了较为雄厚的财力物力，有利于改革的推进。

第八，有创新的改革举措。这次改革，有很多创新举措，从技术层面解决了不少关键问题。如争取省的支持，创新设置政务委员职务，解决了区领导兼任大部门首长职数不足的问题；又如创新设置局务委员职务，解决了改革前副局长这个级别干部的安置问题，并为今后逐步调整职数留有了空间；再如创新监督体制，实行监督权外移，由纪委向各部门派驻纪检监察组或专职监察人员，解决了权力集中后部门"左手监督右手"的问题。

第九，有相应的领导体制。早在1993年，顺德探索大部制改革时，就已确立了"一个决策中心、四位一体"的领导体制，实践证明，这种党政领导集体决策、统筹分工的领导体制是实施大部制改革的基础和灵魂。"一个决策中心、四位一体"就如同人体的大脑，没有这个领导体制，也就是领导层面的整合统一，大部门设置再合理，一个躯干上有两个大脑，部门也不可能高效、顺畅运转。

四、顺德大部门改革中遇到的问题及解决建议

由于顺德大部门改革涉水甚深，牵动了党和国家层面多年仍在探讨的重大理论与实践问题，也提出了迫切需要解决的体制机制和法律法规问题。"开弓没有回头箭"的"过河卒子"顺德遇到了，需要高度重视，尽快探求良策。

第一，下改上不改出现矛盾，上级部门的改革配合也需要倾力推进。"上改下不改是等死，下改上不改是找死"，这是调研中多次听到的话。看似玩笑话，却有其深刻内涵。基层改了，上面却不改，或者改动很小，工作对接就会出现上面千条线、下面一根针的情况。这些困难，单靠顺德一己之力无法解决。比如社会工作部对应省市部门竟达 35 个，其中省是 19 个，市是 16 个，存在"一个儿子"对应"几个老子"的尴尬问题，单是开会就疲于奔命，而且省、市会议基本上都要求部门副职以上领导参加，部门领导成了"会议专业户"。即使上下对口比较少的部门也有 3—4 个，年终光汇报总结就搞了好多版本。甚至有些部门还说三道四，条条干预手法多样，影响基层的正常运作。这样一来，即便下面内部如何合理设置、运作如何高效顺畅，上面还是要对一大堆部门，效率很难提高。此外，上级部门有些官员对"政务委员"、"局务委员"的说法颇有微词。一位局务委员说，"去市里、省里开会，人家看派来个'局务委员'，

闹不清是干啥的，还以为顺德对这块工作不重视，每次我们都要解释半天"。

第二，改革对法律法规有"突破"，先行先试需要法律法规的保障。从我国的改革实践来看，改革会对法律法规有"突破"，必须处理好改革与依法行政的关系。既要保持法律法规的严肃性，又要为改革开辟道路。顺德改革伊始，行政许可、执法主体、执法服装、执法证、行政复议问题等等都暴露出来。为此，省政府法制办出台了《关于协调解决顺德行政体制改革有关问题的复函》（粤府法函〔2010〕76号）。虽然在省法制办协调下能够不断解决问题，但毕竟要花很多时间和精力去解决，而且有些问题也难以完全解决。如顺德虽然被赋予地级市权限，但涉及的相关土地审批权、行政许可权等有可能在省外的诉讼中成为证据；目前工商、质监等方面使用的执法程序均是对应国家总局制定的规章规定，各不相同，甚至冲突。另外，大部分部门立法只规定县级以上行政主管部门行使相关的行政许可权和行政执法权，直接承担具体工作的乡镇政府如使用相关权力却无法可依。又如这次改革中，顺德将地税局由垂直管理调整为区政府管理，将区财政局、地税局的职责整合组建了区财税局。但由于财税局不具备地方税收执法主体资格，最后只好保留地税局，与财税局合署办公。顺德希望省人大常委会、省高级法院出台制定地方性法规或有关决定，希望省政府出台专项规章，为改革提供法制保障。因此，在设计改革方案时就要充分考虑法律法规问题，要有成熟的解决方案，在改革中一并谨慎操作。否则，缺乏法律法规保障的改革就容易引发更深层的问题。

第三，理顺中央与地方的事权关系，中央政府和省政府应加快推动垂直管理部门的改革。在广东省委省政府对顺德改革的批复中，并未对中央垂直管理单位和中央企业驻顺德区的机构权限做出明确规定，而这些部门和企业又对地方经济社会发展具有实质性作用，若不对其权限进行相应调整，将会造成"短板效应"，影响各项改革目标的顺利实现。故顺德希望省委省政府协调海关、边检等中央垂直管理单位和金融（外汇管理）、保险、电力、通信、石油、邮政等中央企业驻粤单位给予顺德必要支持，按其地级市机构的管理权限对其顺德分支机构配置职能、人员、资产和经费，并直接对省一级单位。顺德探索将省垂直管理部门改为属地管理，也存在着政策制约。原省垂直管理单位改革后要下放管理工作，需要妥善办理好有关人、财、物的移交手续。顺德希望原省垂直管理单位下放顺德区管理后，省相关主管部门要多理解、支持顺德的相关工作，加强业务指导，减少对顺德机构设置、编制管理和职务配备的直接干预。从全国的实际来看，垂直管理部门改革越来越重要。而这项改革均需要中央政府和省政府的推动，如果仅以基层之力推动改革，其难度可想而知。

第四，干部的晋升空间相对收窄，需要创新组织人事制度，给地方更大的探索空间和改革自主权。顺德作为一个 GDP 超过 1700 亿元、工业总产值超过 4200 亿元的地区，区级行政机关编制十多年来一直维持在 900 多名的水平，已是十分精简。大部制改革后，由于机构少了且扩权不升格，职位也减少了，导致干部的晋升空间相对收窄。如何解决这个问题？坚持以人为本，激励干部士气，关键是创新组织人事制度，给予地方更大的探索空间和改革自主权。如顺德希望在探索试行聘用制公务员、保障公务员权益和提振公务员士气等方面允许大胆创新，允许在《公务员法》规定的比例内设置调研员、副调研员等非领导职务。再如，理顺新组建的大部门尤其是由原省垂直管理单位和区属单位合并而成的大部门的人员工资待遇问题，解决"同工不同酬"、"一区多制（工资）"、"一局多制（工资）"这种现象，这还需要工资制度改革的配合。

第五，党政副职兼任大部门首长有助于提高执行力和效率，但要防止陷于具体事物之中。这次改革，顺德将所有的党政副职，包括区委副书记、常务副区长都兼任了大部门的首长，并增加了3名政务委员。这是改革的一个亮点。现在看来也存在一些问题。由于所有区领导都兼任部门首长，一旦部门之间有问题协商解决不了，中间没有任何的缓冲地带和协调机制，将直接提交到书记、区长层面来解决。这样不但是将副职推到了火线，也把书记、区长推到了火线，大家都容易陷于处理具体事物，在全区的发展战略、发展目标、发展方向等方面就没有那么多精力去思考。对此，在制度设计之初如果再增加2名政务委员，不让区委副书记、常务副区长兼任部门首长，让其发挥协调党务、政务的职能，设置一个缓冲空间，就可能有助于减轻党政一把手的工作压力。

五、建议对顺德的做法和经验分三步进行推广

顺德大部制改革对我国地方特别是县级层面改革具有特殊的借鉴价值，可复制性比较强，其发展方向值得肯定。我们建议：顺德的做法和经验可以采取三步走的方式进行推广：

第一步，扩大试点范围。在顺德改革继续进行的同步，从2010年下半年起先在广东省部分或经济发达市县级层面展开，争取在2010年末基本解决垂直管理机构的理顺和依法行政问题。

第二步，全省范围内推开。建议从"十二五"伊始，即2011年

起在广东省市县级层面全部推开，积累更多的经验，并适时总结省域大范围推行顺德改革经验的成效。

第三步，在全国有条件的地方推开。待广东省全部推开后，从2012年起在其他具备条件的省域县级层面适当推广。"十二五"时期，应当把这项工作放在重要的位置上，把它作为推动中国特色社会主义行政管理体制形成的关键环节，把它作为推动中国特色社会主义政治体制改革和民主政治建设的重要内容。

如此建议，主要是基于：

一是本轮顺德大部制改革展开才一年，顺德的大部门改革还需要深化，其内部关系和运行机制有待完善，尚须积累经验。其做法和经验采取三步走的方式进行推广，比较稳妥。

二是顺德党政联动、合署办公牵涉到多年来政治体制改革热议的党政关系问题，"党政分开"还是"党政合一"是长期存在争论的重大理论与实践问题，至今没有解决。顺德在实践中找到了解决问题的"实用"和"适用"答案，但还需要更多的理论与实践总结。如此对全国更有借鉴意义，改革才能走得更远更稳。

三是从全国实行省直管县改革的情况来看，省市两级给试点县下放了许多权力，但其中的关系还要明晰，否则县要对应省市两级，根本吃不消。顺德改革中垂直部门还实行了属地管理，其面临的问题也更多，不少难题需要突破，希望能够为全国探路。

四是大部制改革还需要垂直管理机构改革、行政审批制度改革、事业单位改革、干部人事制度改革和聘员制度改革等配套改革。这些工作，顺德还在继续探索，经验还有待于积累。

五是各地学习推广顺德大部门制经验要根据自身实际进行，也不必完全复制16个部门或同样的机构名称，也可以对机构设置方案进行适当的调整。比如，如果是农业大县，则可考虑设置与解决三农或城乡统筹问题有关的机构。

（原载《学习时报》，2010 年 10 月 4 日）

构建中国特色旅游管理体制的政策建议

在旅游业快速发展的同时，我国的旅游管理体制也随着改革开放的进程不断变革和调整，初步形成了大体适应现阶段社会主义市场经济发展需要的旅游管理体制。从实现"两大战略目标"的总体要求来看，现行旅游管理体制中仍存在着一些不利于旅游业科学发展的制约因素。需要我们站在全局的高度，认真剖析现阶段旅游管理体制存在的主要问题，加快旅游管理体制改革步伐。

一、我国旅游管理体制存在的主要问题

随着我国社会主义市场经济体制的不断完善，随着旅游业在国民经济中发挥越来越重要的作用，随着实现"两大战略目标"对旅游管理体制要求的不断提高，我国旅游管理体制中包含的许多深层次问题日益显现。

（一）旅游资源管理与市场管理不协调致使旅游主管部门行业管理能力弱化。我国旅游资源极其丰富，但这些旅游资源的归口管理

却涉及了多个部门，形成事实上的多头管理体制，使得我国旅游业长期处于各自为政、条块分割的局面，旅游业的总体宏观战略也难以落实。而旅游主管部门在旅游市场管理中的责、权、位却不相匹配，一方面旅游管理部门承担着旅游市场管理的重大责任，另一方面旅游管理部门又不可能包揽其他管理部门职能，缺乏应有的行政手段和法律手段，而且旅游管理部门的地位相对不高，从而造成旅游行业管理和行政约束能力都比较弱。

（二）旅游主管部门定位不明确造成旅游管理缺位、越位、错位现象较为普遍。一是本来应当由政府部门生产和提供的旅游公共产品和服务，政府部门却没有充分履行职责；二是一些旅游管理部门仍然习惯于采取计划式、指令式的管理方式，直接插手旅游经济微观管理，在一定程度上压抑了旅游市场的发育；三是在旅游资源配置上还存在着以权力分配取代市场分配的现象，影响了市场机制正常发挥作用。

（三）旅游法律体系不完备导致旅游管理系统存在重要缺陷。我国旅游业立法工作虽然取得了一定成效，但却远远落后于旅游产业的迅猛发展。迄今为止，我们仍然没有制定过一部全面、系统的旅游基本法律，国家级旅游立法数量较少，而地方性旅游立法又各自为政，缺乏统一性和协调性。这种旅游管理法制环境严重制约了旅游管理部门依法行政的能力。

（四）地方管理"块"状分割直接影响宏观调控的实施效果。在现行管理体制下，国家旅游局和各地旅游局之间的直线管理关系较弱，旅游业形成了以地方政府主管的"块"状管理，导致国家层面的旅游战略难以实施，地区割据在一定程度上导致了宏观调控失效以及重复建设、恶性竞争等问题，往往使国家旅游政策缺乏整体性和宏观性。

（五）旅游行业协会发育不健全限制其重要作用的发挥。从我国目前的实际情况来看，旅游行业协会是从体制内成长起来的，多数行业协会成为政府职能延伸的工具，在很多层面上都扮演着政府行业管理助手的角色，导致现阶段许多旅游行业协会的运作方式为准行政化，难以真正发挥桥梁纽带作用。

二、构建中国特色旅游管理体制的七点建议

《国务院关于加快发展旅游业的意见》（国发〔2009〕41号）指出，"要按照统筹协调、形成合力的要求，创新体制机制，推进旅游管理体制改革"。结合旅游业发展的"两大战略目标"，为构建中国特色旅游管理体制，现提出以下七点建议：

（一）树立旅游管理三大核心理念，引导旅游管理体制改革的总体方向。一是"以人为本"，把维护和实现最广大人民的根本利益作为旅游管理体制改革的最高宗旨，让人民群众更大范围、更高程度分享旅游业发展的成果。二是"服务至上"，把满足人民群众不断增长和变化的旅游需求作为旅游管理体制改革的出发点和落脚点。旅游管理部门在规划旅游发展战略、制定旅游政策和制度、规划和开发旅游资源、协调各个旅游主体的利益关系等方方面面，都要把公众的要求摆在首位，要围绕"服务于民"这个中心来开展工作。三是"透明政府"，把强化旅游监督管理体系作为保障旅游管理体制改革的长效机制。通过旅游管理体制改革，不断强化旅游监督管理体系，使旅游管理部门实施的管理活动受到来自各方面的监督，建立起旅游管理部门与社会和公众共同参与旅游管理的新型合

作方式。

（二）强化旅游管理职能，提升旅游宏观调控能力。一是成立国家旅游管理总局，作为国务院直属机构，代表中央政府管理全国的旅游业。其主要职能是：制定和执行旅游业相关法律法规；制定并组织实施旅游业的总体发展战略；决定并监督国家级重大旅游项目的实施；制定和执行国家旅游业发展中长期规划；制定和完善旅游行业各项规章制度；协调旅游相关各部门、各行业之间的关系；处理旅游活动中出现或涉及的重大问题；组织国家旅游整体形象的对外宣传和重大推广活动；负责国家旅游资源环境保护工作；推动旅游国际交流与合作等等。二是因地制宜，成立地方旅游管理和综合协调机构。随着我国旅游业的快速发展以及《国务院关于加快发展旅游业的意见》（国发〔2009〕41号）的发布，我国地方旅游管理体制改革步伐明显加快，出现了多种模式。其中，大多数省（区、市）成立了主要领导或分管领导牵头的旅游协调领导小组；北京市和海南省，将旅游局改为旅游发展委员会，由政府直属机构升级为政府组成部门；深圳则推动大部门改革，成立文体旅游局，进一步整合文化、体育和旅游资源。从实践来看，这些地方性的旅游管理体制改革均取得了积极的效果。因此，地方旅游管理机构的设置要坚持因地制宜的原则，充分结合各地旅游管理的特点和旅游业发展实际，采取灵活多样的方式，积极推动旅游管理体制改革。三是建立国家旅游部际联席会议制度，由国家旅游总局召集，国务院主管旅游工作的领导同志及国务院相关部门负责人参加，地方旅游管理及综合协调机构负责人列席。通过旅游部际联席会议，加强国务院相关部门之间的协调与联系，实现中央与地方旅游管理部门工作的有效对接，使国家旅游总体发展战略能够更加直接地影响和指导各地旅游业的发展，使国家旅游整体宏观调控与地方旅游市场调节实现有机结合。

（三）建立健全旅游监督管理体系，形成多元主体共同参与旅游管理的长效机制。一方面要鼓励多元化监督主体，实施多层次、全方位监督管理。通过政府部门、司法机关、中介组织、新闻媒体、社会公众等多元主体在各个层面、各个角度对旅游管理工作实施全过程监督，对管理和经营主体形成压力和动力，以促进旅游业良性发展。另一方面，要按照《全国旅游标准化发展规划（2009—2015）》的要求，加快制定旅游业相关国家标准和行业标准，推动旅游饭店、旅行社、旅游景区、旅游安全、环境卫生、节能减排等标准的不断完善。通过大力实施旅游标准化引领战略，建立适应我国旅游业发展的旅游标准化管理体制与工作机制，形成较为完善的旅游标准体系，扩大旅游标准领域的覆盖面，为旅游监督管理工作提供标准依据。

（四）加大全国旅游资源整合力度，建立区域旅游管理机制。重新评估确认全国的旅游资源，打破旅游资源各地分割管理的局面，跨越行政的辖区界限，按照资源优势、区域创新、产业互动、可持续发展的原则，加大区域旅游资源整合力度，实现旅游资源效益最大化，旅游资源优势品牌化，将区域的资源优势转变为区域旅游业的整体优势。国家旅游管理总局根据旅游业总体发展战略，制定区域旅游发展规划，并负责总体实施，区域所辖的各个地方旅游局具体执行。在旅游发展规划实施的过程中，必须介入所有的利益相关方，由社会、媒体、法律等各方进行全方位监督，通过绩效评估结果公开以及与财政预算和国家项目挂钩等形式激励区域旅游业的发展，提升旅游服务的效率效力。

（五）转变旅游行业协会发展思路，充分发挥其桥梁纽带作用。政府旅游管理部门必须切实转变观念，帮助支持行业协会的发展，将事实上的隶属关系真正改变成为新型的合作伙伴关系。改变当前政府主导的旅游行业协会发展模式，转为以大型旅游企业为主导，中小型企业积极参与，政府部门密切配合的总体思路对旅游行业协会实施改造。通过进一步强化旅游行业协会的服务功能，不断增加行业协会自身的影响力、吸引力和凝聚力。要努力扩大会员在行业中的覆盖面，为旅游行业协会发挥行业自律作用打好坚实基础。

（六）积极培育旅游市场微观主体，不断增强旅游企业的市场竞争力。一方面，要积极推动现有旅游企业集团之间的横向联合。目前国内的旅游企业集团都不同程度地在某个领域具有自己的比较优势。这些旅游企业集团之间可以通过强强联合，实现优势互补，做优做强，将完整的旅游产业链条内化，提升其在旅游市场上的主体地位。另一方面，要鼓励有实力的国有旅游集团可以通过兼并、收购、参股、控股等多种资本运营的手段，有效整合地方旅游资源，形成覆盖全国或主要旅游地区的经营网络，增强国有旅游资本的控制力和带动力。此外，要鼓励有条件的旅游企业抓住机遇，积极实施"走出去"战略，增强国内旅游企业的国际影响力，更有效地为发展我国国民经济、提高我国经济实力和人民生活水平服务。

（七）加强旅游法律体系建设，优化旅游管理体制改革的法制环境。一是尽快出台旅游基本法，来理顺旅游运行中的各种法律关系和责任，以促进和保障旅游业的健康、持续发展，实现对旅游业的宏观调控，协调旅游业与其他行业的关系。二是加快对包括旅游市场监管、住宿业管理、旅游安全、旅游保护、导游职称评定等方面的专项旅游法律法规研究，以填补旅游专项法规的空白。三是加大力度，对地方旅游立法进行统一协调，避免各个地方旅游法规之间的冲突。

（原载中国行政体制改革研究会《我国旅游业实现两大战略目标的体制改革创新研究》课题报告，2012 年 2 月）

第五部分
行政层级和行政区划改革

省直管县改革新推进

改革开放以来，我国经济体制发生着广泛而深刻的变化，适应经济体制的变化，行政体制改革不断推进，为改革开放和全面建成小康社会提供了重要保障。但总的看，我国行政体制与经济社会发展变化还很不适应。党的十八大对深化行政体制改革，加快建立中国特色社会主义行政体制，提出了明确任务。其中优化行政层级和行政区划设置，有条件的地方可探索省直管县改革被明确为改革重点之一。本文对近两年八个省区 30 个县（市）省直管县改革试点情况进行研究，对省直管县改革进展进行相应述评。

一、试点的目的及省区的选取

党的十六大以来，中央高度重视统筹城乡发展，不断向县级下放经济社会管理权限，推进县域改革。县域发展环境得到改善、发展能力得到增强。这一改革的核心就是推进省直管县体制。改革主要内容涉及三个方面：一是扩大县（市）经济社会管理权限，下放事权，提高县（市）发展能力；二是省直接管理县（市）的财政体制改革，保障县级有相应的财力，提高有效公共服务；三是对县级主要领导采取适度上收的管理制度，高配县级主要领导，弱化地级市对县（市）的政治控制权。这些改革对于减少行政层级、提高行政效率、壮大县域经济具有重大推动作用。同时也要看到，省直管县改革是我国进入城镇化、工业化加速发展时期大背景下展开的，涉及多方利益的调整和兼顾。省直管县改革是在原有市管县体制框架内进行的，渐进的增量改革与经济社会发展越来越不适应。

2010年中央编办确定安徽、河北、河南、湖北、江苏、黑龙江、宁夏、云南8省区30个县（市）进行省直管县体制改革试点，计划用3年左右时间完成试点，为进一步推进地方行政体制改革积累经验。一般认为，选择县级而非更高层级作为行政层级改革的突破口，是因为县级冲击较小，有利于避免高层意见分歧，容易形成改革共识。[1]中央编办及试点小组成员单位，要求试点省区在省直接管理县财政体制和扩大县（市）经验管理权限的基础上，积极探索省直管县改革的新途径和新方法。改革不能总是停留在打外围战，要触及深层次问题，要突破市管县体制框架设计改革。重点改革试点县（市）经济社会管理权限，改革党委、政府、人大、政协工作体制，改革司法管理体制，调整垂直管理体制等。

试点省份及县（市）选取有这样几个特点：

第一，选取辖县大省进行省直管县改革试点。河南省确定10个县（市）、河北省确定6个县（市）进行省直管县改革试点，占全国

〔1〕 参见李学迎：《将县作为行政层级改革的突破口》，载《行政改革内参》，2012年第12期。

30个试点县（市）一半多，足以表明辖县大省省直管县改革是本次试点重点之一。辖县大省进行省直管县改革遇到的最大难题就是管理半径问题，最根本的解决办法是调整这些省份的行政区划，减少县（市）数量，扩大县（市）规模，以降低省直管县体制下的管理对象总量，直至合理、可控范围之内。但这一改革相当敏感，需周密考量，寻找最佳时机。当前的试点是在行政区划基本不变的前提下，进一步扩大试点县（市）经济、政治、社会发展空间，这需要改革者的智慧。

第二，选取民族省区进行省直管县改革试点。云南省和宁夏回族自治区都有县（市）参与试点，这说明民族地区县域的发展同样迫切，一些县（市）也具备省直管县改革的条件。宁夏更是以辖区面积小，所辖市、县少，具备省直管县改革的基本条件。这次选取同心县和盐池县是宁夏的中部干旱地区，又是革命老区，经济发展比较落后，试点的目的是为民族地区贫困县（市）探索县域发展的新路。

第三，选取农业大县参与试点。推进农业大县（市）省直管县改革是党中央国务院"十一五"以来重点强调改革之一，其目的是保障农业大县能更多、更好接受中央和省里的转移支付，用以提高农业生产的积极性。试点选取安徽省宿松县，就是一个传统的农业生产大县。

第四，选取发达省份不同发展程度县（市）进行试点。江苏省是我国经济发达省区，县（市）经济有很好的基础，但苏南、苏北还是有很大差别。本次试点选取江苏省昆山市、泰兴市和沐阳县经济社会发展基础就有很大差别，试点的目的是进一步探索发达省份省内均衡发展问题，通过省直管县改革促进区域协调发展，配套推进相关改革。

第五，选取特色城镇化发展好的县（市）参与试点。如河南省巩义市是郑州和洛阳之间重要的节点城市，城市发展初具规模，通过一定的行政区划改革，就会成为中原经济区重要城市。安徽省广德县是全省经济十强县，城镇化发展较快，而且处在三省交界，区位优势明显，具备发展成省域重要城市的基本条件。黑龙江省绥芬河市是我国北方重要边贸城市，是我国对外开放和对俄经贸合作"桥头堡"，省直管有利于绥芬河的发展，有利于黑龙江省对外发展的总体布局。

第六，多数省区选取省际交界县（市）参与试点。如江苏省的昆山市相邻上海市，它的城市形态要好于一般地级市，经济总量、社会发展长期处于全国百强县（市）的首位，经过必要的省直管县改革，会成为江苏省的重要城市。河南10个试点县（市），其中邓州市、固始县、新蔡县、鹿邑县、永城市、兰考县和长垣县7县（市）处于省际交界。这样的选取有进一步促进这些试点县（市）经济社会快速发展之意，更有行政区划本省利益的考虑。

第七，选取经济基础好的县（市）参与试点。选择的试点县大都离中心城市较远，处于若干行政区域的结合部，而且人口普遍较多，产业基础好，经济实力较强，具有发展成为中等城市或区域中心城市的条件，省直管县力推形成一批新的区域增长极。

二、试点省区改革推进方式

党的十七届二中全会通过的《关于深化行政管理体制改革的意见》指出，到2020年建立起比较完善的中国特色社会主义行政管理体制，这既是一个时间跨度很长的长远目标，又是一个时代感很强的近期目标。我国行政管理体制建立和完善的一条最重要的途径，就是结合政府换届进行。[1]党的十八大后，我国进入新一轮政治周期，政府将进行换届，行政管理体制改什么、怎么改。在以往的改革中，我们对横向上改革比较重视，进展较大，对纵向上的改革则规划不够，力度有限。[2]从已有的改革实践来看，调整政府间纵向关系，目前主要集中于省直管县改革。理论界多数人认为，推进省直管县改革是当前纵向行政层级和结构优化的重点。我们认为，加快推进大部门体制和省直管县（市）改革无疑是行政体制改革的重点之一。

从试点省区已出台的改革方案来看，都明确了自己的改革重点。推进方式主要围绕这样几方面展开：

其一，进一步扩大试点县（市）经济社会管理权限。一般来说，赋予试点县（市）行使与设区的市相同的经济、社会、文化等方面管理权限，是这次省直管县改革试点省区政策的基础。在具体政策上试点省区也有些差别。安徽省规定除国家法律、法规有明确规定的以外，原由设区的市审批或管理的经济社会管理事项，均由试点县自行审批、管理。对国务院及部门规定须经设区的审批的事项，采取委托或授权方式予以下放。河南省规定试点县（市）享有法律、法规、规章规定由设区的市政府行使的经济社会管理权限，以及省政府及其部门下放给省辖市政府及其部门的经济社会管理权限。从

---

〔1〕　参见王澜明主编：《中国特色社会主义行政管理体制研究》，新世界出版社 2010 年版，第 10 页。

〔2〕　参见沈荣华：《纵向行政体制改革：重点领域和思路选择》，载《行政管理改革》，2010 年第 5 期。

各地改革的政策来看，试点县（市）在经济社会管理权限上基本于地级市相同。

其二，调整试点县（市）管理体制。各试点省区依据直管范围的不同，分别对管理体制进行了相应的调整。湖北省全面调整试点县（市）党委、政府、人大、政协的管理体制。试点县（市）党委、政府、人大、政协各项工作直接与省联系，部门工作直接与省对接。黑龙江省做到了"三个同步调整"，即党委政府同步调整、垂直部门同步调整、群团管理体制同步调整。[1]安徽省调整党委、政府管理体制。明确两个试点县党委、政府直接向省委、省政府负责并报告工作，党委、政府各工作部门受省委、省政府主管部门的业务指导或领导。宁夏试点县委、政府直接向自治区党委、政府报告工作。市县换届时，地级市和试点县分别造出各自的人大代表和政协委员单独组团参加自治区人大、政协会议。河南省、江苏省仅在试点县（市）的政府及部门实行直管，也就是省内单列。

其三，调整干部管理体制。黑龙江省将试点县（市）原由省辖市管理的干部调整为省委直接管理。湖北省省直管县（市）的党政正职由省委管理，四大班子成员和纪委副书记、法院院长、检察院检察长由省委委托省委组织部管理；其他副县级干部，改为由直管县（市）管理，报省委组织部备案。安徽省将县委书记和县长改由省委直接管理，其他副县级以上干部由省委委托省委组织部管理，其他干部由试点县（市）管理。宁夏试点县党政主要领导干部由自治区党委管理，其他班子成员由自治区党委组织部管理。河南省试

---

〔1〕　参见李东民、杨贺新：《推进省直管县体制改革试点的实践与思考》，载《中国机构改革与管理》2012 年第 3 期。

点县（市）党委、政府主要领导，由省委管理，其他干部领导体制不变。已公布试点方案的省区，试点县（市）党委、政府、人大、政协正职领导全部高配为副厅级，有的还调为正厅级。

其四，调整垂直管理部门体制。试点省区普遍对垂直部门的领导体制进行了调整。主要有两种调整模式，一种是将试点县（市）的省以下垂直部门直接上收到省直部门管理。如湖北、河南、黑龙江等大部分试点省区采取这种模式。另一种是管理权下放，如安徽省工商、地税、质监等部门设在试点县的管理机构，由省以下垂直管理调整为由试点县党委、政府管理，业务上接受省级主管部门的指导。

其五，调整司法管理体制。目前，湖北省经中央编办、最高人民法院和最高人民检察院批准设立湖北省江汉中级人民法院和省人民检察院江汉分院，对试点县（市）实行跨行政区管理。[1]宁夏回族自治区对司法体制也作了一些调整。试点县法院、检察院的二审案件以及法律监督等工作直接与自治区高级人民法院和自治区人民检察院对接，为了方便群众和执法，由自治区高级人民法院和自治区人民检察院依法指定吴忠市中级人民法院和人民检察院负责试点县重大案件的一审和基层法院、检察院二审案件的审理及法律监督工作。

三、省内单列是改革的主要模式

从8个省区30个试点县（市）改革模式来看，大部分采取的

---

[1] 参见刘自康：《关于省直管县体制改革试点的实证研究》，载魏礼群主编《中国行政体制改革的回顾与前瞻》一书，国家行政学院出版社2012年版。

是省内经济社会发展单列方式。在我国计划单列这一概念由来已久，与省直管县改革联系起来就有了简政放权特征。河南、江苏等试点县（市）都是典型的省内单列改革模式，维持试点县（市）行政区划、统计口径隶属关系和干部管理体制不变的情况下，由省政府直接领导试点县（市）政府工作，试点县（市）享受地级市一级的经济社会管理权限。

（一）计划单列行政体制的优势所在

新中国成立以来，国家为发挥大城市的经济优势，曾三次对一些大城市实行计划单列。1962年，中央确定西安、天津、沈阳、武汉、广州、重庆6大城市的工业生产、基本建设、物资调拨、主要商品分配、财政预算等在本省计划中单列出来，由中央安排。这是我国首次提出计划单列管理模式。进入改革开放时期，截止1990年，14个城市在国家计划中单列户头，人、财、物资源可以不受省分配指标的限制，享受到相当于省一级经济社会管理权限。虽然没有明确的法律依据，甚至还曾明文规定计划单列市不要搞机构升格、增加编制，但实际上这些计划单列市在行政级别上都是副省级。计划单列有这样几个特点：一是计划单列市能够直接参加中央各部委召开的各种专业会议，提出自己的要求而不用再向省里报批。这样，各类信息量大大增加，办事渠道更为畅通和便捷。而没有计划单列的城市就失去这样沟通资格，他们所有要求必须先征得省里的同意，省里往往会以省内平衡的角度不支持这些城市的一些发展要求。二是计划单列模式缩短了中央与地方的经济管理层级，提高了地方各项战略举措实施、重大项目审批等工作的效率，还通过深化综合配套改革，有力地激发了城市发展的制度活力。[1] 三是实行计划单列有利于打破条块分割的经济管理体制，有利于城乡结合、有利于统筹城乡发展。

　　经过二十多年的发展，计划单列城市已发展成为我国有影响力的大或特大城市，说明计划单列政策的巨大能效。省直管县改革效法计划单列行政体制，在学理上也能讲得通，只不过是在国家范围内的计划单列，还是在省域范围内的计划单列，要的都是更高一级的行政权力和发展资源。这一行政改革贯穿的基本思路，就是拉近省政与县政的距离，给县政更加完整的行政权力。我们理解省内单列被一些省区用来推进省直管县改革，至少有以下几方面原因：一是多方利益平衡的结果。现在改革任务非常艰巨，也非常复杂，每推进一步都会遇到相当大的阻力，这种阻力不是来自社会外部而是来自体制内，有些还是高层的。一方面，人们总是有一种担心，认为省直管县改革影响地级市在辖区内统筹县（市）发展空间的决策和实施，地级市与县（市）之间的天然联系被截断，中小城市之间的产业积聚与扩散将被抑制。中心城市功能无法增强，县（市）级城镇的发展也会被割裂。而且最大担心是怕省直管县改革会冲击城镇化发展战略，影响到经济发展的速度。另一方面，人们也认识到，调整省市县的权力关系、释放经济社会发展的活力，是中国改革开放以来体制变革的基本逻辑。无论是市管县体制的形成和发展，还是省直管县体制改革的探索，都符合这一基本政治逻辑。两方面兼顾就顺理成章地推出了省内单列的改革模式，这种模式选择有效平衡了中央、省、地级市、县（市）的利益诉求，改革既有所

---

〔1〕　参见赵永茂等著：《府际关系：新兴研究议题与治理策略》，社会科学文献出版社 2012 年版，第 61 页。

推进又照顾到各方利益，是一个妥协的进步。二是对县（市）监管无奈的选择。省直管县改革后，监管的有效性受到严峻挑战。省级因管理幅度的增加而承受巨大的指导和监管压力，监管漏洞大量存在；地级市因与县（市）的权责关系改变而面临监督无效的困境；县（市）因监管能力不足而面临监管水平的考验。[1]对于县级来说，县委书记缺乏监督一直是中国基层政治中突出的问题。这个岗位掌握的权力很大，但是制度监督和社会监督都不足，是腐败犯罪的重灾区。提高政治级别，会使其在整个县级官员，尤其是常委会中的地位更为突出，进一步破坏了现有的权力制衡和监督格局。[2]选择省内单列模式，就把地级市对试点县的近距离监管和省里对试点县的远距离监管有效地结合了起来。三是为辖县大省推进省直管县改革找到一个好的过渡。我国各个历史时期进行的地方政府层级改革，都是在全国范围内进行的统一的改革和调整，并没有充分考虑不同地区的特殊情况。省直管县体制对省的管理能力有较高的要求。辖县大省省直管县是改革的难点，在行政区划不进行改革的前提下，省直管县改革推进有限。经济社会发展省内单列，省区政府对试点县政府实行直接领导，地级市对试点县党委、人大、政协实行领导，地级市的有效分权，在一定程度上减轻了省里的压力，省直管县改革的范围也就能相应地扩大，这为行政区划基本不变，推进省直管县改革作了过渡。总的看，多数省区这次省直管县体制改革试点的核心内容是赋予试点县（市）政府省辖市级经济社会管理权限，试点县（市）的经济社会发展事务由省对试点县（市）按单

---

〔1〕　潘小娟：《省直管县改革应适调渐进》，载《行政改革内参》，2012 年第 1 期。

〔2〕　杨雪冬：《县级官员与"省管县"改革（Ⅱ）》，载《北京行政学院学报》，2012 年第 5 期。

列模式管理，试点县（市）行政建制、行政区划维持不变，党委和人大、政协体制及司法体制、干部管理、社会稳定管理权限与责任维持现状。

（二）省内单列改革面临的困境

利益平衡难度增大。在一些省区的改革方案中，都要求地级市在改革中平衡与试点县的利益，这在实际推进中难度很大。改革试点之前，由于地级市与所辖试点县（市）经济社会发展利益高度相关，地级市会支持其经济社会发展。试点县（市）单列后，在税收上与地级市脱离了关系。试点县创造的税收由省里和试点县分享，地级市变成了旁观者，因为单列县（市）发展好坏，只会影响到地级市相关经济指标，地级市无法继续获得高额税收，自然也就不再继续投入资源。我们认为，即使省区政府出台若干鼓励地级市帮扶试点县（市）的奖补机制，也不会取得太大效果。再加上在单列县（市）主要干部任命和调任上，地级市权力比较有限，也增加了单列县（市）与地级市之间的沟通和合作上的困难。

体制不顺。大多试点县（市）与地级市既存在领导与被领导的关系，又存在着协商合作与竞争的关系。按照省内单列的要求，试点县党委向地级市报告工作，人大、政协、体制都没有发生改变。这样就出现了经济社会发展省管，干部人事市管，在工作中产生了一些摩擦，地级市尴尬，县（市）里为难。我们到几个试点县（市）了解到，由于人大和政协体制未作同步调整，影响了县级人大代表和政协委员正常行使权利和履行义务，长期下去必然影响到试点县（市）经济社会发展。

干部交流受阻。由于大多数省区省直管县改革试点的主要模式是省内单列，改革主要在政府层面的省直管，党委、人大、政协、司法以及干部管理体制维持不变，这样客观上形成省和地级市对试点县（市）的双重领导，试点县（市）干部交流受阻。在市管县体制下，县级干部的选拔、调整、后备干部的培养使用等都由地级市负责进行。省内单列以后，一般来说由省和地级市共管，由于试点县和地级市存在着竞争关系，地级市对试点县干部的调配就不会像以前那么主动，这会逐渐加重省里的负担。现在一个县（市）有县级干部三四十人，在一个地级市范围内可以对干部调配。省直管县以后，中间减少一个环节，县处级干部调配管理面临调不出去的困境。

四、改革试点应加强的几个方面

从一些省区省直管县改革来看，单方面的权力下放，真正落实起来很难，县（市）发展活力不足的问题并没有根本解决。主要问题是改革政策不配套，关键领域和重点环节还没有突破。省直管县是一个大的趋势，具备条件的地方要缩短过渡期，尽快完成试点，为全面推开改革积累经验。

（一）加强试点县（市）政府职能转变

必须指出，政府职能能否切实转变，是省直管县体制改革试点能否取得切实成效的关键，不能把解决县域经济发展问题简单理解为一个行政区划问题，更不能基于对省管县体制绩效的不切实际的期望。需要清醒地认识到，转变政府职能，是全面推进小康社会建设的政治路径，也是推行我国行政体制改革的核心。[1]对于省直管县改革试点县（市）来说，职能的进一步转变是机构创新、体制创新、机制创新、流程创新的前提和基础。因此，在试点中要努力推进以下工作。一是以政府职能转变为核心，突出管理和服务。加快推进政企分开、政资分开、政事分开、政府与市场中介组织分开，把不该由政府管理的事项转移出去，把该由政府管理的事项切实管好，从制度上更好地发挥市场在资源配置中的基础性作用，更好地发挥公民和社会组织在社会公共事务管理中的作用，更加有效地提供公共产品。要按照服务型政府建设的要求，实现行政管理体制进一步转型，使得政府的公共性得到进一步实现，使得服务行政和民主行政得到进一步落实。当前，应重点强化政府公共管理能力、政府改革政策执行能力，提高政府服务的水平和效率。二是推进城乡行政管理体制一体化，加快试点县（市）乡镇改革。加快推进乡镇职能转变工作，依法探索将部分行政管理职能和社会管理权限向乡镇延伸，行政执法中心下移。

（二）加强对试点县（市）监督制约制度的设计

省直管县改革，对县级的监管是一个前沿课题。改革增强了县权，在现有的试点方案中，对县权的监督制约设计明显不够。既缺乏自上而下的制约设计，又缺乏自下而上的制约建设，也缺乏平级权力相关之间的制约机制。如果省直管县改革增强了最缺乏制约的县级权力，而不能有效监督，那么省直管县改革就是糟糕的改革。

---

[1] 参见王浦劬：《关于深化中国特色社会主义行政管理体制研究的几点认识》，载《中国行政管理》，2010 年第 3 期。

按照权责一致要求，有权必有责，在扩大试点县（市）经济社会管理权限的同时，试点县（市）要承担与管理权限相对应的责任。对其监督制约要创新，要有新的制度安排。一是省里要督促县（市）加强依法行政和制度建设。坚持用制度管权、管事、管人，健全监督机制，强化责任追究。完善科学民主决策制度，不断提高政府决策水平。二是按照决策权、执行权、监督权既相互制约又相互协调的要求，深化试点县机构改革。按照试点县（市）党政机构和事业单位的功能和特点，统筹党政机关和事业单位机构改革，构建既不同于设区市、也不同于其他县，具有省直管县特色的党政机关和事业单位职能配置体系和组织机构架构。三是建立省级督察制度。通过定期督察、不定期抽查、电子政务联动等方式，建立健全与试点县（市）政府扩权相适应的监督制约机制，规范权力运作，强化行政问责。四是健全政务公开制度，畅通群众举报投诉渠道，特别要重视网上举报平台建设，强化社会舆论监督。

（三）加强地级市与试点县（市）合作机制的建立

省直管县改革，使得试点县（市）与地级市在隶属关系上发生了变化，但由于同在一个经济板块上，加上历史文化、社会生活的多方联系，还需要进一步的合作才能共同发展。试点县（市）的基本立足点是通过改革促进发展，而不是单纯的体制转换，要注意与所在地级市合作机制的建立。一是省里要出台试点县（市）与所在地级市合作规范意见。强化试点县（市）与所在地级市之间的协调配合，重点加强土地利用和城乡规划、产业布局、基础设施建设、公共服务等方面的统筹协调，防止重复建设，促进市场要素的合理配置和自由流动，实现重大公共基础设施共建共享，优势互补，共同发展，构建互利共赢的新型市县关系。二是试点县（市）与所在地级市尝试建立跨行政区的公共服务体系。跨行政区划、跨行政层级的不同政府之间，可以形成自主治理的合作机制，也就是复合行政。复合行政把市管县体制弊端的解决路径从行政区划变革转向了政府关系的调整，为深化省直管县改革，提供一种有启示的思路。另外，还可借鉴国外管理经验，组建跨界的区域性协调机构——城县联盟，在省的领导下，自主协商，解决共同问题。

（四）结合试点启动县改市、推进强镇扩权工作

　　从八省区省直管县改革试点推进方案来看，大多关注扩大经济社会管理权限、调整管理体制、理顺条块关系等方面，对省直管县改革与城镇化发展设计不够。我国的省、县、乡具有悠久的历史，是中国地方治理制度的精华。市镇总体上是一种新治理模式，适用于人口高度集聚的城镇，更多的是适应市民社会的需要而诞生的地方管理体制。[1]"十二五"及以后更长时期，是我国加速推进城镇化、提高城镇化质量的重要阶段。省直管县改革就是在这样的大环境中展开，城镇化对省直管县体制会产生重要影响，省直管县体制也会促进城镇化发展，两者具有高度的关联性。在我国城镇体系结构规模中，县级市数量较少，而且分布不匀，是城镇体系中最薄弱的部分。随着省直管县改革，特别是这次试点的进行，大县、强县、特色县城镇化发展的要求越来越迫切，试点省区应抓住这一改革契机，重新启动县改市工作。省直管县改革试点也需要行政区划改革的配合，无论是整县改市还是切块设

---

〔1〕　戴均良主编：《行政区划与地名管理》，中国社会出版社 2009 年版，第 120 页。

市，都是城镇化发展的客观需要。省直管县改革的目的在于推进县域经济社会的发展，在于打破市管县体制的非均衡发展，重建省直管县体制的均衡。在这一改革中以全国多个县城为依托发展中小城市，是中国城镇化发展的重要方向。另外，试点县（市）中的经济发达镇行政体制改革也要积极推进，使之与省直管县体制相适应。经济发达镇行政体制改革是省直管县体制改革的重要组成部分，对于整个省直管县改革具有重大意义，即使"镇级市"改革模式当前不能展开，县（市）给予经济发达镇放权也是大势所趋。随着省直管县改革的深入发展，镇域发展问题将进一步凸显，破解经济发达镇体制障碍十分紧迫。只有通过深化行政管理体制改革，扩大经济发达镇的经济社会管理权限，切实增强社会管理和公共服务能力，才能破除经济发达镇发展中遇到的体制瓶颈，更好地适应省直管县体制。

（五）合理确定试点县（市）政府规模

县级政府规模的大小，关系到县级公共服务能力强弱，关系到行政效率高低，也关系到行政成本大小。一般来说，政府规模与它履行职能有关，省直管县改革是对省、地级市、县（市）之间的政府职责进行重新划分，县级履行的职能会发生很大的变化。有学者建议，为切实加强省的宏观调控功能和县的自主权，需要进行相应的"加强两头"的政府机构改革。省级政府部门需要充实从事宏观调控和协调市、县关系的机构，县级政府也要根据职能变化，调整、充实相应的机构，而原先的地级市则要根据新的职能定位进行机构压缩和调整。地级市机构调整后的富余人员可以适当分流到县级政府和省级政府部门。[1] 从省直管县改革的现实条件来说，城乡二元特征显著、发展不平衡，推进省直管县改革，实现城乡统筹发展，县级事权有很大的增加。县级政府规模要与这一发展趋势相一致。

参考文献：

1. 魏礼群主编：《科学发展与行政改革》，国家行政学院出版社 2010 年版。

2. 张占斌主编：《中国省直管县改革研究》，国家行政学院出版社 2011 年版。

3. 沈荣华：《中国政府改革：重点难点问题攻坚报告》，中国社会出版社 2012 年版。

4. 王澜明主编：《中国特色社会主义行政管理体制研究》，新世界出版社 2010 年版。

5. 董克用主编：《构建公共服务型政府》，中国人民大学出版社 2007 年版。

6. 高小平主编：《政府管理与服务方式创新》，国家行政学院出版社 2008 年版。

7. 贺曲夫著：《县下辖市与推进自治》，中国经济出版社 2012 年版。

8. 中国行政管理学会主编：《政府层级管理》，人民出版社 2009 年版。

9. 张占斌、苏珊·罗尔：《中国新型城镇化背景下的省直管县体制改革》，载《经济社会体制比较》，2012 年第 6 期。

10. 黄文平：《以转变政府职能为核心，不断深化行政管理体制改革》，载《中国机构改革与管理》，2012 年第 4 期。

11. 徐湘林：《转型危机与国家治理：中国的经验》，载《经济社会体制比较》，2010 年第 5 期。

[1] 参见何显明著：《省管县改革：绩效预期与路径选择》，学林出版社 2009 年版，第 216 页。

12. 中央编办关于省直管县体制改革试点的通知，中编办 2010 年第 57 号。

13. 安徽省推进省直接管理县体制试点工作实施意见，皖办发 2011 年第 42 号。

14. 黑龙江省关于省直接管理县（市）体制改革试点的实施意见，黑办发 2011 年 28 号。

15. 郭庚茂同志在河南省省直管县体制改革试点工作会议上的讲话，2011 年 4 月 11 日。

（原载《中国行政管理》，2013 年第 3 期）

城镇化背景下的省直管县改革[*]

一、省直管县改革的现实背景

苏珊（德）：请问张教授中国推进省直管县行政体制的现实背景是什么？省直管县改革在中国行政体制改革中处于怎样的位置、改革目标怎样设定？

张占斌：感谢你对中国问题的关注，很高兴回答你的问题。推进省直管县行政体制的现实背景，从大的角度来讲，是中国改革推进的结果。一方面，由于中国全面建设小康社会进入新阶段，国家发展由非均衡发展向均衡发展过渡，统筹城乡发展提上国家日程。在省直管县体制与市管县体制比较中，在现有的国情和发展阶段，省直管县体制总体上更利于统筹城乡发展，更利于县域的发展。统筹城乡发展是一国现代化建设规律性选择，也是中国进入工业化中

---

　*　本文为作者接受德国杜伊斯堡—埃森大学东亚研究院研究人员、中央编译局访问学者苏珊·罗尔的专访。

期一种适应发展阶段变化的制度安排。省直管县体制相对市管县体制，更加有利于工业反哺农业、城市支持农村，公共资源在城乡均衡配置、生产要素在城乡之间自由流动，推动城乡经济社会发展融合，发展成果让人民特别农民共享。也就是说，省直管县改革是对统筹城乡发展的促进，在制度上克服了市管县体制的弊端，在城镇化加速发展时期也会兼顾县域的发展。另一方面，改革开放以来，市场权力逐渐强大，县这一层级需要与之相适应的政府权力来推进经济社会更好更快发展，也就是需要政府与市场形成合力共同发挥作用，以提高经济社会发展效率。这就形成了对权力的内在需求，客观上推动了省直管县改革。这是中国经济社会发展的一个特点，这一特点与克服市管县体制弊端相比，对于县这一层级追求省直管县动力更大。还有一个方面，可能大家关注不够，省直管县改革其实是中国城镇化道路的选择。中国城镇化面临区域发展不平衡约束，工业化、城镇化水平参差不齐，资源禀赋分布差异很大，区域环境承载能力强弱不均。东部地区人口密度高，经济相对发达，西部地区地广人稀，经济欠发达。中国城镇化不能像西方一些国家那样，在城镇规模结构上单一发展大城市或小城镇，在城镇空间布局上片面集中某些地区或发展某种模式，中国只能坚持多元形态，走大中小城市和小城镇相互协调和多样化发展城镇化道路。一段时期以来，我们在这一结合上还存在不少问题。在城镇化政策上有一种倾向，认为大城市带动性大，这就是城镇化的方向。从理论和经验上来看，这种观点有道理，但需要考虑实际路径是怎样的。我国是地域广阔的人口大国，城镇化发展还有巨大的空间，在发展特大城市，中小城市和小城镇问题上，也要实事求是，要充分考虑中国区域发展的不平衡的现实。因此，省直管县改革就是对这一城镇化发展模式的修正，在发展布局上兼顾中小城市，特别是县城的发展。这对于扩大中国的内需市场，增强经济发展的内生动力，是战略上的选择。

　　行政体制改革在中国改革开放和现代化建设中居于重要的战略地位，这既关系到经济体制，又关系到政治体制改革，处于改革的中心环节。省直管县改革是我国行政体制改革的重要内容，是政府间纵向改革突破点，如果这项改革到位，那将对政府结构的优化、职能转变起到重大的作用。纵向行政结构优化，是这些年中国政府改革的一个重点。在以往改革中，我们对横向上改革比较重视，进展较大，对纵向上的改革规划不够，力度有限。从纵向组织结构看，主要是层次过多，行政成本过高，地方政府承担的公共服务责任与能力脱节，制约和影响了县域经济发展。省直管县改革是政府间纵向关系调整的主要内容，也是政府间纵向结构优化的引领者。我们认为，可以将"十二五"期间，也就是 2011 年到 2015 年省直管县改革要完成的目标定为近期目标，将 2016 年至全面建设小康社会实现之年，就是 2020 年要实现的省直管县改革目标称为远期目标。近期目标主要完成：完成省直接管理县财政体制改革目标；完成农业经济等特色大县省直管县改革目标；在具备条件的地方全面推行省直管县体制；适当增加城市数量。远期目标为：在全国进行必要的行政区划改革；地方行政层级以 3 级为主体；城市数量增加到 1000 个左右，县分为若干等级。

　　苏珊（德）：从我对中国省直管县改革一些资料阅读来看，学者们存在一些争议，请问张教授您怎样看待市管县体制？它的历史贡献是什么？

　　张占斌：无论是市管县体制，还是省直管县体制，在实践中，都是一个非常有争议的问题。在中国理论界有一种观点，认为无论是省直管县体制还是市管县体制，实质上是市县优先发展问题。优先发展城市你就选择市管县体制，优先发展县域，你就选择省直管县体制。我不能完全同意这一观点，其实中国的市管县体制也好，省直管县体制也好，理论和实践要丰富得多，每种体制都包含着多个目标，也存在着局限性。所以说研究好每种体制应该具备的条件，是首要问题。上世纪80年代初，为实现以城带乡的发展目标，中国陆续推行市管县体制。市管县体制推行之初，人们普遍充满期待。中国的理论界一般认为，市管县体制是马列主义关于城市领导农村、城乡一体化，缩小城乡差别理论在中国的实践，是具有中国特色的城乡协调发展模式。从实践来看，市管县体制取得一定成效，中央在当时决定推行市管县体制出发点是好的，也与当时改革环境相适应，在一定时期，部分地区发挥了积极作用，特别是对推动地级市的发展起到了很大的促进作用，至今已有30年，并已成为中国普遍实行的行政区划模式，构成了宏观纵向体制的基本权力结构。现在看，这一体制对推进我国市场化发展、工业化发展、城镇化发展都起到了重要的推动作用。市管县体制存在的问题，主要是没有完成以城带乡的发展目标，而且有些地方进一步扩大了城乡之间的差距，与最初的设计有一定背离。在这一点上大多数中外学者认识是比较一致的，分歧是现在怎样对市管县体制进行改革。

市管县体制的历史贡献有这样几方面。

第一方面，市管县体制准备了市场化改革的条件。改革开放之初，市场化的改革尚不明确，市管县体制适应了当时各类经济资源主要由行政力量配置，主要按行政区划流动的特点。这在一定程度上密切了城乡关系，市管县体制与当时的现实需要基本是相符合的。

从推进计划经济向市场经济转轨的角度看，市管县体制是有贡献的，它在一定程度上满足转轨时期增强中心城市作用的同时，客观上推进了市场经济的发展。从历史作用的角度看，市管县体制起到了冲破原有计划体制，导向市场经济体制的作用，恰恰是它推进培养了改革的要素，准备了市场化改革的条件。市场经济向纵深发展以后，市管县体制依靠行政手段推动城乡经济发展的弊端越发明显，市县之间的矛盾和问题也越来越多，由于制度支撑条件的丧失，改革市管县体制成为必然。

第二方面，市管县体制促进工业化发展。中国的工业化是在人均水平较低下起步的，这样就不具备条件按照西方一些国家的发展路径进行，比较选择后走了一条赶超战略。改革开放后，市管县体制、政府主导的市场经济，进一步强化了城市的作用，继续依靠城乡二元体制强力推进国家工业化。市管县体制在促进工业化发展上，主要是形成了低成本工业化机制，在较短时间内迅速实现了向工业化中期阶段的跃进。改革开放以来，数以亿计的农民成为产业工人，实现了职业转换。在低成本工业化和高成本城镇化的双重制约下，农村劳动力呈现出候鸟型转移模式。这种劳动力流动模式的贡献在于把工业化成本向农业农村转嫁，短时期内迅速做大经济总量。还有一个方面，就是政府主导的市场经济与市管县体制相配合助推工业化高效积累。改革开放以后，中国的工业化推进模式有所改变，中国现代工业发展的一个最基本瓶颈就是资本积累匮乏。在计划经济时期，政府通过对农产品的不等价交换进行了初期积累，建立了国家工业化基础体系。改革开放引入市场经济的竞争机制和价格机制，开始了工业化全面展开的历史进程。现在看，虽然这一时期进行资本积累的方式很多，除了通过优惠政策引入国外资金外，最主要的资本积累方式，一个是依靠廉价劳动力，就是候鸟型转移模式，另一个就是通过土地积累，也就是政府通过低价征用土地获得大量资金。这种土地积累在20世纪90年代中期之后成为中国工业化、城市化发展最重要的积累方式。依靠土地积累所获得的资金总量，要远比从国外引入资金大得多。在政府主导的市场经济推进中，市管县体制很好地配合了政府这一发展模式，也可以说市管县体制与政府主导的市场经济目标一致、手段互补。现在改革市管县体制，就是要在工业化和城镇化发展到一定水平后，要对农村进行反哺，支持农村农业农民的发展。

第三方面，市管县体制推动了城镇化的发展。在研究城镇化发展上，首先要研究城镇化动力机制问题，也就是要明白城镇化发展是由政府单一力量推动的，还是由市场力量推动，或者政府、市场、社会等多重力量来推进。对于改革开放以来中国城镇化模式，现在学者有不同的认识。有人认为，改革开放三十多年，我国城镇化的基本属性依然是政府主导型，政府的推力是主要方面。也有人认为改革开放以来，中国城镇化的快速提高是政府和市场共同推进结果。政府在城镇化进程中的作用表现为制度创新和宏观调控；市场的推动作用，表现为资本、土地、劳动力等发展要素向城市聚集。还有学者认为，改革开放三十多年，中国城镇化快速发展是政府和市场两种力量共同作用的结果。但是，在这两种力量中，市场力量是主要方面，政府作用是辅助性的、次要的。我们认为，在推动城镇化发展上，市管县体制配合其他政策发挥了主要作用，这一作用并没因市场经济的发展而有所改变。中国从1983年开始推进市管县体制，到1992年，这其间各地纷纷撤地建市，地级市的数量大量增加，中国城镇化进程明显加快。中国走上市场经济道路以后，尽管市场力量对推动城镇化也起到了很大的作用，但与政府力量相比还是处于从属地位。因为中国市场经济都是由政府主导的，政府的力量必然大于市场的力量。从 1992 年到 2002 年是市管县体制正向作用最大的时期，这一时期也是中国城镇化发展最快阶段。2002 年以来，中国经济社会政策导向进入统筹城乡发展的时代，城镇化作为统筹城乡发展的一个重要轮子，也在各级政府强力推动之中。这一时期，市管县体制仍在发挥着基础作用，构成政府纵向体制的基本权力结构。这里市管县体制对城镇化的推动作用，主要是从地级市政府掌控资源角度讲的。在这一体制下农村的发展要素、发展资源更多地流向了中心城市，助推了中心城市的发展，现在看这一趋势并没有减小。进行省直管县改革并不是阻止城镇化发展，而是要城镇化发展得更有质量，在发展时也要兼顾县域也就是农村的发展。

总地说，市管县体制推动了市场化的起步，推动了工业化和城镇化的发展，对地级市发展起到了很大的促进作用。但随着改革的推进，市管县体制的弊端也显现出来，就是逐渐暴露出了"市卡县、市压县、市吃县"的现象，县域经济发展受到影响。实行市管县后，城乡收入差距不仅没有缩小，反而从 1983 年开始显现不断扩大的趋势。1985 年城乡收入比为 1.86 ∶ 1，到 2009 年扩大到 3.33 ∶ 1，为历史最高点。如果把城乡享受的基本公共服务差距计算在内，城乡实际收入差距已接近 6 ∶ 1，这样改革市管县体制成为一种必然。进入新世纪以来，我国整体上进入了以工促农、以城带乡的发展阶段，统筹城乡发展成为国家发展战略。市管县本质上是一种重城轻乡的行政体制，这种体制总体上不利于实现统筹城乡发展，地级市容易对辖县产生挤出效应，使农村大量发展资源流向城市，从而形成城市对农村新的剥夺。省直管县改革就是在这一背景下推进的，它所体现的政策意愿就是国家由非均衡发展向均衡发展转变。

二、借鉴历史与国外经验推进省直管县体制

苏珊（德）：请问张教授省直管县改革是否借鉴了中国历史与国外政府管理经验？

张占斌：这肯定是有的。省直管县体制与中国历史上郡县制有很多相似地方，对国外现代政府层级管理也有所借鉴。在中国春秋后期，晋国首先在地广人稀的偏远地区设郡，其地位低于县，但地域远远比县大。后来，随着边地逐渐繁荣，人口日益增加，出现了郡的地盘太大不易管理的问题，一些大国不得不在郡以下设置若干小县实行强化管理。由于郡县的大量设置，到了战国后期，以郡统县的二级地方行政管理体制成了主流制度。秦统一六国后，秦始皇听取李斯的建议，在全国推行郡县制，以 36 郡统一千县。县按户口多少设县令或县长，万户以上为大县设县令，万户以下为小县设县长。在地方行政层级上有这样设置特点：东汉时，刺史改州，辖郡，郡辖县。西晋初年，全国分为州辖郡，郡辖县。隋初，实行州县两级制。炀帝时，改州为郡，全国 190 个郡，1255 个县。唐朝全国设道、州（府）、县。宋朝、元朝设路，直辖府、州、军，以下设县。明朝设布政使司、府、县。清朝设省、府（州）、县。民国设省、道、县。中国历史上的地方政府层级结构，通常都是以县为基本行政单位。县是中国历史上持续最久而至今仍然存在的地方行政单位，历史上一直有"皇权不下县"的传统，县以下的地方行政单位，从隋以后一直到清末都不存在。自从秦朝产生郡县制，到民国末期的两千余年时间里，地方政府层级以县为基本单位，分为两级制、准

三级制和三级制，其中准三级制和三级制占主导地位。

　　中国古代地方行政建制，县以上重在防腐败和防割据，县以下重在教化和劝农，古人各行政层级职能分配得很好。从行政建制变与不变来看，中央为了掌控政局防止离心和割据，县以上机构不得不变。为了发展农业生产，强化对百姓的教化，以及征收赋税，县以下也不得不变。因此处于行政建制中间的县这层级属于不变应万变的设计。因为县是联结皇权与百姓的纽带，其地位承上启下，只要县能稳住，县以上行政机构工作情况如何，在短期内对社会不会造成太大的影响。所以，县稳天下成了历代统治者的共识。现在减少政府纵向层级，理论界的共识也是对县之上地级市、县之下乡进行改革，这也是对历史的借鉴。

　　新中国成立之初，中国地方政府实行大区、省、县、乡（镇）四级，有的地方在县乡之间设一个区，也就是五级，中间环节太多，不利于大规模经济建设，1954 年中央撤销了大区建制，中央直辖省。从此中国地方行政层级建制进入省、县、乡（镇）三级或省、县、区、乡（镇）四级制。地级市是后来形成的，来回变化最大的就是这一层级。

　　从国外来看，在当今世界近 200 个独立国家中，除梵蒂冈、新加坡等极少数小国不设地方政府、少数国家只设一级地方政府外，大多数国家的行政层级实行两级制或三级制。现在世界上实行四级制基本上都属于发展中国家。从主要地理大国的行政层级设置看，除中国和印度实行四级制外，其他国家都实行两级制或三级制。其中，俄罗斯为三级制，加拿大、美国、巴西、澳大利亚为两级制。从国外地方治理的实践看，行政层级设置以两级制或三级制为主。

　　中国省直管县改革正是借鉴了我们历史上的地方行政层级设置

和国外地方政府层级的经验而进行的。中国大多数地方政府层级为四级，这在世界范围内也是比较多的。层次过多，势必降低行政效率。从我国历史经验和国外实践来看，地方政府的层级大致以两级或三级为主，大国同样可以实行较少层级，并较好地发挥作用。至于减少政府层级，减去那个层级为好，从我们前面的分析中可知，当前减少中间层级地级市改革条件已基本具备。1988 年海南建省时就实行省直管县体制，为各市县提供了公平发展平台，现在看体制效应已经显现。湖北省上世纪 90 年代，将随州、仙桃、潜江、天门四个县级市实行省直管，促进了四个市的快速发展。现在随州已发展成为地级市，另三个市近年来经济社会发展一直名列湖北十强县市的前列。2011 年，安徽为加强巢湖流域的综合治理，撤销地级巢湖市，并对巢湖市的一区四县进行区划调整，这一改革影响很大。在直辖市里，重庆作为较大地域的直辖市也采取直管县体制，现在看运行良好。这些地方在减少地方政府层级方面都积累了很多经验。近年来，随着统筹城乡的深入发展，越来越多的人认识到强化县政与经济地位的重要性，各地纷纷推进的扩权强县改革，加上到今年年底完成的省管县财政体制改革，从根本上弱化了带县的市的作用，为实现省直管县创造了条件。

苏珊（德）：中国是一个地方差异很大的国家，请问哪些地方更适合推进省直管县改革？哪些地方适宜市管县体制？

张占斌：中国是一个地方差异比较大的国家，地方行政体制不可能是一种模式，就是省直管县体制，各地在实践中也存在一定差异。省直管县改革需要研究其推行的基础条件。从样板省浙江来看，面积小、人口规模适中、市县数目不多的特点，是浙江推行省直管县的先天条件。同时浙江多年来持续对县域放权，推行县域改革，县这一层级的行政权力与经济社会发展逐渐匹配。另外有一点大家可能注意不够，就是浙江对县域下放权力的同时，积极推行政府职能的转变，大量商会、行业协会等社会组织，有效地承接了政府转移出来的职能。也有学者把浙江能推行好省直管县改革，与其区域发达的工商文化传统联系起来研究，这都是很好的研究视角。一般认为，管理幅度不大，省本级财政可支配收入较高，例如广东、山东、江苏等省都可以进行省直管县改革。但改革中有一个现象我们要特别注意，吉林、安徽、宁夏等省区，省区财政保障能力有限，但省直管县改革走到了全国的前头，这说明改革的基础条件也在发生变化，改革的目标是多样的。吉林和安徽是为了更好地促进县域经济发展，即使暂时不能安排较多的转移支付，在制度供给上也要满足县域。宁夏除了促进县域经济发展外，可能考虑更多的是探索民族地区发展问题，贫困县扶贫问题。可以说，促进县域经济发展是推进省直管县改革的一个根本原因。但也有学者对此有不同的意见，他们认为，县域经济发达到一定程度才需要扩大权力，提高其自主力，权力大小要与经济发展程度相匹配，否则权力资源的浪费，并且容易造成权力的滥用。这种担心也不无道理，但我们认为，由于许多重要的经济社会管理权限都集中在省或地级市，县虽然事务多、责任重，但自主权小、财力有限，这种权责上的不一致，阻碍了县域经济社会的进一步发展。在中央逐步向地方放权的大背景下，管理重心也应适当下移，县域扩权是大趋势，我们只要做好监督制度建设，就不会出现太大的问题。

　　至于哪些地方适于市管县体制，我们认为，只要地级市对县域有较大的带动作用，这些地区都适宜市管县体制。如省会城市、计划单列城市、副省级城市、重要的中心城市、国家和省经济发展重要节点城市等等都可以保留市管县体制。即使适于推进省直管县的省区也要兼顾地级市的发展，促其行政区划的合理调整，对需要扩展区域的地级市撤县建区，比如河北省就有潜力，以强化对周边地区的带动作用，这对提高中国城镇化质量至关重要。省直管县体制与市管县体制对推进城镇化发展各有优势和局限，当前重要的是要在推进城镇化发展和省直管县改革间找一平衡点，既要重视城镇化发展的质量，也要重视县域的发展。我看现在大家常讲的中国特色城镇化道路，就包含了这个平衡点，三化同步发展，坚定不移地走统筹城乡，城镇化、工业化、农业现代化协同推进的城镇化发展道路。

河南、四川、广西等辖县大省推行省直管县体制，存在着一定困难，在行政区划不改变的前提下，要不要改革、怎样改革。一些学者认为，应暂缓推行辖县大省的省直管县改革，如河南发展重点不是县域经济，而是有经济活力的中心城市。已经形成区域经济中心城市的应以特大城市为依托，形成辐射作用大的城市群，培育新的增长极。我们8月份在河南调研已感受到改革的新动向，虽然全省在积极推进省直管县改革试点，但可以看出大郑州城市群建设战略定位无异要整合郑州市所属区县及周边地区，也许将来郑州都市区会形成一个新的层级，这也是对国外都市区发展经验的借鉴吧。

三、省直管县改革是地方政府权力再平衡

苏珊（德）： 请问张教授中央政府对省直管县改革是否支持？地方各层级政府对省直管县改革态度如何？

张占斌： 据我所知，中国国家领导人对省直管县高度重视，温

家宝、习近平、李克强、马凯等领导多次做出批示，力推省直管县改革向纵深发展，努力促进具备条件的县调整隶属关系，全面实现省直管。在中央的重要文件和领导人的讲话中多次对省直管县改革加以推进。如 2005 年 6 月，温家宝在全国农村税费改革工作会议上的讲话；2006 年 1 月，中共中央国务院的 1 号文件；2006 年，"十一五"规划纲要；2008 年 8 月，中央关于地方政府的改革意见；2008 年 10 月，中央关于推进农村改革的决定；2009 年 1 月，中央 1 号文件；2009 年 6 月，国家财政部关于推进省直管县财政体制改革的意见；2011 年，"十二五"规划纲要；党的十八大报告等等，都为省直管县改革作出部署和安排，要求有条件的地方依法探索省直接管理县的体制，进一步扩大县级政府经济社会管理权限。

在省直管县改革中，政府是制度创新主体。中央、省级、地级市、县级制度创新的驱动力取决于创新收益，所以各级政府对省直管县改革有着不同的态度和行为。有人总结为，中央政府支持参与、平衡各方；省级政府积极推动、统领市县；地级市被动参与、坐等观望；县级政府主动参与、积极争取。

按照目前财税政策，省直管县改革带来地方经济的快速发展，中央和地方按照商定的财税分成比例，中央政府能够更多地分享到制度创新的好处。总的来说，改革的省区越多，带来的新增经济总量就越大，中央政府就能分享到更多的制度创新的收益。承担较低的制度创新成本却能分享到这么多收益，中央很是高兴，由各地自行探索转变为明确支持。中央政府还有一个平衡各方的责任，就是省区的省直管县改革，不能影响中心城市也就是地级市做大经济总量的任务，因为 GDP 总体是由中心城市拉动的。有些学者分析这是中央是否大力度推进省直管县改革担心所在。对省一级而言，省直管县改革的收益是实实在在的，县域经济的快速发展壮大了省的经济实力，税收的增加让省里有更多的财力进行基础设施建设、改善和保障民生，这也是省级官员最显眼的政绩。地级市政府在省直管县改革中处境尴尬。进行省直管县改革，从理论上讲地级市可以获得城乡分治后城市专业化管理带来的分工收益，但这是将来的事，眼前失去了截留县级各种资源的机会，行政层级上的政治优势感也不复存在，地级市成为利益净流出群体。从我们了解的情况看，一些地级市响应省直管县改革，其实并非源自于内心真实拥护，而更多的是省里压力下的无奈之举。

省直管县改革县级是直接受益者。县级可以在相当于地级市平台上发展，经济实力的增强不仅让县里有了更多可以支配的财力，也为政府官员提供了展现政绩的机会。县级官员与地级市官员的关系从下级转为基本平等，政治地位提升带来的好心情却是前所未有的，更重要的是县级官员有了更多与省级官员直接沟通的机会，这为争取项目、专项转移支付的获得等等方面创造了条件。最主要县域资源不再被市里截留，这相当于多了一块收入。

苏珊（德）： 对于省直管县改革各层级政府存在的利益纠结问题，请问张教授中国理论界有怎样的研究？

张占斌： 省直管县改革是对利益格局的重大调整，对权力的重新分配。在各层级政府事权没有很好划分前，对于省直管县改革来说，应建立合理的利益共享和成本分担机制，调动各级政府参与改革的积极性。目前中央政府在省直管县改革中没有付出太大的成本，却通过财税分享了大量的制度创新收益。为此，一些学者建议中央政府应把获得的收益切出一块给省里，用以鼓励更多的制度创新。

同时，中央对省直管县改革要更加积极主动促进，也就是现在人们常说的要有顶层设计。对于省一级政府而言，由于掌握着省内制度创新收益的分配权，其在改革中的利益能得到保障，推进改革的积极性不成问题。关键要研究好对县这层级利益分配问题，要调动县这一层级改革发展的积极性。现在省直管县改革在利益分配上更多地倾斜于县，这有可能导致地级市发展空间和动力不足，最终造成城市发展的边缘化。针对地级市难以在省直管县改革获得收益问题，有这样两方面研究，一方面是在省里的制度创新收益中切下一块给地级市，以减少改革阻力。另一方面要减少地级市的财政支出项目，做到财政与事权的匹配。县级财政收入不再上解到地级市财政，市对县的配套资金不应再由地级市承担，而应进行全省统筹。若考虑到地级市技术条件，需要它承担一定的公共服务职能，那么省、县应对地级市进行财政补偿。

苏珊（德）：日本关西大学三宅康之教授比较了计划单列市和省直管县改革，他认为地级市和县之间可能会像1980年代计划单列市和省会之间出现摩擦，您认为比较有道理吗？

张占斌：有些道理。1983年国务院在重庆进行经济体制综合改革试点，为探索改革的路子，也为组织好以大城市为中心的经济区建设，国家批准重庆为计划单列城市。1980年代中国共有11个计划单列市，以后又增加了一些。那时是否计划单列，对城市经济发展影响相当大，特别是开始于1985年对计划单列市的副省级的行政升格，计划单列市的发展优势进一步突显。一般来说，在一省之中，计划单列市和省会城市是两个经济规模最大，存在着竞争发展的两个城市。计划单列之前，在一省框架之内，还能相安无事。计划单列以后，其城市在国家计划中单列户头，享受到相当于省一级经济管理权限。改革之初在各种发展资源有限的前提下，为了更快发展，计划单列城市与省会城市摩擦不断，有些问题省内都得不到平衡。进入到市场经济、特别是国家取消省会城市计划单列后，情况稍有好转，但剩下的 5 个计划单列城市与省会城市的争斗还是没有平息，我们从广州和深圳的关系就能看得很真切。

在市管县体制下，地级市直接控制着县这层级经济社会管理权限。省直管县后，从体制上为县这一层级放权，地级市与县变为没有行政隶属关系的两个实体。这两个实体既存在合作的可能，也存在竞争的关系。如果地级市与县不规范运作，省直管县体制下的市县有可能各自为政，恶性竞争，制造行政壁垒。这时的区域经济发展还不如改革前的状态。在分税制的大框架下，地级市和县级均有足够的投资冲动，相互独立的利益往往使其不顾资源配置的整体效应，重复投资、短期行为、侵蚀市场等等。从一些地方改革来看，省直管县后，地区间的利益关系协调主体会出现暂时性缺位，如果没有相应组织补位，地级市与县之间利益冲突不可避免。这种冲突与计划单列城市和省会城市的摩擦相比，有很多相同的地方，但要比那严重和复杂。一省之内计划单列城市和省会城市是局部的摩擦，而地级市与县是面上的摩擦，量要大得多，更为复杂。因此，除省一级要加强领导外，有必要组建跨界的区域性协调机构，加强县与县、市与县之间的协调沟通。

四、省直管县改革取得的进展

苏珊（德）： 本届中央政府明年就要进行换届，未来 10 年中国将进入新一轮政治周期。请张教授评价一下本届政府推动省直管县改革突破情况。

张占斌： 2008 年新一届政府组建后，大力推进省直管县改革，县域经济社会发展整体上有很大的提高。这是由多年扩权强县改革，以及省直管县一系列改革政策累积的结果。这里我选择几个主要的突破方面向你介绍一下。

第一方面，省直管县财政体制改革。针对市管县体制存在的问题，2005 年 6 月，温家宝总理在农村税费改革工作会议上提出，具备条件的地方，可以推进省直管县和乡财县管的试点。在"十一五"规划中，对理顺省以下财政管理体制，有条件的地方可以实行省级对县的管理体制加以推动。2008 年新一届政府组建后，陆续出台继续推进省直管县财政体制改革，并把农业大县首先纳入改革的范围，以及出台省直管县财政体制总体目标。实行省直管县财政体制改革就是在政府间收支划分、转移支付、资金往来、预决算、年终结算等方面实现省财政与市、县财政直接联系，市和县在财政上相互独立。这项改革是继 1994 年分税制后，我国财政管理体制上又一次重大创新，它对支持县域发展，优化政府纵向结构具有突破意义。截止 2011 年底，全国共有 27 个省区 1080 县及县级市进行了财政省管县改革。从全国来看，大范围进行省直管县财政体制改革时间不长，一些宏观效果还没有完全显现出来，但从先期试点县市来看，效果却不错，加大了县级财政的支持力度，县级经济社会发展得到了很大的支持。从我们对一些省区的调研来看，改革存在的问题也不少。如国家财政部关于推进省直接管理县财政体制的意见，要求 2012 年底前，力争全国除民族地区全部推进省直管县财政体制改革。现在看表面完成任务不成问题，但一些省区改革的质量不是很高，在转移支付、资金调度仍以省对地级市，地级市对县方式办理，这与改革方案有很大的出入。还存在行政体制与财政体制不协调问题，限制了改革的进一步深入，导致地级市、县财政在具体事务上的平等难以实现。

第二方面，将农业大县纳入省直管县改革范围。农业大县对保障中国粮食安全至关重要。2007年全国有450多个产粮大县，虽然仅占全国县数的不足16%，但粮食产量却占到了全国粮食总产量的近一半。由于大多数产粮大县以农业为主，种粮效益低，财政收入缓慢，财力薄弱，很多产粮大县是财政穷县。从保障国家粮食安全和统筹城乡发展要求出发，2008年国家把农业大县纳入省直管县财政体制范围，2009年将粮食、油料、棉花和生猪生产大县全部纳入省直管县财政体制改革范围。中央政府还出台了产粮大县奖励政策，2011年产粮、油大县奖励资金规模达230多亿元，奖励县数达1000多个，而且是测算到县、拨付到县。几年下来，这项改革效果明显，大大提高了地方政府特别是县级政府抓粮的积极性，促进了粮食的生产，保障了中国粮食多年连续增产。存在的问题主要有这样两点：一是对产粮大县确定的标准各级政府存在着分歧，国家奖励资金存在着平均化的倾向；另一点是制度创新跟近不够。省直管县财政体制到今年年底面上工作将基本完成，省一级怎样在省直管县体制框架内激励产粮大县生产，各地还没有明确的政策。

第三方面，中央加大省直管县改革试点工作。2010年中央编办确定安徽、河南、江苏、宁夏等8省区30个县包括县级市进行省直管县改革试点，计划用3年左右时间完成试点，为中共十八大后推进省直管县改革积累经验。中编办的试点通知明确要求，试点省区要在重点问题上进一步突破，改革不能停留在打外围战，要触及深层问题。对试点省区及县的选择也注意到代表性，如选取辖县大省参与试点、选取城镇化发达县参与试点、选取农业大县参与试点、选取民族地区贫困县参与试点等等。中国的行政体制改革的一条重要途径，就是结合政府换届进行，明年中央政府将进行换届，我们有理由相信这次省直管县改革试点，就是为换届后中央政府推进改革作的准备。从8省区的改革方案来看，大部分选取的是省内经济发展单列方式。在中国计划单列这一概念大家并不陌生，与省直管县改革联系起来就有简政放权的特征。河南、江苏、安徽等省的试点县都是典型的省内单列模式，享受地级市一级经济社会管理权限。从安徽改革来说，试点县党委、政府直接向省委、省政府负责并报告工作，试点县人大直接向省人大报告工作并接受监督，试点县政协直接向省政协报告工作并接受指导，试点县党委、政府工作部依照党章和相关法规直接接受省委、省政府主管部门的业务指导或领导。试点县党政主要负责人由省委直接管理，其他副县级领导干部包括检法和其他高配干部由省委委托省委组织部管理。试点县出席省党代会、人代会、政协会的代表、委员，仍在原地级市选举产生。试点县工商、地税、质监放回试点县管理，司法业务管理体制不变。再看河南，是典型的省内单列模式，由省政府直接领导试点县政府工作，试点县政府各工作部门直接由省政府主管部门进行业务指导或领导。党委、人大、政协及司法领导体制不变。工商、地税、质监等部门由地级市领导改为省主管部门直接领导。其他省区的改革模式大体与安徽、河南相似。从安徽、河南改革中，可以明显看出，安徽力度大一些。河南可能由于是辖县大省，它的改革难度更大些，在行政区划不变的前提下，省内计划单列也许是比较好的推进方式。也有学者认为，河南的试点方式很好地照顾到地级市的发展，这是不错的选择，值得研究。总得看中编办这次省直管县改革试点，突破点还是很多，力度比较大，有些问题多年突破不了，这次突破了或接近突破，这对党的十八大以后推进省直管县改革，具有指向意义。这次 8 省区 30 个试点县存在的问题，从面上说，首要一点就是省内单列改革，存在体制不顺问题，特别是在党委和政府体制上。另一点是干部管理问题。几个试点省区相关部门普遍认为，市管县时，县级干部的选拔、调整、后备干部的培养使用都由地级市负责。省直管县改革后，这些工作放到省里来进行。小的省区如宁夏还可以，大一些的省可能就照应不过来。现在县级班子也比较庞大，一般来说，一个县的县级干部要有三四十人。这项工作在一个地级市的范围内还可以进行调配，现在，少一个中间层级，都推向省里，干部调配是一个难题。还有一点就是司法体制，中央应早作顶层安排，设计好改革的路线图，司法体制不能长期与行政体制不相匹配。

苏珊（德）：请问张教授下一步省直管县改革重点是什么？

张占斌：总地说，在进一步完善现有改革的基础上，出台一些适应城镇化发展趋势，能够加快城镇化发展，能够提高城镇化质量的省直管县改革政策。当然这些改革政策要包含在统筹城乡发展的框架内，要对农村发展有所促进、有所兼顾。通过省直管县改革，提高县域中心城市的承载力，率先把经济强县（市）发展成为中等城市。改革和完善设市制度，科学规划撤县设市、设区工作，探索镇级市的设立，扩大城市规模，形成大中小城市及小城镇协调发展的新格局。这种认识是基于对中国改革开放以来城镇化发展规律的把握，实际上过去三十多年中国县以上行政区划调整变更事项，90% 以上是有关城镇型政区的调整，这不是人主观意志的结果，而是经济社会发展的要求。省直管县改革就是要适应这种变化，促进这种变化。省直管县应有之意就是建立城乡一体化的行政体制，这一体制发展中心就是市制。我们现在有直辖市、地级市、县级市650 几个，如果能再用 20 年左右的时间，把市总量扩展到 1000 个，中国的城市化就具备了一定的规模，就能与中国工业发展基本适应，也能对统筹城乡发展作出大的贡献，对内需的拉动就会上升到一个新的层次。依托城镇化快速发展，更好地发展一些城市，是下一步省直管县改革的重点，这个重点的核心就是力推城市数量的发展，而且是有质量的城市发展到 1000 个，这里面不包括镇级市。

有这样几个理由助推城镇化数量的发展。

第一方面，率先把经济强县（市）升格为中等城市。重点把一批二、三产业比较发达，城镇化达到一定水平，非农就业比重大，经济实力远超过一般城市，对周边地区有较强辐射带动作用，参与区域经济分工，在国内外有一定影响力的经济强县（市）尽快发展成中等城市。如江苏的昆山市、江阴市，浙江的义乌市等全国部分百强县。这里的中等城市一般设定为，地域性的政治、经济、文化、信息中心。自然条件或产业条件比较优越，交通发达，接受大城市辐射影响大，经济社会发展比一般县级市明显快，城市基础设施较为完善。在发展上有广阔的空间，突出特点是城市发展弹性大。通过我们对中郡县域经济研究所连续几年发布的全国百强县经济基本竞争力报告分析来看，百强县中有 20% 的县（市）可以发展成为中等城市。如果国家能在政策上给予推进，这些经济强县（市）升格为中等城市，用不了太久的时间。

第二方面，把具备一定条件的县改设为市。在我国城镇体系结构中，县级市数量较少，而且分布不匀，是城镇体系中最薄弱部分。我国从 1997 年开始冻结设市工作，近 15 年只是少许审批了几个。随着县域经济社会的发展，特别是省直管县改革的推进，大县、强县、特色县城镇化发展的要求越来越迫切。2010 年，十一届全国人大常委会第十三次会议提出，我国将积极研究完善设立县级市的标准，把人口、经济、财政、税收以及城市建设达到一定规模的县，适度改设为市。这说明这项工作已引起高层的注意，改革不会再拖下去。多年的经济发展，使许多县城及一些建制镇都得到较快发展，经济实力较强，已经达到了设市的标准，传统的农村型行政区划体制不能适应城镇型经济社会管理的需要。无论是发展比较好的东部地区，还是开发建设中的中西部地区，全国县级市主要经济指标的平均值约为县域经济发展水平的 2 倍，这在一定程度上显示了城市型政区的经济活力，市制所蕴涵的制度生产力。因此，当县域及其某些镇域经济社会发展程度初步达到具备城市基本特征时，适时地通过撤县设市改革，是促进城镇化发展的最好办法。全国现在有县、旗等 1627 个，在研究时我们选取 GDP 总量、地方财政一般预算收入、城镇化率、人口、工业增加值占工农业增加值比重、县域基础设施建设作为评价指标，对东部、东北部、中部、西部一些省区的县进行了测算，有 6% 的县，也就是近 100 个现在具备撤县设市的基本条件。参照国际经验和我国全面建设小康社会的历史进程，再有 20 年左右，这一比例可能达到 15% 以上。如果中国城镇化发展进行的顺利，无论是整县改市还是切块设市，市的数量都会大量增加。

第三方面，撤县设区增强中心城市发展空间。从各地来看，一些地方中心城市发展基础好，与周边县关联度高，这样的地区可以进行撤县设区。分为两种情况：第一种情况是，中心城市的城镇化水平、非农就业比重、产业结构、经济总量、财政收入都已经达到大城市标准，而周边的县域规模较小、经济实力比较弱，市对县辐射带动强，可以考虑撤县设区；第二种情况，中心城市的城镇化水平、非农就业比重、产业结构、经济总量、财政收入达到大城市标准，但现行行政区划制约了自身的进一步发展。周边的县域经济实力也较强，市与县之间的资源、产业和市场关联度比较高的，也可考虑撤县设区。这项改革对城镇化发展质量至关重要。

第四方面，积极探索镇级市的发展。经济发达镇行政体制改革是省直管县体制改革的重要的组成部分，对于省直管县改革具有重大意义。在中国市制体系中，有直辖市、副省级市、地级市、县级市，与行政层级相对应的就是缺少镇级市。我国小城市数量偏少，应该积极发展镇级市，这也是对市本来含义的恢复。在一些发达省区，对于经济实力较强，城镇化水平较高，人口达到一定规模，并有一定的产业支持的大镇强镇，都应积极进行镇级市的改革。镇级市为县辖市行政体制，既不影响原来的行政区划，又增加了我国城市的数量，有助于推进城镇化的进程。在现有设立镇级市的研究中，主要理由有这样两点：一是镇级市为建制镇和城镇型居民区向中小城市转型找到了新途径。二是镇级市不仅是对乡镇政权治所地城镇化现实的认可，也是对我国城镇体系的完善，更是对中国乡村城镇化历史的充分尊重。

今天我就回答你这些问题，有机会我们再讨论。

苏珊（德）：谢谢张教授。

（原载《经济社会体制比较》，2012 年第 6 期）

纵向行政层级和结构优化：省直管县改革

20世纪80年代以来，伴随着单一制国家的地方分权改革，世界各国的地方政府呈现出趋同的发展趋势。中国政府很好地适应了这一改革。这对中央与地方的关系、地方政府职能定位、纵向行政层级和结构优化都产生了重要影响。中国地方分权改革的基本特点是行政性分权，它是改革开放以来政府改革的一个核心取向，重点对政府层级间的有关权力和利益进行分割。省直管县改革是十年来我国政府间纵向改革的重要内容，随着改革在一些关键领域和重点环节的突破，这项改革将成为我国政府间纵向行政层级和结构优化的引领者，改革将深刻触及既有行政体制以及政府间纵向关系的各个方面。

一、政府间纵向关系的调整

纵向行政层级和结构优化，是我国行政体制改革重要内容。在以往改革中，我们对横向上的改革比较重视，进展较大，对纵向上的改革则规划不够，力度有限。[1] 从纵向组织结构看，主要是层次过多，行政成本过高，地方政府承担的公共服务责任与能力脱节，制约和影响了县域经济发展。[2] 调整中央与地方权力关系，调整地方各层级之间的权力关系，释放经济社会发展的活力，是改革开放以来，我国体制变革的基本政治逻辑。无论是市管县体制的形成和发展，还是省直管县体制改革的推进，都符合这一基本政治逻辑。

（一）我国纵向行政层级和结构的特点

我国纵向行政层级和结构的特点，就是行政组织的层级化，按等级的原则，对行政权限和职责进行垂直划分。我国政府职能的履行，是由从中央政府到乡镇政府的不同层级政府共同承担的，并把政府的职能在不同层级政府之间进行了合理的划分和分配。中央政府着重经济社会事务的宏观管理，制定战略规划、政策法规和标准规范，维护国家法制统一、政令统一和市场统一。地方政府确保中央方针政策和国家法律法规的有效实施，统筹协调本地区经济社会事务，履行执行和执法监管职责，服务基层，维护市场秩序和社会安定，促进经济和社会事业发展。地方政府中省、市（地）、县（市）履职的重点和方式不尽相同。[3]

宏观纵向行政层级和结构是指国家由几级政府组成。现在我国大部省区由五级政府组成，直辖市由四级政府组成，海南省及少数

---

〔1〕　沈荣华：《纵向行政体制改革：重点领域和思路选择》，载《行政管理改革》，2010 年第 5 期。

〔2〕　汪玉凯：《深化纵向行政管理层级改革研究》，载《中国机构改革管理》，2011 年第 2 期。

〔3〕　王澜明主编：《中国特色社会主义行政管理体系研究》，新世界出版社 2010 年版，第 7—8 页。

进行省直管县试点省区的部分由三级组成。微观纵向结构是指政府
组织内部的工作层次关系。政府部门级别越高，其内部层级越多。
如国家教育部，其管辖部门由副部级、司局级、处级三个层级。省
教育厅，其管辖部门由副厅级、处级两个层级。微观纵向结构优化
不在本研究范围之内。

纵向行政层级和结构优化就是调整不同层级政府之间的关系。
由于我国是单一制国家，一级政府要接受上一级政府的领导，同时
一级政府的职能部门也要接受上一级政府相应的职能部门的业务指
导或领导，这样就形成了双轨双重纵向管理体系。其中，一轨是指
上级政府层层领导下级政府形成的纵向管理体系；另一轨是指上级
政府部门层层领导或指导下级政府部门形成的纵向管理体系。一重
是指地方各级政府直接接受中央政府的领导；另一重是指地方各级
政府的职能部门接受中央政府职能部门的指导管理。

双轨双重纵向管理体系，是中国特有的条条管理制度。这种领
导体制和组织管理体系的设计不无道理，它是针对我国单一制管制
型国家特点的客观选择，要求政令的上下一致和畅通无阻，其目的
是增强中央对地方政府的调控力和影响力。但是由于地方政府实行
块块管理，即每一级地方政府内部按照管理内容设置不同部门和机
构来管理地方经济社会发展各项事务。块块管理强调的是一级政府
的独立与完善，以及内部各部门相互之间的协调与配合。也就是说，
其管理重点是微观横向结构上的各个部门关系的调整和协调。这样
条块之间的冲突和矛盾就在所难免。[1]由于中央及地方政府的职能

---

[1]　周天勇等著:《中国行政体制改革 30 年》，格致出版社、上海人民出版社 2008
年版，第 225 页。

定位不清，上下级政府间常因具体经济利益发生矛盾，遇到利益便争、遇到责任则推。近些年这种情况在地级市与辖县之间存在较多，成为纵向管理的难点。

（二）影响我国地方政府间职权的相关要素

地方政府的职权获得取决于国家权力机关和中央政府的授权。中国的各级地方政府都是中央政府的分支机构，这种性质决定了地方政府职权在很大程度上来源于上级政府的层级配置和国家权力机关的安排。宪法规定，全国人民代表大会批准省、自治区、直辖市的建置，全国地方各级人民政府都是国务院领导下的国家行政机关，都服从于国务院。国务院统一领导全国地方各级政府的工作，规定中央和省、自治区、直辖市政府职权的具体划分。由于省以下地方政府的多层级性，使得中央政府对地方各级政府职权配置往往是通过科层体制层层配置予以实现的，因此，上级政府某项具体法律法规的制定与修改或公共政策的出台就成为地方政府职能配置的重要来源之一。省直管县是政府间重要改革，它必将对县级政府职能配置产生重大改变。

对地方政府职权有较大影响的有以下几个方面：

1. 高层级政府比低层级政府具有更大的职能空间

经验表明，不同层级政府职能履行的制度空间是不一样的，省级政府相对于地级市政府具有更大的制度空间，地级市政府相对于县（市）级政府具有更大的制度空间。在不同的政府间关系模式下，同一层级政府职能的制度空间也是不一样的，相对于市管县体制，省直管县体制下的县级政府具有更大的制度空间。

2. 不同财税体制对各级政府职能履行具有决定影响

1994年分税制后，绝大多数省份按照中央与地方的财政管理体制，确定了省以下的财政体制。这样就出现了财力向省、地级市集中，县（市）乡财政日益困难的状况。正如有人总结的那样，按现行分税制，省政府基本满意，地级市过得去，县级财政很困难。最明显的纵向财政缺口产生于县级政府。

3. 垂直管理体制是政府履行职能一种形式

改革开放后，我国实行权力下放，扩大地方自主权，促进了经济社会发展，但同时也出现了地方保护、市场分割现象，在这种背景下中央政府加大了垂直管理的范围和力度。随着垂直管理的不断增加，又出现了地方政府特别是县级政府职能受到肢解、统筹协调能力不足、权责不对称等新问题。省直管县改革给县级政权带来的最大变化就是开始恢复微观的国家地位。

4. 国家基本公共服务体系的调整

为了调整中央政府和地方政府公共服务的责权，国务院出台了《国家基本公共服务体系"十二五"规划》。规划调整的方向为：一是合理界定中央政府与地方政府的基本公共服务事权和支出责任。逐步将适合更高一级政府承担的事权和支出责任上移，增加中央和省级政府在基本公共服务领域的事权和支出责任。二是完善转移支付制度。科学设置、合理搭配一般性转移支付和专项转移支付，充分发挥省级财政转移支付有效调节省内基本公共服务财力差距的功能。三是健全财力保障机制。拓宽基本公共服务资金来源，加大县级财政保障基本公共服务能力。[1]这是国家基本公共服务的制度安排，明确各层级政府职权基本范围，是"十二五"乃至更长一段时

---

〔1〕　参见《国家基本公共服务体系"十二五"规划》，载《人民日报》，2012 年 7 月 20 日。

间政府履行公共服务职责的主要依据。

（三）纵向行政层级和结构优化的重点

纵向行政层级和结构优化包括很多方面。从中国政府改革实践来看，在行政性放权的同时，理顺关系、优化结构，形成权责一致、分工合理、执行顺畅行政管理体制是政府纵向行政改革的重要内容。在中央与地方关系上，目前的改革主要集中于省直管县改革。[1]省直管县改革是一种调整政府体系的尝试，有利于减少行政层次，降低行政成本，提高行政效率，发挥县级统筹经济社会发展的作用。理论界多数人认为，推进省直管县改革是当前纵向行政层级和结构优化的重点。

合理、协调的行政层级体系是国家行政权力顺畅的重要基础，也是促进科学发展的重要保障。纵观世界各国地方行政管理，美国设两级，州政府和地方政府，地方政府包括市、县，且不论大小都归州管辖。日本地方也是两级，都县府道是一级，相当于我国省区级，市町村为一级。市町村不论地域大小，经济发展怎样，都属于都县府道的管辖。德国、法国也是两级地方政府。因此，我国行政区划应该进行合理的调整。

行政区划如何调整，减去哪一层，如何减，有多种设想。有学者认为，可取消市管县，使市县同级，地级虚化为省的派出机构，乡镇不再作为一级政府和一级财政，而是变成县级政府的派出机构，形成三级政府（中央、省、市县）和两个半级政府（地和乡作为派

---

〔1〕　马宝成:《当前行政改革五大热点问题透视》，载《行政管理改革》，2012年第10期。

出机构层级）。还有学者认为，可实行弱省虚县，强化市和镇的中心城市作用和行政建制，逐渐简化为中央、市、镇 3 级政府。也有学者建议，可缩小省区，实行中央、省、县、乡 4 级政府建制。这种观点主张缩小省级区划，增加省级区划单位，全国可设 90—100 个，而不是像有些学者建议的 50—60 个；中央政府可设立若干地方事务部，每个地方事务部分管 15—20 个省区，每个省区管辖 15—25 个县市。[1] 从我国的实际出发，考虑到统筹城乡发展，特别是城镇化发展的历史任务，我们认为，在多年对县域扩权改革的基础上，在纵向行政层级和结构上改变省管地级市、地级市管县的体制，实行省管地级市和县的体制，也就是省直管县体制，这应是当前纵向行政层级和结构优化的重点。

在现有地方政府层级中，省一级属于地方一级设置，是国家重要的政治层级，一般不会改变。县这一层级发挥着承上启下的作用，在统筹城乡发展的重要历史时期作用更加突显。地级市是后来形成的，发挥过重要的历史作用，但随着改革的推进，市管县体制的弊端也显现出来，在一些地方形成"市卡县、市压县、市吃县"的现象，县域经济社会发展受到影响。由于近些年来政府职能的转变从根本上减轻了各级政府的工作量，技术进步和基础设施的改善创造了工具上的条件，公共管理创新需要政府扁平化改革，同时更基于解决市管县以来出现的问题，我国才逐步推出了省直管县改革，并使得省直管县改革成为我国行政管理体制改革的重大战略和未来发展方向。

---

〔1〕　参见中国行政管理学会编：《政府层级管理》，人民出版社 2009 年版，第 242 页。

二、省直管县改革在政府纵向关系中的定位

以省直管县改革为代表的地方分权改革，其本身是一种依靠行政力量破除阻碍市场经济发展的体制性因素的行为，是一种通过重新分配省、地级市、县（市）公共权力资源，推进区域经济按市场规律运行的重要改革，是将本来属于县（市）的行政权力归还县（市），或本来县（市）没有的权力被赋予，使县（市）经济更具活力。省直管县改革优化了地方政府的权力配置，使得地方政府间功能建设、利益分割趋向合理。

（一）省直管县改革是政府间纵向体制性要素的变革

随着市管县体制弊端的日益显现，全国一些省区陆续开展了强县扩权和扩权强县改革，尽管各地的改革措施不一，改革的力度也不一样，但是改革的整体思路是一致的，都是给县这一层级以更大的发展自主权，最后走向完全的省直管县体制。省直管县改革主要体制性要素变化有经济管理体制、财政体制、人事管理体制等方面。

1. 经济管理体制的下放

一般来说，省直管县改革是在暂时不涉及行政区划变更的情况下，将少部分省和地级市的经济社会管理权下放到县（市）。下放的权限涉及规划管理、市场监管、国土资源、发展计划、经济贸易、人力资源、社会管理等多个方面。如，海南省明确规定，党中央、国务院的方针政策由省委、省政府直接指导市县实施落实；县（市）政府直接履行省辖市的行政职权。2000—2006年，海南省政府先后下放了62项行政审批事项、43项行政许可事项到县（市），分6批共清理了省政府所属部门实施的行政审批事项945项，取消了293

项，取消和调整了年审和年检事项 15 项。2008 年海南省政府正式下放了经济、社会事务管理权 197 项，其中经济管理权限 166 项，占下放事权总数的 84.2%；社会管理权限 31 项，占下放事权总数的 15.8%。[1]2002 年浙江省将 313 项审批权下放给绍兴县等 17 个经济强县（含县级市）以及杭州市萧山区等 3 个区。2003 年湖北省委下发《关于扩大部分县（市）经济和社会发展管理权限的通知》，将部门的 239 项权限，下放给大冶等 20 个县（市）；2004 年河南省政府下发了《关于扩大部分县（市）管理权限的意见》，将属于地级市的部分经济管理权和社会管理权，下放给巩义等 5 个县（市）；2007 年四川省政府下达了《关于开展扩权强县试点工作的实施意见》等等。[2]

省直管县改革的主要抓手就是强县扩权和扩权强县改革，从各地改革实践来看，都是围绕着从体制上解决地级市政府对县级政府的牵制，放权于县（市）级政府这一主线而展开。各省在开展扩权改革时，大都从下放经济管理权限入手，继而下放社会管理权限。在现实中，扩权强县和强县扩权中遇到的问题之一就是，省级政府下放权力之后，仍需承担由此权力产生的责任。[3]可见县域扩权只是省直管县改革的一个过渡。

2. 财政管理体制改革

自 1994 年进行分税制以来，县级政府大多面临财力匮乏的局

---

〔1〕　参见潘小娟：《关于推行"省直管县"改革的调查和思考》，载《体制改革》，2012 年第 7 期。

〔2〕　参见于建嵘：《中国的县政改革实践：困境与出路》，载《中国延安干部管理学院学报》，2011 年第 1 期。

〔3〕　王利月：《近年来省管县体制改革研究述评》，载《体制改革》，2011 年第 12 期。

面。围绕县级政府财政解困，国家进行了一系列改革，包括省直管县改革。现在，我国财政管理层级上，有省直管县体制也有市管县体制，市管县体制是当前占主导地位的地方政府间管理体制。实行市管县体制的初衷，是利用城市政府的财力优势帮助经济比较落后、财政比较紧张的县级政府尽快发展。由于在制度设计上，我国财政体制越来越表现出向上集中的倾向，实行市管县体制使财政资源配置过多地向地级市倾斜，导致县级政府普遍面临财政紧张的困境。一些地级市为了城市发展，往往集中财力建设地级市，从而富了一个地级市，穷了几个县，这样形成"市压县"、"市刮县"的局面。学者研究指出，市管县体制实施后，"国家转移县乡财政"与"县乡上交财政"之间的差额已从 1980 年的"正 160 亿元"变为 1999 年的"负 1600 亿元"，三农问题的存在与"市管县"体制有直接的关系。[1]

　　为了解决这一问题，一些省先后进行了省直管县财政体制改革。如 2004 年湖北省出台《关于省管县（市）财政体制改革的具体实施意见》，2007 年江苏省出台《关于实行省直管县财政管理体制的通知》。改革主要政策就是对县这一层级财政进行倾斜、帮助。随着一般性转移支付和专项转移支付直接对县，提高了县级财政对资金的分配使用效率，地级市在资金分配中"上截省、下拿县"等突出问题得到一定的解决。重要性是强化了县级经济发展的动力，随着各种经济与社会管理权力下放到县，县级政权的完整性得到加强，直接推动了县域经济的发展。

---

[1]　孙学玉等：《构建省直接管理县市的公共行政体制》，《政治学研究》，2004 年第 1 期。

3. 干部管理制度改革

省直管县改革在干部管理方面主要有两方面：一是采取了适度上收的制度安排。县（市）的正职领导交由省委直接管理，其他县级领导班子成员仍由市委管理；二是高配县（市）级主要领导。县（市）委书记和其他县（市）级正职领导干部由处级升为副厅级，目的在于既增强省的调控能力，又确保县的自主发展。各省区的做法略有不同：从1983年起，浙江省县（市）党政一把手均直接由省委任命，他们的晋升与地方经济增长绩效密切相关。根据浙江省委组织部对20个经济强县（市、区）的情况分析，1992—2002年担任书记的共有56人（不含现职），其中有44人被提拔重用，占79%。2006年，浙江省将提高义乌市主要领导人的行政级别列为第四轮强县扩权的重要内容，对义乌市和其他县（市）的主要领导人产生了强烈的激励作用。[1]海南省县一级领导班子都由省委直接考核、任命和管理。新疆及沿海的一些地区是由地级市副书记或副市长兼任县委书记。

在干部管理体制上，目前中央主要是要求省委加强对县委书记的选拔任用和管理。如，2009年4月中组部下发《关于加强县委书记队伍建设的若干规定》。规定指出，县委书记的选拔任用，要按程序报经省级党委常委会议审议；加强和完善省委直接对县委书记的教育培训、考核、监督、激励等机制；省级党委的巡视工作要延伸到县。

---

〔1〕 李金珊、叶托：《县域经济发展的激励结构及其代价——透视浙江县政扩权的新视角》，载《浙江大学学报》（人文社会科学版），2010年第3期。

（二）省直管县体制改革带动政府间纵向层级的改变

中国大多数地方政府层级为四级，这在世界范围内也是比较多的，层级过多，势必降低行政效率。随着省直管县改革的推进，政府层级变化成为必然。

1. 地方政府层级改革的实践

1988年海南建省时就实行省直管县体制，为各市县提供了公平发展平台，现在看体制效应已经显现。在直辖市里，重庆作为较大地域的直辖市也采取直管县体制，现在看运行良好。这些地方在减少地方政府层级方面都积累了很多经验。湖北省上世纪90年代，将随州、仙桃、潜江、天门四个县级市实行省直管，促进了四个市的快速发展。现在随州已发展成为地级市，另三个市近年来经济社会发展一直名列湖北十强县市的前列。2011年，安徽为加强巢湖流域的综合治理，撤销地级巢湖市，并对巢湖市的一区四县进行区划调整，这一改革影响很大。

2. 中央对改革的有力推动

鉴于市管县体制存在的问题，2005年，温家宝总理在全国农村税费改革工作会议上指出：具备条件的地方，可以推进省直管县和乡财乡用县管的改革试点。国家"十一五"规划中提到理顺省级以下财政管理体制，有条件的地方可实行省级对县级的管理体制。党的十七大以来，在加快行政体制改革的新形势下，党中央和国务院明确提出，继续推进省直接管理县（市）的体制改革。在2008年8月《关于地方政府机构改革的意见》中，要求有条件的地方可依法探索省直管理县（市）的体制，进一步扩大县级政府社会管理和经济管理权限。在同年10月召开的党的十七届三中全会通过的《中共中央关于推进农村改革发展若干重大问题的决定》中，这些重要思想又得到进一步阐发和肯定，并强调优先将农业大县纳入改革范围。2009年中央1号文件提出，推进省直接管理县（市）财政体制改革，将粮食、油料、棉花和生猪生产大县全部纳入改革范围。2009年6月国家财政部出台《关于推进省直接管理县财政改革的意见》，明确提出了省直接管理县财政改革的总体目标，即2012年底前，力争全国除民族地区外全部推进省直管县财政体制改革。国家"十二五"规划中继续延续和强调了这些极其重要的政策主张。

三、结语

基于以上研究，我们认为，省直管县改革是政府间纵向行政层级和结构优化的重要内容，政府间纵向关系变革也依托省直管县改革来突破。对于省直管县改革在促进政府层级和纵向结构优化方面，提出三点建议：

第一，以县为基础合理划分政府间的职责权限。现代各国公共服务职能都不是由某一级政府独自实现的，而需要通过不同层级政府的分工合作来共同完成，因此明确划分各级政府公共服务的职责范围，是建立公共服务体系的首要前提和基础。从我国政府间纵向行政层级和结构来看，省、地级市、县级应根据各级政府的功能，合理定位各自的职责权限，并且在公共服务供给的主体的选择上，确立以县为主体的公共服务体系。要实现这一目标，就要完善与其责任相适应的权力配置，增强县级政府的自主性。总的说来，省直管县的权力配置模式，较好地激发地方各级政府创新的积极性，使县级政府具有了比较大的自主性和制度创新空间，在县这一层级的带动下，各级政府的权力和职能都会得到合理有效的配置。

第二，充分认识省直管县改革对政府层级和纵向关系变革的作用。政府间纵向关系是由诸多要素构成的，省直管县体制改革应充分考虑到这些要素的相互作用。如，当前的省直管县改革试点主要是体制性要素的变革，且其改革本身的不平衡已经引起了其他要素的不协调。进一步推进改革要从体制性要素的变革入手，分类、分步骤地理顺各个体制性要素、各个结构性要素以及体制性要素与结构性之间的关系，纵向行政层级和结构才会得到优化。

第三，探索县政改革。尽管各地在省直管县改革试点上存在着较大的差异，但最终指向都是由行政性分权向政治性分权发展。如果把县政改革的根本方向与出路，定位于县政自治，那么就中国县级状况而言，首先要解决政治权力结构和权力来源问题，也就是要建立一套选官的体制机制。其次改革市管县体制，实行市县分治的基本思路，就是要建立县级自治型公共行政体制。

参考文献：

1. 魏礼群主编：《转变发展方式与行政体制改革》，国家行政学院出版社2011年版。

2. 张占斌著：《省直管县改革的实践创新》，国家行政学院出版社2009年版。

3. 张占斌主编：《中国省直管县改革研究》，国家行政学院出版社2011年版。

4. 周天勇等著：《中国行政体制改革30年》，格致出版社、上海人民出版社2008年版。

5. 何显明著：《市场化进程中的地方政府行为逻辑》，人民出版社2008年版。

6. 王澜明主编：《中国特色社会主义行政管理体制研究》，新世纪出版社2010年版。

7. 戴均良主编：《行政区划与地名管理》，中国社会出版社 2009 年版。

8. 唐铁汉著：《行政管理体制改革的前沿问题》，国家行政学院出版社 2008 年版。

9. 马斌著：《政府间关系：权力配置与地方治理——基于省、市、县政府间关系的研究》，浙江大学出版社 2009 年版。

10. 赵永茂、朱光磊等主编：《府际关系：新兴研究议题与治理策略》，科学文献出版社 2012 年版。

11. 翁礼华著：《县官与老爷——解读县史两千年》，浙江古籍出版社 2008 年版。

12. 中国行政管理学会主编：《政府层级管理》，人民出版社 2009 年版。

13. 戴均良：《现代化进程中的推进行政区划改革》，《红旗文稿》，2004 年第 4 期。

14. 薄贵利：《稳步推进省直管县体制》，《中国行政管理》，2006 年第 9 期。

15. 全国预算与会议研究会课题组：《全面推进省直管县改革的政策建议》，载《中国财政》，2011 年第 13 期。

16. 邓子基、唐文倩：《我国财税改革与"顶层设计"——省以下分税制财政管理体制的深化改革》，载《财政研究》，2012 年第 2 期。

17. 贾康、梁季：《中央地方财力分配关系的体制逻辑与表象辨析》，载《财政研究》，2011 年第 1 期。

18. 于建嵘：《中国的县政改革实践：困境与出路》，载《中国延安干部学院学报》，2011 年第 1 期。

19. 徐鸣：《安徽地方政府层级改革探析》，载《行政管理改革》2012 年第 7 期。

（原载《中国行政体制改革报告 2012》，社会科学文献出版社 2013 年版）

撤县设市要放在新型城镇化发展中去推进

　　《决策》：最近一段时间人们热议城镇化发展、热议撤县设市改革，有什么样的原因？撤县设市与新型城镇化是一种什么样的关系？

　　张占斌：《决策》杂志这些年来对改革问题一直很关注，发表一些重要稿件，杂志的社会影响力在逐年提高，很为你们高兴，也愿意回答你提出的问题。新型城镇化发展、撤县设市现在成为社会热点，这与党中央国务院释放的改革信号有关，与中国城镇化发展的大战略有关。第一个信号是，党的十八大明确提出，优化行政层级和行政区划设置，积极稳妥推进城镇化，这是我国现代化建设的历史任务。大家知道，中国的城镇化有多种实践途径，从严格的行政区划而言，改革开放以来用得比较多的，还是撤县设市和撤县设区两种改革。高层对城镇化的重视，人们自然联想到撤县设市有可能在被冻结多年后放开，成为国家推进城镇化的一个突破口。撤县设区这些年一直没有停下来，只不过有几年稍微放慢些，在某种程度上已成为撤县设市停止审批后的替代。第二个信号是，近几年中央高层的一系列讲话，特别是去年9月，李克强在中央组织部、国家行政学院和国家发改委联合举办的省部级干部推进城镇化建设研讨班学员座谈会上的讲话，指出我国城镇化率比较低，在城镇化形态上，不同规模和层次的城镇化发展也不协调。中小城市发育不够，小城镇数量多但规模小，集聚产业和人口的能力十分有限。要把有条件的东部地区中心镇、中西部地区县城和重要边境口岸逐步发展成为中小城市。李克强的讲话是一个强烈的改革信号，撤县设市有可能随着新型城镇化的推进重新启动。第三个信号是，国家民政部在党的十八大后，加快了对撤县设市、撤县设区的批复，准予吉林、云南、江苏等省设立新的市、新的区。其中今年一月同意吉林省扶余县、云南省弥勒县撤县设市，二月同意江苏省南京市溧水县、高淳县撤县设区，很多中心城市撤县设区获批。这些城市型行政区划调整引起社会各界的关注，人们期待撤县设市改革再次开闸。

改革开放以来，我国行政区划调整是在快速城镇化背景下展开的，其目的是为了促进城镇化的快速发展。撤县设市是为了促进中小城市的发展，撤县设区是为了促进大城市的发展。城镇化的推进需要相应的行政区划调整变更，这是一个规律，人们的热议是有根据的。从我国行政区划调整的高峰期来看，行政区划调整与我国城镇化的过程是相契合的。行政区划调整的频率与我国城镇化水平的提高相同步，与我国经济增长相同步。上世纪九十年代初，邓小平"南巡"拉开中国经济持续快速增长，城镇化水平提高很快，因而促进了撤县设市的调整。撤县设市高峰期正是发生在这一时段。2000年后，我国经济持续快速增长，中心城市作用显现，促进了撤县设区的调整。党的十八大后，中央高层提出改革是中国发展最大的红利，城镇化是中国发展最大的内需。人们有理由相信撤县设市，会随着新型城镇化的推进，成为市制重点加强的一个方面。

新型城镇化目前还没有一个标准的定义，学者们都是从原有城镇化模式弊端出发，设计城镇化发展新模式。我们认为不管怎样设计、怎样概括，提高城镇化质量，促进城镇化健康发展，注重人的城镇化，这应该是新型城镇化所包含的内容。能够撤县设市的县，一般来说都是所在区域里经济突出，城镇化发展快，社会文明程度高的地区，也就是说是一些强县、大县、知名的县。这少部分县是农村地区城镇化优良的资源，具备较多的新型城镇化特质，撤县设市有利于加速城镇化进程，有利于城镇发展新型化。

《决策》：改革开放以来撤县设市大体分为几个阶段，每个阶段对城镇化发展有着怎样的影响？

张占斌：改革开放以来，为了适应城镇化快速推进的需要，我国加快了设市进程，设市模式也从切块设市为主演变成整建制改市为主，也就是撤县设市。我国撤县设市大体经历了三个阶段，目前正在进入第四个阶段。

第一阶段，时间大致是 1979 年到 1985 年。1978 年全国共有193 个市，其中直辖市 3 个，地级市 98 个，县级市 92 个，城镇人口 1.7 亿多，全国城镇化水平百分之十七多。改革开放确立了以经济建设为中心，为适应中国城乡变化的需要。1983 年国家民政部等几个部门联合向国务院提出了撤县改市和撤销县并入市的标准。提出县人口数量、驻地非农业人口数、工业产值达到一定的县可以整县改市，对重要工矿区、旅游区或边远地区设市可以适当放宽条件。这一标准经国务院领导批准，作为内部掌握的主要条件，推动了城镇化发展。1985 年全国市的数量达到 324 个，比 1978 年增加 131

个，标志着我国城镇化由恢复发展期，进入到正常推进阶段。

第二阶段，时间大致是 1986 年到 1997 年。1986 年国家民政部根据这几年撤县设市发展情况，正式向国务院上报了调整设市标准的报告，结合推进市管县体制改革，国务院批转了民政部的报告。报告规定了撤县设市的基本条件。1986 年的设市标准，是改革开放以来，中国政府正式颁布的第一个系统性的关于设市标准的文件。在指导思想上，由控制转向积极发展，放宽了对设市条件的管治。在设市模式上，由城乡分离、各自为政转向城乡结合、协调发展，提出了整县改市的新模式，鼓励各地根据实际情况，因地制宜，实行整县改市和切块设市两种模式。在指标体系上，增加了国民生产总值这一综合经济指标，用新的非农业人口概念替代传统的非农业人口概念，更好地反映了客观现实。同时，兼顾了一些特殊条件的地区，增加了少数民族地区、重要科研基地、著名风景名胜区、交通枢纽、边境口岸等设市的特殊需求。1993 年底，全国城市增加到570 个，比 1985 年增 246 个，年均增长 30 个，城镇化发展进入快速推进时期。但是，设市标准中也暴露出一些不足，如在整县改市的条件中，仍然沿用切块设市的指标模式，只规定县城一个点的条件，没有反映整个县域镇化发育水平的指标，使一些不具备条件的县也撤了县改了市。这样撤县设市导致在一个设市的城市内聚集了大量从事农业生产的人口，留有大面积的农村领域，这就混淆了城市的本质内涵，不利于城市和农村的管理。但也有学者不同意这种观点，他们认为，中国是城乡二元经济社会体制，整县改市、广域型城市化，含有一定量的农村地区，这样有利于统筹城乡发展，有利于城镇化的整体推进。至于现在农村发展存在的问题，农民增收缓慢，不应都放在市管县、撤县设市广域型城市化的身上，这与市场转型高度相关。由于撤县设市引发的设市热，冲击了我国地方以县制为主要特色的行政管理系统，并引发城镇化发展的真实性问题。1997年党中央、国务院作出暂时停止审批县级市的决定。从此撤县设市进入严格控制阶段。

第三阶段，时间大致是1998年到2011年。从1997年开始，撤县设市进入严格控制阶段。1998年全国共有城市668个，其中直辖市4个，地级市227个，县级市437个。到2011年，全国有城市657个，其中直辖市4个，地级市284个，县级市369个。这期间城市数量减少11个，减少的主要是县级市。引起县级市减少的原因主要有两个，一个是市管县体制的推进，使得一些县级市升格为地级市；另一个是部分中心城市规模扩张，引起撤县设区。仅2000年，全国新增地级市23个，为新中国成立以来地级市增加最多一年。市辖区作为城市的重要组成部分，是行政区划调整过程中城市内部建制设置的重要内容。1997年以后，尽管撤县设市审批受到严格控制，但由于中心城市规模扩张的需要，市辖区数量迅速发展。

第四阶段，2012年以来。经过党的十六大以来多年城镇化的发展，到党的十八大，提出了新型城镇化是中国未来发展的一个重要战略。我们认为城市群和县级市是未来新型城镇化发展的重点，撤县设市将会迎来新的发展机遇期。

总地看，改革开放30几年，撤县设市和中国区域经济发展水平基本吻合，撤县设市密集发生的地区都是中国经济和城镇化水平发展较高、较快的区域，如长三角地区、珠三角地区。虽然我们在撤县设市中存在一些问题，特别是广域型城市化问题，我们认为这些年已消化一些。因此，撤县设市这种整县设市模式，随着新型城镇化的发展，必将被再次推出，被其他设市模式所替代的可能性不大。

《**决策**》：撤县设市的理由是什么？具备什么样条件的县可以撤县设市？

张占斌：目前我国县级政区中市的数量太少，比例太低，县与县级市的比例约为 4：1，严重制约了城镇化的发展，需要增设一批县级市。无论是整县改市还是切块设市，都是工业化和城镇化发展的客观需要，是现代化发展的客观要求。当前撤县设市推进城镇化发展，与我国整体经济转型需求有关，城镇化是最大内需。随着我国各种发展红利的逐渐减弱，寻找新的增长点，激发改革红利成为发展的需要。城镇化是最好的选择。撤县设市是城镇化发展中最迫切也有现实条件的突破口。目前我国设市城市体系结构规模中，直辖市数量明显偏少，地级市数量适中，县级市数量较少，且分布极不均匀，是设市城市体系中最薄弱的部分。加快城镇化发展，需要发展一些县级市，这是人们普遍的共识。如果没有县级市的发展，中国城市体系的结构不容易走向优化。

当前国家要加快出台撤县设市的标准，经过多年的经济发展，许多县域及一些建制镇都得到较快发展，经济实力较强，已经达到了设市的标准，传统的农村型行政区划已不能适应城镇化发展的需要。我们作过一项研究，得出无论是发展比较好的东部地区，还是中西部地区，县级市主要经济指标平均约为县域经济发展水平的两倍多，这在一定程度上显示了城市型政区的活力和市制蕴涵的生产力。因此，当县域及中心大镇、重要节点镇经济社会发展到具备城市基本特征时，适时地通过设市转型为城市政区，是新型城镇化的客观要求。我们认为，具备下列条件之一的县都可以撤县设市。一是经济实力已经达到中小城市规模，或接近全国百强县；二是二、三产业较为发达，农业比重低；三是县城对农村的辐射带动力强，县城已经成为吸纳农村转移人口的主要载体，工资性收入成为农民的主要来源；四是一些重要的边境口岸、重要的旅游区域、历史文化名县等。

《**决策**》：撤县设市对城乡发展一体化有怎样的推进作用？

张占斌：从我国地方行政建制现状和经济社会发展要求来看，具备条件的地方撤县设市是城乡发展一体化比较好的行政管理模式。我国大多数县级市是广域型的城市建制，包括大量从事农业生产的人口，留有大面积的农村地域，农村发展还是一项艰巨的任务。撤县设市对城乡发展一体化有着明显的推进作用：

第一个，撤县设市有利于城乡制度的统一。党的十六大提出统筹城乡发展，十七大提出打破城乡二元体制机制、形成城乡经济社会一体化发展格局，十八大提出城乡发展一体化是解决"三农"问题的根本途径。城乡发展一体化属于制度层面的城市化概念。城乡一体化的实质，是要消除由制度因素造成的城乡差距，实现现代化社会城乡公平的目标。当前主要的工作就是推进公共服务从城市向乡村延伸，实现基本公共服务在城乡居民之间的均等化。从我们到一些地方调研来看，推进城乡发展一体化县级市要比县搞得要好，这可能与它的经济实力有关。县级市依托工业化、城镇化发展的积累向农村地区投入，比县具备明显的优势。

第二个，有利于协调城乡经济社会发展。撤县设市条件下市域内既有城市区域，又有农村区域，改革可以较好地统筹城乡资源，实现城乡经济互补、社会和谐发展。特别是有利于以城带乡、以工哺农促进机制的形成，是解决特定历史条件下形成的城乡二元体制造成的城乡多方面差距的有效手段。

第三个，有利于避免切块设市带来的市县矛盾。在切块设市模式下，如果块切太大了，县域发展受到严重削弱，如果切小了，市的发展没有足够空间。一些地方存在的市县矛盾都与切块设市有关，最终不得不再进行行政区划调整。

第四个，有利于吸纳农村转移人口。农村转移人口市民化，是城镇化发展的重点，也是城乡发展一体化的大问题。从我国国情来说，农民只有转移出去，才能有利于"三农"问题的解决。目前地级市以上城市的农民工占六成，两成多在县级城市，不到一成在小城镇。这说明，在人口城镇化进程中，撤县设市有利于农村转移人口。我们去年完成的统筹城乡发展与省直管县课题研究，建议之一就是，撤县设市有利于城镇化的发展、有利于农民工的就地转移。由于大城市承载能力的限制，地级市和县级市在未来吸纳农村转移人口上是有潜力的。

第五个，有利于土地的集约利用。城镇最本质的特征是经济上以二、三产业为支柱和人口高度集中，一般而言城镇规模越大，人均占用耕地越少，而且二、三产业越发达，经济发展效益越高。国家民政部一项调查显示，大中城市人均占用土地在100平方米左右，小城镇在150平方米左右，农村则高达180平方米，也就是说城市规模越大，土地利用率越高；就经济效益而言，大中城市好于小城市，小城市好于小城镇。撤县设市后有利于将分散各小城镇的企业向市里集中，从而促进中心城区的发展，提高城市规模效益，降低发展成本。

《决策》：从全国层面来说，按照新型城镇化的要求，县级市目前应加强哪几方面工作？

张占斌：近几年，全国各地都把推进城镇化作为经济社会发展的重大战略加以落实，这符合全面建成小康社会和国家现代化的要求。但一些地方在推进城镇化过程中存在着重速度轻质量、单纯追求高城镇化率的问题。县级市存在的问题有这样几个方面：

一是市域城镇化水平与经济发展所处阶段不适应。从全国来看，县级市城市化水平普遍高于实际发展阶段，也就是城镇化率统计不实；二是县级市城镇化率提高与公共服务能力提升不同步。表现为没有足够能力提供公共服务；三是城市人口增长和城市基础设施承载能力不匹配。表现为道路建设、供排水网建设等发展滞后；四是二、三产业发展缓慢。城市的本质特征就是二、三产业，二、三产业是城市发展的经济基础和根本动力。县级市还存在很高的第一产业。为此当前和今后一定时期，县级市要把提高城镇化质量作为城市化的主攻方向。比照新型城镇化的要求，当前和今后一定时期，要做好以下工作：

第一个是，要充分发挥市场的力量，提高城市化质量。城镇化的第一动力是经济发展，而经济发展要靠市场发挥配置资源的基础作用，城镇化要遵循以市兴城、以业聚人的原则。政府的作用不是通过行政区划调整做大城市规模，也不是通过统计口径调整来人为调高城镇化水平，而是通过提高城市管理水平，加强基础设施和公共服务的规划，促进城市产业聚集。第二、第三产业是县级市产业发展的重点，要规划好。

第二个是，大力推进城市常住人口基本公共服务的全覆盖，提高人的城市化水平。有条件的县级市城乡发展制度要并轨，条件不具备的也要对农村转移人口公共服务能力有所提高，逐步缩小外来人口和城市户籍人口的福利差距。

（原载《决策》（部分内容），2013 年第 2 集）

日本酝酿构建道州制的地方行政架构

近年来，日本政府大胆谋划在全国范围内进行行政区划调整，有意取消自"明治维新"以来，维持130年之久的都、道、府、县建制，参照美国模式，构建中央、道州、市三个行政层级。从总的情况来看，改革调整的发展趋势是减少行政层级，主张用网状治理结构取代金字塔型治理结构，加强对经济发展要素配置与社会资源整合，寄希望道州制破解地方发展难题。这些设想和动向，对我国推进城乡统筹和城镇化建设，稳步进行政府层级改革和行政区划调整，均有一定的参考和借鉴意义，值得关注。

一、主张用网状治理结构取代金字塔型治理结构

对于构建以道州制为标志的新的地方行政区划架构，日本社会进行了长时间的研议。自民党掌权时期设立了"道州制推进本部"，通过了推行道州制的党内决议，并责成有关职能部门编制了以实行道州制为预期中央和地方关系调整的相关方案，自民党方面原打算

2018 年前完成有关道州制行政区划设立的法律审批程序和路线图宣示，并为撤销都、道、府、县，设立州、道等新的行政架构开展了广泛的社会造势。

民主党内阁登台后，虽然在提法上略显谨慎，但有关行政区划调整的基本思路与自民党无大的差异，声称要通过强化地方行政的主导权来让各地的民众都有安全感并充分享受在当地置业、生活的乐趣。对于构建道州制事宜，舆论支持率逐步提升，社会共识有了新的扩展。

日本一些精英形容道，日本的行政区划应由富士山那样一山独秀，统揽天下的格局转变成像阿尔卑斯山似群山毗邻、同展峥嵘的态势，主张用网状治理结构取代金字塔型治理结构。各党派均将调整区划设置，强化地方分权列为竞选承诺和执政目标。只因利益调整过程相当复杂，涉及面很广，为尽可能地减少由此带来的社会震荡，民主党内阁有意在下一个任期内为道州制的启动寻找时机，将相关方案提交国会审议，力求在相对平和和广泛理解的氛围中实现向道州制的转轨。

二、加强对经济发展要素配置与社会资源整合

日本政府及许多社会精英注意到，现行的都、道、府、县行政区划虽有其历史的必然性，但随着时代的变迁，其生命力显著减退，难以成为日本在全球化的趋势下保持国际竞争力的制度依托。日本现行的都、道、府、县的管辖范围平均不超过一万平方公里，如何打破这一狭小的行政壁垒的束缚，在更广的空间范围内进行经济发展要素的重新配置与社会资源的整合，一直是日本执政集团调整行政区划，

扩大地方各自治体管辖空间的重要视点。以东京都为例,东京湾横跨东京、横滨、川崎三个城市,这三个城市都沿东京湾设立港务机构、配置大量人员、对过往船只收费、兴建码头设施、独立编制港湾整备计划,东京湾港湾事业的统筹规划与协调运营长期得不到落实,其重要原因就在于行政归属问题所造成的先天制约。再如,大阪与神户、东京与茨城等城市彼此相邻,空间距离很近,但由于行政区划的原因各自均建有机场,相互争夺客源,造成不必要的行政资源浪费。因而日本社会各界着眼于扭转现行区划下同一区域内多头管理、条块分割、公共项目重复建设的结构性弊病,要求推动行政区划调整。

更有日本媒体批评道,在很大程度上受制于中央政府部门的现行都、道、府、县地方自治体制不适应全球范围内推进区域经济一体化的潮流,滋长了地方政府的惰性和对中央财政的依赖,导致地方政府长期缺乏经营意识和创新意识,习惯于当中央各省、厅的二传手,并热衷于"跑部进京",不但浪费巨大,而且为官、商之间利用中央政府机构所掌握的项目审批权和财政转移支付权进行权钱交易提供了长久的温床。同时,日本国内蔓延的高龄化与出生率下降等现象,加重了以县为单元的地方自治体的社会活力的衰退,而各都、道、府、县既有制造业的大量海外转移,又造成了原有行政区划内产业的空洞与财力的减弱。因人口、经济总量差异而造成的各地方自治体之间同权不同责现象,也是日本精英群对都、道、府、县制设置抱怨不止的重要原因。

三、构建中央、道州、市三个行政层级新关系

随着道州制的确立,日本的行政管理架构将分为:中央、道州、

市三个层级，既有的市、町、村三个各自独立的行政管辖板块将统编为市。根据各党派智库所描绘的蓝图及民主党、自民党内主流势力的倾向性愿景，日本的道州制地方行政架构的设立将围绕三条主线展开。

1. 扩容。除北海道保留原有称谓与建制外，冲绳因历史与特殊地理原因独自升格为州，东京则出于经济总量显赫及人口密集度高，将改成"特别州"，这两个州的辖区面积不变，其余的44个府、县按自然地理区位合并，缩编成九州、中国州、关西州、四国州、南关东州、北关东州、东北州、东海州、北陆信越州9个州，在此基础上，扩大州、道等地方自治体的管辖区域与行政权限。新设置的州、道人口规模在700至1000万之间，道州制架构下各市的人口规模以15万至40万为限。各州、道的经济总量及社会发展水平均以欧盟境内人口、国土面积相近的成员国为参照系。

2. 强权。实行道州制后，中央与地方既有的制衡与依附关系将面临大的调整，中央各省、厅对各地方自治体的行业管制不得不放宽，包括人权、财权、事权在内的中央各省、厅的既有权力将大幅度下放给州、道，地方自治体自主审批、调控公共事业投资的权限将有实质性的增强，尤其是各州、道将获得原有的地方分权体系下所不曾有过的条例制定权和法律修正提案权，中央各省、厅的地方派驻机构将大幅度地压缩甚至撤销，随之中央对地方的干预将降至历史的最低点。

3. 减负。在道州制的架构下，中央财政将取消战后延续至今的给地方自治体的转移支付，并终止国税的收取，在遵循国家法律大框架的前提下，将税种、税率的设定与调整权下放给州、道，改由各州、道自行征收，地税在整个税收体系中的比重将有显著提升。

据此，各州、道开辟税源的积极性将大大增强。随着自立、自主的财政体系的形成，各州、道将更自觉地量入为出，谋求财政平衡。与此相对应，中央政府将减少国债发行额，并改变迄今国债大部分用于中央给地方的转移支付这一格局，借此减轻国民的国债负担，缓和国家的财政赤字状况。同时，中央省、厅的数量将由现在的22个整合成7至8个，国家公务员编制将缩减50%。另一方面，为确保国家财源，各州、道按照经济总量和财政能力向中央交付"国费分担金"。各州、道的上交份额并非一成不变，而是视国家需要及各州、道的财力变化状况保留调整余地。

四、日本寄希望道州制破解地方发展难题

借助于道州制的实施，日本寄希望地方发展所面临的许多生存难题能够得到有效破解。

（一）增强统筹能力。日本政府及社会精英所期盼的在进行空间重组的基础上，增强地方政府的造血机能，形成更具汇聚能力、孵化能力和辐射能力的区域经济圈的愿景有望在道州制的实践进程中变成现实。一度陷入功能性退化状态的地方议会将重新走向活跃，对地方经济发展进程中所不可或缺的立法提案及执法监督的力度有望增大。

（二）加快要素整合。各地方政府将从制度设计上更准确、及时地按经济规律去统筹与协调本地区社会发展进程中的各种要素与环节，压缩不必要的"面子工程"。如各县、市迄今修建的垃圾处理场等公营设施，因人口密度低等原因而造成利用率长期低下，但受原有的行政区划制约，一直难觅妥善应对之路。以道州制的确立为契

机，类似问题都有望按照重组和集约化运营的思路得到解决。

（三）进一步明晰差异化定位。以道州制行政管理区划的布局为契机，各地方自治体因地制宜，开展差异化施政的潜能将得到充分的释放，地方与地方之间的互动将有新的延展，各地方自治体将获得更大的弹性决策空间，在制定本地区社会经济发展规划方面将赢得更大的回旋余地。一些日本智库还为地方自治体在道州制行政区划启动后，如何尽快形成比较优势、打造经济增长点、发挥叠加效应描绘了具体的蓝图，均具有鲜明的可操作性。如，北海道地区在现有的道这一行政区划的基础上有望获得更大的权力，从而将以挖掘机场潜力，构建免签、免税的国际旅游岛为目标，谋取新的发展机遇。东京特别州则集中全力打造具有全球竞争力的金融、文化产业及新技术孵化中心。东北州将结合其区位特征，振兴农业产业和新型能源产业。同样，九州地区各县在州、道的基础上连成一体后，利用气候优势，发展养老产业，及新建面向中国、韩国的经济保税区，对接中国所提出的"环渤海经济圈构想"将成为九州地方政府的重要着眼点。其他一些迄今经济发展滞后、产业基础薄弱的地区也将在道州制的架构下，通过地方立法权和行政裁量权的增强，以法人税、固定资产税及财产继承税的降低等为优惠条件，承接东京、大阪等大城市的产业转移和私人投资，以此来增强本地区的发展后劲。

五、日本道州制行政区划调整面临不少阻力

当然，日本的道州制行政区划在推进过程中也面临不少阻力。因交通、产业储备等条件不同，既有的各县对道州制构想的反应差

异较大。无望在新一轮区划调整中赢取中心城市地位的县对道州制构想明显消极，尤其是新体制启动后必然伴随着对原属各县同类内设机构的裁并，也意味着官僚职数的减少，有可能随之导致迄今曾手握重权的一部分人被边缘化甚至下课，从而使这部分县的主政者对以道州制为目标的区域规划重构十分抵触。

还有，一百多年来，日本民众在都、道、府、县的行政区划内形成的乡土情结、地缘归属感及文化积淀也将因区划调整而受到很大的冲击，由此引发广泛的担忧。总而言之，以道州制为目标的日本行政区划调整的走向值得关注。同时应未雨绸缪，超前部署，在日本的这一历史性调整进程中孵化并开辟出更多的有利于中日两国地方合作的新元素与新机遇。

（原载《国家行政学院送阅件》，2011 年第 90 期，与中国驻日本大使馆

公使衔参赞汤本渊博士共同署名）

后　记

　　为何以《改革红利再释放》为书名？有三层意思，一是认同并响应习近平总书记、李克强总理提出的全面深化改革和改革是最大红利的观点，希望中国改革的声音更响亮些；二是党的十八届三中全会规划了全面改革的蓝图，期待改革能在未来中国发展中起到更加重要的影响和推动作用；三是多年来自己参与研究改革问题，在经济体制、行政体制、政治体制等方面都有一些涉及，权当作纪念。

　　本书汇集了作者近六年来以下几方面研究内容：一是为党中央国务院政策咨询撰写的部分送阅件；二是在报刊杂志上发表的理论和学术研究文章及采访；三是为中央部委、地方政府等作的部分经济发展专题研究报告；四是在比较重要的国际国内学术会议上的发言。

　　收入本书的文章和研究报告基本依原貌，有少数合作文章和研究报告略有增删和修改。作者关于国家经济治理、新型城镇化等方面的研究成果，将另集出版，没有收入本书。由于水平有限，加之编辑整理的时间比较仓促，可能会存在一些不足和问题，期待学界同仁的指正。

　　本书的出版，得到了中国国际经济交流中心重大课题"我国由经济大国迈向经济强国战略研究"、国家社会科学基金重点项目"城镇化与省直管县改革研究"、国家行政学院重点咨询课题"落实科学发展观体制机制研究"的支持。

　　感谢国家行政学院的领导和同事们多年的鼓励和帮助。感谢国家行政学院经济学部同仁的理解和支持。感谢北京国发研联经济研究咨询中心主任张国华研究员对书稿编辑的意见。我与生活·读书·新知三联书店总经理樊希安先生相识二十多年，他对国家进步的改革情怀和理性思考，给我留下了深刻印象，他对书稿的认可和支持，让我感动。感谢责编关丽峡老师付出的辛劳和出色的工作。

作者
2013 年 11 月 18 日